KB037151

〈개정증보판〉

독일어 문법과 동사변화

최상훈(CHOE, Sang-Hun)

• 독일 함부르크대 박사(경제사) • 고려대 독어독문학 학사 • 한국외대 통역대학원/국제지
역대학원, 가톨릭대, 성공회대, 건국대, 독일 베를린 훔볼트대 강사 • 한양대 연구교수 •
국정원, KOTRA 함부르크무역관 근무 • 독일기업사학회, 함부르크 언론협회, 함부르크 외
신기자협회 회원 •현 경찰대 외래교수

• 저서『경제학 원론』(인간사랑 2008), 『경제학사』(한국문화사 2007), 『경제학 기초』(한
국문화사 2005), 『Koreanische Mischkonzerne』(독일 아헨 Shaker Verlag 1996), 『독
일의 50대 기업』(한국문화사 1994) • 역서『경제사회사 개론』(한국문화사 1996)
• 독일 기업사 학회지 및 국내 대학들의 학술지에 다수의 논문들과 국내 일간지에 수많은
독일/유럽의 산업/기업/경제관계 칼럼들이 있다.

독일어 문법과 동사변화

초판 발행 / 2008. 8. 10.
2판(개정증보판) / 2019. 6. 15.

지은이 / 최상훈
펴낸곳 / 도서출판 아침
등록 제21-27호(1988.5.31)
주소 서울시 마포구 서교동 478-14
전화 326-0683, 팩스 326-3937

ISBN 978-89-7174-058-3   13750

31가지 문법사항과 419개의 주요동사

독일어 문법과 동사변화

〈개정증보판〉

최상훈

도서출판
아침

서문

　핵심적이고 기본적인 독일어 문법을 쉽고 포괄적이면서도 간결하게 정리하였다. 필요불가결한 응축된 문장으로 서술된 표현은 독자들의 접근이 용이하리라 본다. 이로써 독일어 문법 전체를 조망하고 나아가 그 상관관계와 질서에 대한 형상을 이룩하는 데에 도움이 되고자 한다.

　외국어로서의 독일어에서 언제나 반복되어 나타나는 어려운 문제 중 하나가 특히 명사의 문법적인 남성 여성 중성의 구별이다. 명사의 성의 구분에 따라서 정관사와 부정관사도 달라지며, 또한 명사의 네 가지 격변화에서도 어미/말음의 추가로 인하여 상이한 형태변화를 보이며, 명사 앞에 오는 형용사의 격변화에서도 뒤에 오는 명사들의 문법적인 성이 명사와 형용사의 어미/말음의 격변화 형태에 절대적이다. 이러한 명사의 문법적 성을 명사의 형태에서 규칙성을 찾아 제시하는 것 또한 문법적인 과제이다.
　명사의 복수형태에서도 비교적 많은 변화를 나타내 복잡하고 난삽하게 보이지만 이에 대한 언어적인 규칙성에서도 가능성과 동시에 한계를 찾아 볼 수도 있을 것이다.

　1부에서는 우선 명사의 문법적 성·관사·복수형성으로부터 시작하여 형용사·형용사의 명사화·형용사 비교변화·부사가 서술된다. 다음으로 인칭대명사·대명사 es·소유대명사·지시대명사·관계대명사·재귀대명사·의문대명사·불특정대명사 그리고 수사까지 살펴본다. 나아가 동사·능동형·조동사·수동형·분사·동사적 전철까지 동사를 둘러싼 문법적인 규칙들이 서술된다. 다소 어렵게 보이는 표현에서의 행위의 관점과 종류도 이에 포함시켰으며 나머지 품사들인 전치사·접속사·부가어까지 서술하였다. 언어를 사용하다 보면 문장이 길어지게 되는데 여기서 문장의 주어 술어 등을 포함한 문구의 표현과 정상위치를 살펴보았다. 그리고 부정의 의미를 나타내는 nicht가 문장 중에서 어떤 위치에 오는가 하는 문제와 부정형·접속법이 논의된다.

이와 같이 30개의 장들을 배치하고 나아가 마지막 31장을 문장부호에 관한 것으로 부가하였다. 각종 부호를 통한 구분 없이는 독일어 문장의 서술과 표현이 분명하지 않게 된다.

2부에서는 독일어의 중요한 동사들을 불규칙변화동사와 규칙변화동사로 구분하여, 시제의 변화와 의미를 독일 일상생활용어·구어체·관용어에서의 상이한 표현들을 통하여 제시하였다. 단어의 의미를 문장을 통하여 이해하게 함으로써 단어의 단편적인 의미에의 획일적 구속을 피하고 정확하고 전달 가능한 독일어 언어구사 능력의 향상에 도움이 되기를 기대하고 있다.

초판에는 생략되었던 한국어 번역을 추가함으로써 초보자들도 문장을 통한 단어의 의미를 익히는 데 도움이 되게 하였으며 번역문의 이해를 넓히기 위해 경우에 따라서는 독일 현지상황에 따른 설명을 덧붙이기도 하였다.

문자 표기에서 ä(a움라우트, 변모음)는 ae로, ö는 oe로, ü는 ue로, ß(에스체트)는 ss로, 오늘날 흔한 글로벌화한 손쉬운 방식으로 표기하였다.

이 책은 무엇보다도 오래 지속된 전문적인 독일 생활이 바탕이 되어 있다. 나아가 이 책은 한국외대 통역대학원과 국제지역대학원, 경찰대학에서의 독일어문법 독일어회화 독일어독해 경제독일어 시사독일어 독일현지사정 등의 강의에서, 지속적으로 변화하고 있는 언어로서의 독일어에 대한 독일 현지에서의 인식과 한국에서의 학습상의 문제점들에 대한 경험에서 출생한 것이다.

언어는, 글로벌화하면서 동시에 이율배반적으로 독자성을 추구하는 해당 국가의 역사와 전통 및 문화와 삶에 채색된, 끊임없이 통시적으로 생성·변천하는 유기체이다.

　개인이나 국가는 시간의 흐름에서 자기 밖의 문화를 자기 것으로 흡수하는 과정에서 지속 발전할 수 있는 에너지를 얻을 수 있다. 한 나라의 문화의 진정한 흡수는 확실하고 정확한 올바른 언어의 이해를 통해서 가능하다.

　사람은 자기의 현재의 모습만큼 다른 사람들에게 빚을 지고 있다. 무척이나 긴 세월을 언제나 한결같은 사랑으로 한 데 어울릴 수 있었던 한국과 독일의 삶의 친구들과 학문적 친구들에게 고마움을 표한다. 이들로부터 받은 사랑을 다시 다른 사람들에게 계속하여 전해 주도록 노력할 것이다.

　매우 유감스럽게도 점점 움츠러드는, 또한 모바일화 하는 독일어 교육의 추세에도 불구하고 출판을 가능하게 해주신 도서출판 아침의 이선규 사장님께 고마움을 표한다.

　독일 함부르크 랑겐호른의 군순 그리고 역시 Aris, Lisa, Lina에게 한없는 사랑을 표한다.

2019년 초여름 함부르크 랑겐호른에서

최상훈

목차

2부 동사변화와 예문

1부

핵심문법

1. 명사의 문법적 성과 관사

1.1. 문법적 성(Genera: Geschlechter)

독일어 명사에는 남성(Maskulinum: maennlich: m), 여성(Femininum: weiblich: f) 중성(Neutrum: sachlich: n)의 세 가지 문법적 성이 있다.

〈남성〉	〈여성〉	〈중성〉
der Mann	die Frau	das Kind
der Mond	die Sonne	das Wort

1.2. 수(Numeri: Zahlformen)

명사에는 이러한 문법적인 성 이외에 또한 단수(Singular: Einzahl: sing)와 복수(Plural: Mehrzahl: pl)의 두 가지 형태가 있다.

〈단수〉	〈복수〉
der Mann	die Maenner
die Frau	die Frauen
das Kind	die Kinder

1.3. 관사(Artikel)

명사의 앞에 붙는 관사에도 정관사(der bestimme Artikel)와 부정관사(der unbestimmte Artikel)의 두 가지가 있다. 정관사와 부정관사도 남성 여성 중성으로 구분된다.

	〈정관사〉	〈부정관사〉
남성	der Mann	ein Mann
여성	die Frau	eine Frau
중성	das Kind	ein Kind

1.4. 성과 관사

1.4.1. 단수에서의 성과 관사

명사, 대명사 및 관사는 단수인 경우에 세 가지 문법적인 성 가운데 하나를 가진다. 즉 정관사의 표시를 통하여 인식될 수 있는 세 가지 성이 있다.

〈정관사〉+〈명사〉	〈대명사〉
남성 der Mann	er, dieser
여성 die Frau	sie, diese
중성 das Kind	es, dieses

1.4.2. 복수에서의 성과 관사

그러나 단수에서 구분되는 이러한 문법적 성이 복수에서는 구별이 없다. 즉 복수에서는 정관사와 대명사가 동일한 복수의 형태를 취하므로 남성, 여성 및 중성의 구분이 없다.

〈정관사〉+〈명사〉	〈대명사〉
die Maenner	sie, diese
die Frauen	sie, diese
die Kinder	sie, diese

1.4.3. 정관사와 부정관사는 대부분 명사 및 명사화한 단어 앞에 온다.

〈정관사〉	〈부정관사〉
der Mann	ein Mann
die Frau	eine Frau
das Kind	ein Kind
das Essen	
das Gute	

1.4.4. 복수형의 부정관사는 없다. 복수에서는 어떠한 부정관사도 단수에서의 부정관사에 상응하지 않는다. 즉 부정관사는 단수에서는 남성, 여성,

중성이 있지만, 복수형에서는 부정관사 자체가 없다.

정관사 　〈단수〉　　　　〈복수〉

　　　　　der Mann　　　die Maenner

　　　　　die Frau　　　die Frauen

　　　　　das Kind　　　die Kinder

부정관사 〈단수〉　　　　〈복수〉

　　　　　ein Mann　　　Maenner

　　　　　eine Frau　　　Frauen

　　　　　ein Kind　　　Kinder

1.4.5. 명사는 정관사나 부정관사와 함께 사용되며, 또는 관사 없이 사용
되는 경우도 있다.

　　〈정관사와 함께〉　　〈부정관사와 함께〉　　　〈관사 없이〉

남성 der Mann　　　ein Mann　　　　Mann

여성 die Frau　　　eine Frau　　　　Frau

중성 das Kind　　　ein Kind　　　　Kind

1.5. 정관사의 사용

1.5.1. 이미 어떻게든 알려진 현상 혹은 단일사물

Haben Sie schon die Zeitung gelesen?

여기서 die Zeitung은 오늘의 신문을 말한다.

Die Erde dreht sich um die Sonne.

여기서 Die Erde와 die Sonne는 단일 사물을 말한다.

1.5.2. 2격 부가어를 통하여 규정된 명사

Die Zimmer des Hotels sind geraeumig.

여기서 des Hotels는 2격 부가어를 통하여 규정된 어떻게든 알려진 사물
로서 반드시 정관사가 2격의 명사 앞에 온다.

1.5.3. 전체의 종속 및 종류

 Das Tier ist ein Lebewesen.

여기서 Das Tier는 동물이라는 동물은 전체로서 모두 다, 혹은 대표로서의 전체의 종속 및 종류를 나타낸다.

1.6. 부정관사의 사용

1.6.1. 언급되지 않았거나 규정되지 않은 형상 혹은 단일 사물

 Ein Lied geht um die Welt.

여기서 Ein Lied는 언급되지 않았거나 상세히 규정되지 않은 형상이나 단일사물에 속한다. 이는 Das Lied, das wir kennen.에서의 Das Lied와 대칭된다. 여기서 Das Lied는 das wir kennen으로 규정된 것이므로 부정관사가 아닌 정관사가 온다.

 Ich habe mir ein Fahrrad ausgeliehen.

여기서 ein Fahrrad는 어떻게 규정되지는 않았지만 한 자전거를 의미하며, 이는 Das Fahrrad, das ich gesehen habe.의 Das Fahrrad와 구분된다. 여기서 Das Fahrrad는 das ich gesehen habe로 규정된 것이므로 부정관사가 아닌 정관사가 온다.

1.6.2. sein 동사 뒤에

 Sie ist eine kluge Frau.

여기서 eine kluge Frau의 eine는 sein동사 뒤에 보어의 인도어로 사용되므로 부정관사가 온다.

 Das Fahrrad ist eine nuetzliche Erfindung.

여기서 eine nuetzliche Erfindung의 eine는 sein동사 뒤에 보어의 인도어로 사용되므로 부정관사가 온다.

1.6.3. ein의 부정은 kein

 Er ist ein Dummkopf.(긍정)   Er ist kein Dummkopf.(부정)

여기서 ein은 kein을 통하여 부정이 된다.

1.7. 정관사의 생략
1.7.1. 부가어 없는 고유명사
Haydn / Mozart / Beethoven / Hesse / Goethe / Schiller / Marx /
Deutschland / Hamburg / Berlin
이러한 고유명사들이 부가어 없이 혼자 오면 정관사를 쓰지 않는다. 그러
나 고유명사 앞에 부가어가 추가되면 정관사가 붙는다.
der junge Mozart / der alte Goethe / der alte Marx
여기서는 Mozart 앞에 junge라는 부가어가, Goethe 앞에 alte라는 부가
어가, Marx 앞에 alte라는 부가어가 추가되므로 정관사가 붙는다.

1.7.2. 원료이름 및 추상명사
Gold / Silber / Wein / Liebe / Freundschaft / Geduld / Ausdauer /
Toleranz / Tugend / Weisheit
이와 같이 원료 이름이나 추상적인 명사 앞에서는 정관사가 생략된다.
그러나 이러한 원료나 추상명사가 2격으로 쓰이면 정관사가 붙는다.
Der Wert des Goldes
Die Gegenleistung der Freundschaft
Die Bestrebung der Kontaktpflege
여기서 des Goldes, der Freundschaft, der Kontaktpflege는 2격으로
쓰였으므로 정관사가 붙는다.

1.7.3. 명사의 중복, 격언 및 구어체 표현
mit Leib und Seele(혼신을 다하여)
ueber Stock und Stein(장소불문하고, 저돌적으로)
Feuer und Flamme fuer~(~를 위하여 열중인)
Eile mit Weile(급할수록 돌아가라)

Uebung macht den Meister.

1.7.4. 부가어 없는 지명, 직업, 종교 및 국적

Korea / Seoul / Deutschland / Hamburg / Handwerker / Maurer / Koreaner / Deutsche

Er ist Handwerker.

Er ist Katholik.

Sie ist Koreanerin.

여기서 Handwerker, Katholik, Koreanerin은 부가어 없는 직업 종교 국적 표시를 나타낸다.

그러나 이러한 명사들이 부가어를 가지면 정관사가 붙는다.

das schoene Korea

das wasserreiche Seoul

das sehenswuerdige Hamburg

여기서는 Korea 앞에 schoen의, Seoul 앞에 wasserreich의, Hamburg 앞에 sehenswuerdig의 부가어를 가지므로 정관사가 온다.

1.7.5. 나라에 따라서는 중성 정관사 이외에 복수정관사 die나 남성정관사 der 및 여성정관사 die가 붙는 경우가 있다.

복수정관사가 붙는 나라 die Vereinigten Staaten von Amerika

남성정관사가 붙는 나라 der Iran / der Irak / der Libanon

여성정관사가 붙는 나라 die Schweiz / die Tuerkei / die Mongolei

1.8. 명사화한 단어의 성

모든 명사화한 단어들은 명사의 성을 위한 규칙상 중성이다.

독일어의 모든 동사들은 첫 글자를 대문자화함으로써 명사화할 수 있다.

das Gute / das Essen / das Schreiben / das Rennen / das Sprechen

1.9. 명사의 어미/말음에 의한 성 구분

명사의 문법적 성을 구분하기 위한 실마리를 해당 명사들의 어미/말음을 통하여 알 수 있으며, 대체로 독일어 명사들의 90%가 이러한 어미를 통한 구분에 의하여 남성, 여성, 중성이 파악되는 것으로 나타나고 있다.

1.9.1. 남성(Maskulinum)

아래와 같은 어미로 끝나는 명사들은 대체로 남성명사들이다.

(1) -m: Atem Damm Kamm Schlamm Schwamm Raum Baum Halm Helm Schaum Film Leim Dom Strom Ruhm Sturm Wurm

예외: 〈여성명사〉 die Form die Scham

〈중성명사〉 das Gramm das Programm das Heim das Universum das System

(2) -el: Hagel Hobel Hebel Giebel(합공, 절정, 정상)

예외: 〈여성명사〉 die Achsel die Bibel die Fabel die Vokabel die Nadel die Tafel die Angel die Kugel die Regel

〈중성명사〉 das Segel das Buendel das Uebel das Raetsel das Mittel(수단, 방법, 중간) das Drittel das Viertel

(3)-en: Faden Wagen Ofen Streifen Tropfen Backen(빵, 볼, =die Backe)

예외: 〈중성명사〉 das Kissen das Laken(침대시트) das Leben das Wesen das Zeichen

(4) -er: Lehrer Baecker Handwerker Schuster Hammer Kummer Acker Finger

예외: 〈여성명사〉 die Ader die Dauer die Mauer die Trauer die Leber die Feder die Faser die Feier die Folter(고문대) die Nummer (번호) die Opfer die Ziffer(숫자)

〈중성명사〉 das Alter(나이, 시대) das Fenster das Fieber das Kloster das Lager(잠자리, 보금자리) das Messer das Wunder das Zimmer

(5) -ig/-ich/-ling: Essig Honig Kaefig Koenig Kranich Pfirsich

Rettich(=Rettig) Teppich Lehrling Saeugling Sonderling

(6) -us: Kapitalismus Sozialismus

(7) -ant/-ent: Garant Repraesentant Kontinent Student Praesident

(8) -ist/-oph: Polizist Kapitalist Philisoph

1.9.2. 여성(Fenininum)

아래의 어미로 끝나는 명사들은 대체로 여성명사들이다.

(1) -e: Erde Etage Grube Hilfe Komoedie Partie Sonne Sprache

　　예외: 〈남성명사〉 der Affe der Bote der Friede der Hase der Junge der Kaese der Knabe der Loewe der Ochse der Rabe der Daene der Franzose der Klee der Schnee

　　〈중성명사〉 das Gebirge das Gemaelde das Auge das Ende das Genie

(2) -in: Freundin Koreanerin Lehrerin Polizistin Studentin Polin Franzoesin Aerztin

(3) -t: Macht Acht Nacht Wacht Brust Frucht Fahrt Saat Welt Wucht

　　예외: 〈남성명사〉 der Bericht der Dienst der Draht der Durst der Monat der Ort der Rat der Verlust

　　〈중성명사〉 das Amt das Bett das Blatt das Boot das Haupt das Wort

(4) -ei: Baeckerei Fleischerei Metzgerei Schneiderei Konditorei Lauferei(뛰어다님, 헛수고)

(5) -heit: Freiheit Krankheit Gesundheit Dummheit Faulheit Schnellheit Weisheit

(6) -(ig)keit: Billigkeit(공정, 형평, 염가) Heiligkeit(신성, 존엄) Helligkeit Schnelligkeit Sauberkeit Sparsamkeit

(7) -schaft/-ung: Gesellschaft(협회, 단체, 조합) Freundschaft Heizung

Duldung Vereinigung(합병, 단체) Hoffnung

(8) -aet/-anz/-enz: Qualitaet Quantitaet Universitaet Kulanz Allianz Differenz Konkurrenz

(9) -ion/-ur: Passion Kommission Zivilisation Nation Tradition Kultur

(10) -ik: Mathematik Anglistik Gymnastik Koreanistik Romantik Romanistik Politik Technik Physik Geomatik

1.9.3. 중성(Neutrum)
아래의 어미로 끝나는 명사들은 대체로 중성명사들이다.

(1) -chen: Maedchen Haehnchen Weibchen Juengelchen(=Juenglein)

(2) -lein: Fraeulein Voegellein Weiblein Maennlein Juenglein(애송이)

(3) -nis: Ereignis Hindernis Gefaengnis Geheimnis Erlebnis
예외: ⟨여성명사⟩ die Erlaubnis(허가, 인가, 동의) die Finsternis(암흑, 고난, 미개) die Kenntnis(앎, 지식, 통지)

(4) -sal: Schicksal

(5) -tum: Altertum Eigentum(소유권, 소유물, 재산) Koenigtum Fuerstentum Besitztum
예외: ⟨남성명사⟩ der Irrtum der Reichtum(풍부, 부유, 재산)

(6) Ge-: Gefuehl(감정, 느낌) Getraenk
예외: ⟨남성명사⟩ der Gebrauch(풍습, 사용) der Gedanke der Geruch der Geschmack der Gewinn
⟨여성명사⟩ die Geburt die Geschichte die Gestalt

(7) -ment: Parlament Regiement(지배, 통치, 군의 연대)

(8) -um: Museum Quantum(양, 총계, 액수)

(9) -et(t): Paket Kabarett(선술집, 찻잔, 쟁반)

(10) -ma: Klima Thema Aroma Gamma

(11) -em: Problem System

1.10. 프랑스어에서 차용된 명사들의 문법적인 성

영어를 비롯한 외래어에서 차용된 명사들은 대부분 문법적인 성이 중성이며, 또한 마찬가지로 프랑스어에서 차용된 명사들도 대체로 중성이다.

das Dragee(당의정) das Gelee das Hotel das Hospital das Klischee(상투어, 진부한 생각) das Modell das Restaurant

예외: 〈남성명사〉 der Teint(안색, 혈색) der Waggon der Kaffee der Tee
〈여성명사〉 die Saison die Allee(국도) die Chaussee(가로수 길) die Idee

2. 명사의 복수형성

독일어 명사의 남성 여성 중성의 문법적인 성의 구분과 함께 단수와 복수의 형태 또한 중요하다. 이러한 복수형성에 대한 문법적인 구분은 독일어 학자들에 따라서 다소 상이하며, 독자들이 익히기에 도움이 되게 하고자 아래와 같은 세 가지 방법으로 구분해 본다.

2.1. 복수형성 구분방법 1
2.1.1. 단수형태가 그대로 복수
이 경우는 명사의 단수와 복수의 형태가 동일하므로 단지 (정)관사만이 단수와 복수를 구별하여 준다. 아래의 어미로 끝나는 명사들이 이 경우이다.

-er/-el/-en:	〈단수〉	〈복수〉
	der Lehrer	die Lehrer
	das Kissen	die Kissen
-chen/-lein:	〈단수〉	〈복수〉
	das Maedchen	die Maedchen

2.1.2. 변모음(Umlaut)만 추가
독일어의 거의 모든 남성명사들이 이에 속한다.
〈단수〉 der Vater 　　　〈복수〉 die Vaeter
예외: 여성명사는 오직 아래의 둘뿐이다.
〈단수〉 die Mutter 　〈복수〉 die Muetter
　　　 die Tochter 　　　　 die Toechter
예외: 중성명사는 오로지 아래의 하나뿐이다.
〈단수〉 das Kloster 〈복수〉 die Kloester

2.1.3. -e 추가, 또는 변모음(Umlaut)을 하고 -e 추가

(1) 많은 단음절 남성명사들이 이에 속한다.

〈단수〉 der Tag	〈복수〉 die Tage	
der Tisch	die Tische	
der Fluss	die Fluesse	

(2) 소수의 단음절 여성명사들이 이에 속한다.

〈단수〉 die Nacht	〈복수〉 die Naechte	
die Hand	die Haende	

(3) 소수의 단음절 중성명사들이 이에 속한다.

〈단수〉 das Werk	〈복수〉 die Werke	
das Schiff	die Schiffe	
das Meer	die Meere	

2.1.4. 변모음을 하고 -er 추가

수많은 남성명사들과 중성명사들이 이에 속한다.

〈단수〉 der Wald	〈복수〉 die Waelder	
das Buch	die Buecher	

2.1.5. -en/-n 추가

(1) 거의 모든 여성명사들이 이에 속한다.

〈단수〉 die Frau	〈복수〉 die Frauen	
die Maschine	die Maschinen	

(2) 또는 -e의 어미를 가진 소수의 남성명사들이 이에 속한다.

〈단수〉 der Junge	〈복수〉 die Jungen	
der Gatte	die Gatten	

(3) 소수의 중성명사들이 이에 속한다.

〈단수〉 das Bett	〈복수〉 die Betten	
das Ohr	die Ohren	

(4) 민족이름을 나타내는 명사들이 이에 속한다.

〈단수〉 der Daene   〈복수〉 die Daenen

der Franzose   die Franzosen

2.1.6. -s 추가

대부분 프랑스어나 영어에서 유래한 명사들이 이러하다.

〈단수〉 der Park   〈복수〉 die Parks

das Baby   die Babys

das Hotel   die Hotels

das Auto   die Autos

die Party   die Partys

2.2. 복수형성 구분방법 2

2.2.1. 단수가 바로 복수 - 이 경우는 관사로만 단수와 복수를 구별한다.

〈단수〉 der Lehrer   〈복수〉 die Lehrer

das Fenster   die Fenster

2.2.2. 변모음(Umlaut) 추가

〈단수〉 der Vater   〈복수〉 die Vaeter

die Mutter   die Muetter

2.2.3. -e/-er/-(e)n/-s 추가

〈단수〉 der Tag   〈복수〉 die Tage

die Frau   die Frauen

das Feld   die Felder

das Auto   die Autos

der Vati   die Vatis

2.2.4. 변모음과 -e/-er 추가

〈단수〉 der Wald 〈복수〉 die Waelder

das Buch die Buecher

2.3. 복수형성 구분방법 3

복수형을 만드는 약간의 실마리를 명사의 문법적인 성에 따라 구분할 수 있다. 즉 먼저 성의 구분을 한 다음에 다시 형태변화의 구분을 하여 복수화한다.

2.3.1. 남성명사(Masklinum)

(1) 남성명사의 단수형태가 바로 복수형태인 경우

남성명사의 어미가 -er/-el/-en인 경우는 단수형이 바로 복수형이다. 이 경우는 관사만이 단수와 복수를 구분하여준다.

〈단수〉 der Lehrer 〈복수〉 die Lehrer

der Wagen die Wagen

der Hebel die Hebel

그러나 복수형태에서 변모음을 하는 경우가 있다.

〈단수〉 der Apfel 〈복수〉 die Aepfel

der Bruder die Brueder

der Faden die Faeden

(2) 남성명사의 단수형에 -e/-er 어미를 추가함으로써 복수화한다.

① 대부분의 단음절 남성명사는 -e 어미를 추가함으로써 복수형이 된다.

〈단수〉 der Berg 〈복수〉 die Berge

der Schritt die Schritte

der Tag die Tage

② 단수 남성명사에 변모음하고 -e 어미를 추가하여 복수형이 된다.

〈단수〉 der Band(장정, 권, 책) 〈복수〉 die Baende

der Bruch(파괴, 골절)	die Brueche
der Damm	die Daemme
der Darm	die Daerme
der Raum	die Raeume

③ 남성명사의 단수형에 -er 어미가 추가되거나, 혹은 변모음하고 -er의 어미가 추가됨으로써 복수형이 되는 경우도 있다.

〈단수〉		〈복수〉	
der Geist		die Geister	
der Gott		die Goetter	
der Irrtum		die Irrtuemer	
der Ort		die Oerter	
der Mann		die Maenner	
der Rand		die Raender	
der Reichtum		die Reichtuemer	
der Wald		die Waelder	
der Wurm		die Wuermer	
das Band(끈, 결속, 유대)		die Baender	

④ 남성명사의 단수형의 어미가 -ig/-ich/-ling인 명사들은 -e 어미를 추가함으로써 복수형이 된다.

〈단수〉		〈복수〉	
der Kaefig		die Kaefige	
der Lehrling		die Lehrlinge	

⑤ 동사로부터 전이된 다음절 남성명사들은 -e 혹은 변모음 -e의 어미를 추가함으로써 복수형이 된다.

〈단수〉		〈복수〉	
der Aufstand		die Aufstaende	
der Betrag		die Betraege	
der Befehl		die Befehle	
der Verband(붕대, 연합)		die Verbaende	
der Verkauf		die Verkaeufe	
der Vertrag		die Vertraege	

⑥ 남성명사의 단수형 어미가 -al/-ar/-aer/-at/-ier/-ieur인 명사들은 -e 어미를 추가함으로써 복수형이 된다.

〈단수〉 der General   〈복수〉 die Generale

　　　 der Notar   die Notare

　　　 der Aktionaer   die Aktionaere

　　　 der Apparat   die Apparate

　　　 das Klavier   die Klaviere

　　　 der Ingenieur   die Ingenieure

(3) 남성명사의 단수형에 -n의 어미를 추가함으로써 복수형이 된다. 특히 단수형 어미가 -e인 명사들이 이에 속한다.

〈단수〉 der Astrologe(점성술사) 〈복수〉 die Astrologen

　　　 der Bote   die Boten

　　　 der Daene   die Daenen

　　　 der Junge   die Jungen

　　　 der Pole   die Polen

　　　 der Franzose   die Franzosen

　　　 der Russe   die Russen

　　　 der Zeuge   die Zeugen

(4) 남성명사의 단수형에 -en의 어미를 추가함으로써 복수화한다.
① 단수형 어미가 -and/-ant/-ent/-at/-et/-it인 명사들에 -en 어미를 추가함으로써 복수형이 된다.

〈단수〉 der Garant   〈복수〉 die Garanten

　　　 der Student   die Studenten

　　　 der Athlet   die Athleten

　　　 der Polizist   die Polizisten

② 단수형 어미가 -us인 명사에 -en을 추가함으로써 복수형이 된다.

〈단수〉 der Globus	〈복수〉 die Globen
der Rhythmus	die Rhythmen

③ 약간의 단음절 명사들에 -en을 추가함으로써 복수형이 된다.

〈단수〉 der Baer	〈복수〉 die Baeren
der Christ	die Christen
der Fuerst	die Fuersten
der Held	die Helden
der Mensch	die Menschen
der Tor(바보, 멍청이)	die Toren

주의: das Tor(골, 골대, 문) die Tore

2.3.2. 여성명사(Femininum)

(1) 여성명사의 단수형에 -en 어미를 추가함으로써 복수형이 되는 것이 일반적이다.

〈단수〉 die Frau	〈복수〉 die Frauen
die Nation	die Nationen
die Bank(은행)	die Banken

① 단수형 어미가 -e/-el/-er인 여성명사들은 단지 -n 어미를 추가함으로써 복수형이 된다.

〈단수〉 die Insel	〈복수〉 die Inseln
die Leber	die Lebern

② 단수형의 어미가 -in인 여성명사들은 -nen 어미를 추가함으로써 복수형이 된다.

〈단수〉 die Studentin	〈복수〉 die Studentinnen
die Lehrerin	die Lehrerinnen
die Koreanerin	die Koreanerinnen

(2) 여성 단수형에 변모음과 -e 어미를 추가함으로써 복수형이 된다.

〈단수〉 die Angst	〈복수〉 die Aengste
die Bank(벤치)	die Baenke
die Faust	die Faeuste
die Frucht	die Fruechte
die Gans	die Gaense
die Hand	die Haende
die Kraft	die Kraefte
die Kuh	die Kuehe
die Kunst	die Kuenste
die Luft	die Luefte
die Lust	die Lueste
die Macht	die Maechte
die Maus	die Maeuse
die Nacht	die Naechte
die Not	die Noete
die Nuss	die Nuesse
die Schnur	die Schnuere
die Stadt	die Staedte
die Wand	die Waende
die Wurst	die Wuerste
die Zunft	die Zuenfte
die Zusammenkunft	die Zusammenkuenfte(집회, 회합)

(3) 여성명사의 단수형에 오로지 변모음을 추가함으로써 복수형이 되는 경우는 아래 두 가지뿐이다.

〈단수〉 die Mutter	〈복수〉 die Muetter
die Tochter	die Toechter

2.3.3. 중성명사(Neutrum)

(1) 중성명사의 단수형 어미가 –el/–en/–er/–chen/–lein인 경우는 단수형이 그대로 복수형이다.

〈단수〉	〈복수〉
das Segel	die Segel
das Wappen	die Wappen
das Fenster	die Fenster
das Kindchen	die Kindchen(영아, 애, 아가)
das Fraeulein	die Fraeulein

(2) 중성명사의 단수형에 –e 어미를 추가함으로써 복수화한다.
① 대부분의 단음절의 중성명사들이 이에 속한다.

〈단수〉	〈복수〉
das Beil	die Beile
das Bein	die Beine
das Boot	die Boote
das Fest	die Feste
das Gas	die Gase
das Haar	die Haare
das Heft	die Hefte
das Jahr	die Jahre
das Kinn	die Kinne
das Knie	die Kniee
das Kreuz	die Kreuze
das Maas	die Maase
das Meer	die Meere
das Paar	die Paare
das Pfund	die Pfunde
das Reich	die Reiche
das Schiff	die Schiffe

das Spiel	die Spiele
das Stueck	die Stuecke
das Tor(문, 골)	die Tore

② 중성명사의 단수형 어미가 -al/ -all/ -ar/ -ell/ -em/ -et(t)/ -ment/ -nis인 경우는 -e 어미를 추가함으로써 복수형이 된다.

〈단수〉 das Pedal	〈복수〉 die Pedale
das Metall	die Metalle
das Exemplar	die Exemplare
das Format	die Formate
das Naturell	die Naturelle(본성, 천성)
das Problem	die Probleme
das Paket	die Pakete
das Element	die Elemente
das Erfordnis	die Erfordnisse

(3) 중성명사의 단수형에 -er 어미를 추가함으로써 복수화한다.

〈단수〉 das Bild	〈복수〉 die Bilder
das Brett	die Bretter
das Ei	die Eier
das Feld	die Felder
das Geld	die Gelder
das Glied	die Glieder
das Kind	die Kinder
das Kleid	die Kleider
das Lied	die Lieder
das Nest	die Nester
das Rind	die Rinder
das Weib	die Weiber

아래 중성명사들은 단수형에 변모음과 −er 어미를 추가하여 복수형을 만든다.

⟨단수⟩ das Amt   ⟨복수⟩ die Aemter

       das Bad   die Baeder

       das Band   die Baender

       das Dorf   die Doerfer

       das Buch   die Buecher

       das Dach   die Daecher

       das Haus   die Haeuser

       das Huhn   die Huehner

       das Land   die Laender

       das Loch   die Loecher

       das Volk   die Voelker

       das Wort   die Woerter

(4) 중성명사의 단수형에 −en/−n 어미를 추가하여 복수화한다.

⟨단수⟩ das Auge   ⟨복수⟩ die Augen

       das Bett   die Betten

       das Hemd   die Hemden

       das Herz   die Herzen

       das Insekt   die Insekten

       das Leid   die Leiden

       das Ohr   die Ohren

       das Interesse   die Interessen

주의하라!

⟨단수⟩ das Drama   ⟨복수⟩ die Dramen

       das Konto   die Konten

       das Studium   die Studien

3. 명사(Substantiv: Hauptwort: Dingwort)

명사는 정관사나 부정관사와 함께 쓰인다. 간혹 명사 홀로 사용되는 경우도 있다.

명사와 함께 사용되는 관사에는 정관사와 부정관사가 있으며, 이들은 각각 문법적인 성과 네 가지 격에 따른 변화를 한다. 명사도 또한 격변화를 하는데 이 때 명사의 문법적인 성이 명사 정관사 부정관사의 격변화에 절대적이다.

이러한 명사 및 관사의 격변화에는 1격인 주격(−은, −는, −이, −가: Norminativ: Werfall: N), 2격인 소유격(−의: Genitiv: Wesfall 혹은 Wessenfall: G), 3격인 간접목적격/3격목적격(−에게: Dativ: Wemfall: D) 및 4격인 직법목적격/4격목적격(−을, −를: Akkusativ: Wenfall: A)이 있다. 이러한 네 가지 격은 그에 따른 관사의 변화나 명사의 어미변화를 통하여 나타난다.

이러한 명사의 격변화에 대해서 독일어학자들의 설명방식이 조금씩 다르다. 독자들의 이해를 위하여 여기에서도 두 가지 구분방법을 가지고 설명한다.

3.1. 명사의 격변화 구분방법 1

명사의 격변화는 우선 단수와 복수로 구분하고 단수에서는 다시 명사의 문법적인 성에 따라 남성명사, 중성명사, 여성명사로 구분한다.

아래에서는 이러한 단수에서의 남성 중성 여성명사의 격변화를 설명하고, 나아가 복수에서의 명사의 격변화를 다룬다.

그리고 2격에서만 −(e)s인 경우에서 −es 혹은 −s의 두 경우에 따른 문법적인 설명과 3격에서의 굳어버린 −e의 어미를 설명한다.

3.1.1. 남성명사의 격변화

단수인 경우 남성명사의 격변화를 세 가지 모형으로 나누어 볼 수 있다. 첫째 대부분의 남성명사들에서 볼 수 있는 것처럼 2격에서 −(e)s의 어미를 가진다. 둘째 2, 3, 4격에서 −en의 어미를 가지는 경우이다. 셋째 2, 3, 4격에서 −n의 어미를 가지는 경우이다.

단수 남성명사의 격변화를 정관사, 부정관사의 격변화와 함께 모형으로 나타내면 아래와 같다.

	〈정관사〉	〈부정관사〉	〈명사의 격변화〉		
1격	der	ein	−	−	−
2격	des	eines	−(e)s	−en	−n
3격	dem	einem	−	−en	−n
4격	den	einen	−	−en	−n

단수 남성명사의 격변화를 예를 들어 설명하면 아래와 같다. Lehrer Tag Mann은 2격에서만 −(e)s의 어미를 갖는 경우이고, Mensch는 2, 3, 4격에서 −en의 어미를 갖는 경우이고, Herr는 2, 3, 4격에서 −n의 어미를 갖는 경우이다.

		〈2격에서만 −(e)s의 어미〉			〈2,3,4격에서 −en〉	〈2,3,4격에서 −n〉
1격	der	Lehrer	Tag	Mann	Mensch	Herr
2격	des	Lehrers	Tages	Mannes	Menschen	Herrn
3격	dem	Lehrer	Tag	Mann	Menschen	Herrn
4격	den	Lehrer	Tag	Mann	Menschen	Herrn

3.1.2. 중성명사의 격변화

단수인 경우의 중성명사의 격변화는 2격에서 −(e)s의 어미를 가지는 경우 하나뿐이다.

단수 중성명사의 격변화를 정관사, 부정관사의 격변화와 함께 모형으로 나타내면 아래와 같다.

	〈정관사〉	〈부정관사〉	〈명사의 격변화〉
1격	das	ein	−
2격	des	eines	−(e)s
3격	dem	einem	−
4격	das	ein	−

단수 중성명사의 격변화를 예를 들어 설명하면 아래와 같다. Kind는 2격에서만 −es 어미를 가지며, Auto는 2격에서만 −s 어미를 가진다.

1격	das	Kind	Auto
2격	des	Kindes	Autos
3격	dem	Kind	Auto
4격	das	Kind	Auto

3.1.3. 여성명사의 격변화

여성명사는 단수에서는 격변화를 하지 않는다. 즉 여성명사들은 단수에서는 격변화에 따른 여성명사들의 어미가 붙지 않는다.

단수 여성명사의 격변화를 정관사, 부정관사와 함께 모형으로 나타내면 아래와 같다.

	〈정관사〉	〈부정관사〉	〈명사의 격변화〉
1격	die	eine	−
2격	der	einer	−
3격	der	einer	−
4격	die	eine	−

단수 여성명사의 격변화를 예를 들어 설명하면 아래와 같다. Frau와 Hand는 여성명사이므로 단수에서는 격변화를 하지 않는다.

1격	die Frau	Hand
2격	der Frau	Hand
3격	der Frau	Hand
4격	die Frau	Hand

3.1.4. 복수명사의 격변화

명사는 복수에서는 문법적인 성의 구별이 없다. 그러므로 정관사는 복수정관사 하나뿐이며, 부정관사의 복수형은 없다.

복수인 경우 명사의 격변화는 단지 3격에서만 어미 -n이 추가될 뿐이다. 이러한 복수에서의 명사의 격변화를 정관사, 부정관사의 격변화와 함께 모형으로 나타내면 아래와 같다.

	〈정관사〉	〈부정관사〉	〈명사의 격변화〉
1격	die		-
2격	der		-
3격	den		-n
4격	die		-

복수명사의 격변화를 예를 들어 설명하면 아래와 같다. 복수형인 Lehrer Tage Maenner는 3격에서만 어미 -n이 추가된다. 그러나 명사의 복수형의 어미가 -s나 -n인 경우에는 3격에서 -n이 추가되지 않으므로, 복수형인 Menschen이나 Autos는 3격에서 -n이 추가되지 않는다.

1격	die	Lehrer	Tage	Maenner	Menschen	Autos
2격	der	Lehrer	Tage	Maenner	Menschen	Autos
3격	den	Lehrern	Tagen	Maennern	Menschen	Autos
4격	die	Lehrer	Tage	Maenner	Menschen	Autos

3.1.5. 소유격인 2격에서 추가되는 어미가 -es로 되는 경우

(1) 명사의 어미가 -s/-ss/-z일 때

Gebiss → Gebisses / Holz → Holzes

(2) 명사의 어미가 자음축적인 -rbst일 때

Herbst → Herbstes

(3) 단음절인 명사의 어미가 -nd/-ld/-rg일 때

Band → Bandes / Wald → Waldes / Berg → Berges

3.1.6. 3격목적격에 추가되는 -e는 단어 발성 혹은 리듬의 이유로 굳어버린 경우에 나타난다.

 am Lande / auf dem Lande / nach seinem Tode

3.2. 명사의 격변화 구분방법 2
여기서는 우선 명사의 단수에서의 격변화를, 다음으로 복수에서의 격변화를 다룬다. 나아가 소유격인 2격에서 -es를 사용하는 경우, -es와 -s의 양자택일인 경우, -s를 사용하는 경우를 살펴본다. 그리고 여기서도 남성명사 및 중성명사의 3격목적격에서의 어미 -e는 발음의 편의상 굳어진 경우임을 볼 수 있다.

3.2.1. 명사의 단수에서의 격변화
문장에서 단어는 우선 명사 및 관사의 어미를 통하여 규정된다.(명사 앞에 오는 관사의 자리에 다른 단어들, 이를테면 대명사, 형용사 및 여타의 단어들이 나타날 수 있다.) 명사나 관사의 어미는 네 개의 격을 나타낸다. 즉 주격인 1격, 소유격인 2격, 간접목적격(3격목적격)인 3격, 직접목적격(4격목적격)인 4격으로 구분된다.
이러한 네 개의 어미의 변화에 의하여 나타나는 격변화에서 단수의 경우에 가장 많은 격변화어미를 나타내는 것이 남성명사이며, 반대로 단수에서는 격변화어미를 갖지 않는 것이 여성명사이다.
남성명사는 단수에서의 격변화어미에서 다시 두 가지 유형을 나타낸다. 첫째, 소유격인 2격에서 -(e)s의 어미를 가지는 경우와 둘째, 역시 소유격인 2격에서 -(e)n의 어미를 가지는 경우이다. 이와 같이 소유격에서 -(e)s의 어미를 가지는 남성명사들은 여타의 격에서는 어미변화가 없다. 그러나 소유격인 2격에서 -(e)n의 어미를 가지는 남성명사들은 3, 4격에서도 마찬가지로 동일한 -(e)n의 어미변화를 한다.
다음으로 단수에서의 중성명사는 소유격인 2격에서만 -(e)s의 어미를 가지는 경우 하나뿐이다.

3.2.2. 명사의 복수에서의 격변화

(1) 명사의 복수형은 오직 3격에서만 격변화어미를 가진다.

복수 명사는 주격, 소유격, 4격목적격에서는 격변화어미를 가지지 않으며, 오로지 3격목적격에서만 −n의 어미를 추가한다.

〈복수 1격〉	〈복수 3격〉
Haende	Haenden
Maenner	Maennern
Lehrer	Lehrern
Tage	Tagen

(2) 명사의 복수형 어미가 −(e)n/−s인 경우에는 3격목적격에서 −n의 어미를 다시 추가하지 않는다.

(3) 복수형 명사의 격변화에서 명사가 관사를 가지지 않거나 형용사를 가지지 않는 경우는 분석적으로 von을 통하여 소유격의 의미를 나타낸다.

Die Einfuhr von Apfelsinen(자몽의 수입)

여기서 Apfelsinen의 복수형태는 관사나 형용사를 가지지 않는 경우이므로 von을 통하여 소유격의 의미를 나타낸다.

그러나 Apfelsinen의 복수형태가 이제 spanisch라는 형용사를 가지면 복수 2격의 형태인 −er 어미를 추가한다.

Die Einfuhr spanischer Apfelsinen

3.2.3. 2격에서 −s대신 −es로 되는 경우

소유격인 2격에서 −s대신 −es의 어미를 가지는 경우는 명사의 어미가 −s/−ss/−z 혹은 다수의 자음(이를테면 rbst)을 가질 때다.

Biss → Bisses / Hals → Halses / Sitz → Sitzes / Herbst → Herbstes

3.2.4. 2격에서 −s나 −es 양자택일일 경우

소유격에서 −es나 −s의 양자택일이 가능한 경우는 명사의 어미가 −nd/ −ld/ −rg일 때며, 이러한 경우에도 −es가 추천되는 것이 일반적이다.

Band → Bandes / Wald → Waldes / Berg → Berges

3.2.5. 2격에서 -s로 되는 경우
소유격에서 -s의 어미가 추가되는 경우는 명사의 어미가 -el/ -er/ -en
일 때다.

Hobel → Hobels / Lehrer → Lehrers / Wagen → Wagens

3.2.6. 남성/중성명사 3격에서 -e가 추가되는 경우
남성명사 및 중성명사의 3격목적격에서의 어미 -e는 단지 편안한 음을 위
하여 혹은 표현이 확장된 것이다.

am Tage / auf dem Lande / in diesem Sinne

3.3. 고유명사의 격변화
3.3.1. 소유격 고유명사는 일반적으로 대부분 규정어/한정어 앞에 온다.
Wofgangs Freunde(볼프강의 친구들)

Schillers Dramen(쉴러의 희곡들)

Goethes Werke(괴테의 작품들)

Marxs Theorien(마르크스의 이론들)

여기서 Wofgangs, Schillers, Goethes, Marxs는 소유격 고유명사로서
규정어인 Freunde, Dramen, Werke, Theorien의 앞에 왔다.

3.3.2. 소유격 고유명사는 규정어/한정어 뒤에 오기도 한다.
die Freunde Wolfgangs

die Dramen Schillers

die Werke Goethes

die Theorien Marxs

여기서 소유격의 고유명사인 Wofgangs, Schillers, Goethes, Marxs는
규정어인 Freund, Dramen, Werke, Theorien의 뒤에 온다..

3.3.3. 고유명사가 정관사 및 칭호와 함께 있을 때는 칭호만 격변화한다.

der Kaiser Karl der Grosse(카를 대황제)

das sind die Verdienste des Kaisers Karl des Grossen(이것이 카를 대황제의 업적들이다.)

여기서는 칭호인 대황제 der Kaiser der Grosse만 격변화를 한다. 고유명사인 Karl은 격변화하지 않는다.

der Professor Schmidt(슈미트 교수)

die Abhandlung des Professors Schmidt(슈미트 교수의 논문)

여기서는 칭호인 der Professor만 격변화를 한다. 고유명사인 Schmidt는 격변화하지 않는다.

3.3.4. 고유명사에 정관사 없이 칭호만 붙일 때에는 마지막 이름만 격변화한다.

Kaiser Karls des Grossen Verdienst(카를 대황제의 업적)

Professor Schmidts Abhandlung(슈미트 교수의 논문)

여기서는 고유명사가 정관사 없이 칭호하고만 쓰였으므로 마지막 이름인 Karl der Grosse와 Schmidt만 격변화하여서 Karls des Grossen과 Schmidts로 되었다.

3.4. 명사의 결합형태

독일어에서는 상당한 정도의 명사들이 2~3개의 단어들을 결합하여 형성된다. 단어들이 결합하여 형성된 명사의 문법적인 성은 최후에 오는 명사의 성을 따른다. 이러한 결합형태는 세가지 규칙으로 나누어 볼 수 있다. 동사의 경우는 어미를 떼고 결합한다. 경우에 따라서는 명사의 복수형태가 결합한다.

3.4.1. 단순결합

둘 이상의 명사들이 단순하게 결합하는 경우다.

Kinderwagen	Gaestezimmer	Hausfrau	Hausmann
Waschmaschine	Spuelmaschine	Rollstuhl	Rolltreppe
Laufband	Fliessband	Fahrrad	Fahrzeug
Gehwagen	Schnittblume	Flugbegleiter	

3.4.2. ⁻es / ⁻s로 결합
둘 이상의 단어들이 ⁻es 혹은 ⁻s로 결합하는 경우다.

| Einkaufswagen | Eintrittskarte | Jahresurlaub | Tageskarte |
| Monatskarte | | | |

3.4.3. ⁻en / ⁻n으로 결합
둘 이상의 단어들이 ⁻en 혹은 ⁻n으로 결합하여 새로운 명사를 형성하는 경우다.

| Taschentuch | Toilettenpapier | Blumentopf | Krankenwagen |
| Krankenpfleger | Brillenputztuch | | |

4. 형용사(Adjektiv)

형용사는 불변일 수도 있고 어미가 변화되어 나타나기도 한다.
형용사가 술어로 쓰일 때는 불변이지만, 형용사가 명사 앞에서 명사를 규정하는 경우에는 형용사변화를 하며, 이 경우에는 형용사가 위치한 조건에 따라서 형용사약변화 형용사혼합변화 형용사강변화 등의 변화를 한다.

4.1. 형용사 변화의 구분방법
형용사가 변화하는 경우는 명사 앞에 올 때, 독립적인 명사형으로 쓰일 때, 그리고 형용사가 반복되어 명사가 생략될 때이다.

4.1.1. 형용사가 명사 앞에 올 때
형용사가 명사 앞에 오면 뒤에 오는 명사의 문법적인 성과 격에 따라서 형용사 변화를 한다.
kleiner Mann
kleine Frau
kleines Kind
der kluge Mann
die intelligente Frau
das grosse Kind

4.1.2. 형용사가 독립적인 명사형으로 쓰일 때
형용사가 명사형으로 쓰일 때는 첫 문자를 대문자로 쓴다. 이러한 명사화한 형용사는 격에 따른 변화를 하는데 이때 또한 형용사 변화를 보여준다.
Ueberwinde das Boese mit Gutem!
Er ist wirtschaftlicher Beamter in Hamburg.

In der Zeitung steht etwas Interessantes.

Das Neue daran ist nicht gut, und das Gute daran ist nicht neu.

4.1.3. 형용사가 반복되어 명사가 생략될 때

명사가 생략되어 형용사가 반복해서 쓰일 경우는 뒤에 명사가 있는 것과 같은 의미이기 때문에 이에 따른 형용사 격변화를 한다.

Welche Aepfel moechtest du, die roten oder die noch gruenen?

Ein paar Apfelsinen bitte, aber nur reife!

Gib mir noch ein paar Birnen, und zwar von den grossen!

4.2. 단수에서의 형용사 어미변화

단수에서의 형용사 어미변화는 첫째, 형용사 앞에 정관사 및 정관사와 같이 변화하는 단어가 올 때 둘째, 형용사 앞에 부정관사 및 부정관사와 같이 변화하는 단어가 올 때 셋째, 형용사 앞에 아무것도 오지 않는 경우의 세 가지가 있다.

4.2.1. 형용사의 약변화

형용사 앞에 정관사 및 정관사류가 올 때는 이들이 형용사 및 명사 앞에서 네 가지 격변화를 보여주기 때문에 형용사는 약변화를 한다.

형용사가 정관사 der 등과 또는 정관사와 같이 변화하는 dieser, jener, solcher, jeder, mancher, folgender, aller 등의 뒤에 올 때는 형용사는 뒤에 오는 명사의 문법적인 성과 격에 따라서 아래와 같은 약변화를 한다. 즉 명사의 성과 격에 따라서 형용사는 아래의 어미를 추가한다.

	〈남성명사〉	〈여성명사〉	〈중성명사〉
1격	-e	-e	-e
2격	-en	-en	-en
3격	-en	-en	-en
4격	-en	-e	-e

	〈남성명사〉	〈여성명사〉	〈중성명사〉
1격	der alte Wein	die lange Zeit	das frische Brot
2격	des alten Weines	der langen Zeit	des frischen Brotes
3격	dem alten Wein	der langen Zeit	dem frischen Brot
4격	den alten Wein	die lange Zeit	das frische Brot

4.2.2. 형용사의 혼합변화

형용사가 부정관사 및 부정관사류의 뒤에 올 때는 혼합변화를 한다. 이 경우 2격과 3격은 약변화를 하고 1격과 4격은 강변화를 한다. 형용사가 부정관사 ein 등 또는 부정관사와 같이 변화하는 kein, mein, dein, sein, unser, euer, ihr 등의 뒤에 올 때는 형용사 뒤에 오는 명사의 문법적인 성과 격에 따라 아래와 같은 형용사의 격변화 어미가 추가된다.

	〈남성명사〉	〈여성명사〉	〈중성명사〉
1격	-er	-e	-es
2격	-en	-en	-en
3격	-en	-en	-en
4격	-en	-e	-es

	〈남성명사〉	〈여성명사〉	〈중성명사〉
1격	ein alter Wein	eine lange Zeit	ein frisches Brot
2격	eines alten Weines	einer langen Zeit	eines frischen Brotes
3격	einem alten Wein	einer langen Zeit	einem frischen Brot
4격	einen alten Wein	eine lange Zeit	ein frisches Brot

4.2.3. 형용사의 강변화

형용사가 관사 및 관사류 없이 홀로 명사 앞에 올 때는 형용사는 강변화의 격변화를 한다. 형용사강변화의 경우에는 정관사의 남성 여성 중성의 격변화 어미들을 따른다. 그러나 남성과 중성의 2격에서는 -es 대신 -en을 쓴다. 형용사강변화는 명사의 문법적인 성과 격에 따라 아래와 같은 어미들을 가진다.

	〈남성명사〉	〈여성명사〉	〈중성명사〉
1격	-er	-e	-es
2격	-en	-er	-en
3격	-em	-er	-em
4격	-en	-e	-es

	〈남성명사〉	〈여성명사〉	〈중성명사〉
1격	alter Wein	lange Zeit	frisches Brot
2격	alten Weines	langer Zeit	frischen Brotes
3격	altem Wein	langer Zeit	frischem Brot
4격	alten Wein	lange Zeit	frisches Brot

4.3. 복수에서의 형용사의 격변화

복수에서의 형용사의 격변화는 복수정관사 및 복수정관사류가 올 경우, 그리고 형용사 앞에 아무것도 오지 않을 경우의 두 가지 뿐이다.

4.3.1. 형용사가 복수정관사 및 복수정관사류 뒤에 올 때

형용사가 복수정관사 die 등, 또는 그와 같이 변화하는 diese, jene, alle, solche, keine, deine, meine, seine, jede, manche, ihre, unsere, eure, folgende 등의 뒤에 올 때는 형용사 뒤에 오는 명사의 문법적인 성과 격에 따라서 아래와 같은 형용사의 격변화 어미를 가진다. 이 경우에는 형용사 앞에 오는 정관사 및 정관사류가 격에 따른 변화를 하기 때문에 형용사의 격변화에는 네 가지의 각 격에 -en의 어미만이 추가된다.

		〈남성명사〉	〈여성명사〉	〈중성명사〉
1격	-en	die alten Weine	die langen Zeiten	die frischen Brote
2격	-en	der alten Weine	der langen Zeiten	der frischen Brote
3격	-en	den alten Weinen	den langen Zeiten	den frischen Broten
4격	-en	die alten Weine	die langen Zeiten	die frischen Brote

4.3.2. 형용사가 홀로 명사 앞에 올 때

형용사가 복수정관사 및 복수정관사류와 함께 하지 않고 홀로 명사 앞에 올 때, 형용사의 격변화는 아래와 같은 격변화 어미를 가진다. 이 경우에는 형용사가 홀로 명사 앞에 왔으므로 형용사의 네 가지 격에 따른 어미의 변화가 복수정관사의 어미를 나타낸다.

		〈남성명사〉	〈여성명사〉	〈중성명사〉
1격	-e	alte Weine	lange Zeiten	frische Brote
2격	-er	alter Weine	langer Zeiten	frischer Brote
3격	-en	alten Weinen	langen Zeiten	frischen Broten
4격	-e	alte Weine	lange Zeiten	frische Brote

4.4. 추가되는 어미의 발음상 중복을 피하기 위한 모음 -e의 생략

4.4.1. ‑ele 대신 ‑le

격변화한 형용사의 어미가 ‑el+e 등인 경우는 앞의 e가 생략되고 ‑le의 형태를 취한다.

dunkel → das dunkle Zimmer

4.4.2. ‑ene 대신 ‑ne

격변화한 형용사의 어미가 ‑en+e 등인 경우는 대부분 ‑ne이다.

trocken → ein trock(e)nes Klima

4.4.3. ‑ere 대신 ‑re

격변화한 형용사의 어미가 ‑er+e 등인 경우는 대부분 ‑re이다.

teuer → eine teu(e)re Reise

4.5. 형용사의 격변화에서 형용사가 반복되는 경우

이때는 반복되는 형용사들이 동일한 어미를 가진다. 형용사가 서로 연이어지는 경우는 형용사들의 어미 형태가 서로 일치한다. 즉 첫 번째 형용사의 어미는 둘째 및 셋째 형용사의 어미와 동일하다.

ein Zimmer mit kaltem und warmem Wasser

Das ist ein schoener, haltbarer Stoff

4.6. 형용사가 격변화를 하지 않고 불변인 경우

형용사가 격변화를 하지 않는 경우는 첫째, 명사 뒤에 올 때와 둘째, 오래
되어 굳어진 언어에서 셋째, 형용사가 술어로 사용되는 경우이다.

4.6.1. 명사 뒤에 올 때

형용사가 명사 뒤에 오면서 특히 오래된 언어로 서술되거나 혹은 시적으로
표현될 때는 격변화를 하지 않는다.

Drei Knaben jung und heiter bestiegen eine Leiter.

Bei einem Wirte wundermild, da war ich juengste zu Gaeste.

4.6.2. 오래된 언어표현

이를테면 성경이나 격언에서는 형용사의 격변화가 없다.

Unser taeglich Brot gibt uns heute.

여기서 Unser taeglich Brot는 성경 구절로서 형용사 격변화를 하지 않
는다. 하지만 오늘날은 Unser taegliches Brot라고 표현하다.

Gut Ding will Weile haben.

여기서도 Gut Ding은 격언으로서 형용사 격변화를 하지 않는다. 하지만
오늘날은 Gutes Ding이라고 표현한다.

4.6.3. 술어로 사용될 때

Die Frau ist klug.

Der Mann ist intelligent.

Das Wetter bleibt schoen.

Der VW faehrt schnell.

Der BMW faehrt schneller.

4.6.4. 불변의 일부 형용사들

색상을 나타내는 아래의 형용사들은 형용사 격변화를 하지 않는다.

beige   lila   orange   rosa

5. 형용사의 명사화

독일어의 형용사들은 명사화할 수 있다. 이 경우 명사화한 형용사들은 명사로 간주되므로 남성 여성 중성의 문법적 성을 가진다. 또한 이들 명사화한 형용사들의 격변화는 형용사 변화를 따른다.

5.1. 각 성으로부터 명사화한 형용사
5.1.1. 남성 및 여성의 관사를 가진 경우
남성·여성에서 명사화한 형용사는 인물을 나타낸다.

ein guter Mann	ein Guter
eine gute Frau	eine Gute
der gute Mann	der Gute
die gute Frau	die Gute

여기서 ein Guter, der Gute는 관사를 가진 남성으로부터 명사화한 형용사로서 남성을 나타내며, eine Gute, die Gute도 또한 역시 마찬가지로 관사를 가진 여성으로부터 명사화한 형용사로서 여성을 나타낸다.
그러나 중성에서 명사화하여 인물을 나타낼 수는 없다.

  ein gutes Kind / das gutes Kind

여기서는 ein gutes, das gutes로 Kind의 의미를 나타낼 수 없다. 그대로 명사까지 포함하여 표현하여야 한다.

5.1.2. 중성의 관사를 가진 경우
중성으로부터 명사화한 형용사는 추상적인 것을 나타내며 혹은 하나의 언어를 표현한다.

  das Gute(인물이 아닌 추상적인 것. 이를테면 das Gute im Menschen!)
  alles Gute!

etwas, nichts, viel, wenig Gutes

Das, was gut ist.

5.2. 명사화한 형용사의 격변화
뒤에 명사가 올 때의 형용사의 격변화와 동일한 격변화를 한다.

5.2.1. 명사화한 형용사의 단수에서의 격변화

	〈정관사 뒤에 올 때〉	〈부정관사 뒤에 올 때〉	〈관사 없이 홀로〉
1격	der Beamte	ein Beamter	Beamter
2격	des Beamten	eines Beamten	Beamten
3격	dem Beamten	einem Beamten	Beamtem
4격	den Beamten	einen Beamten	Beamten

명사화한 형용사가 남성관사 뒤에 오면 der Beamte, ein Beamter와 같이 남성을 나타내며, 정관사가 오는 경우에는 형용사약변화를 하고 부정관사가 오는 경우에는 형용사혼합변화를 한다. 그리고 관사 없이 홀로 오면 형용사강변화를 하는데 격변화한 명사의 어미들은 남성정관사의 격변화 어미들과 동일하다.

여기서는 남성을 나타내는 der Beamte/ein Beamter의 예를 들었는데 여성을 나타내는 die Beamte/eine Beamte의 경우에도 명사화한 형용사가 정관사 뒤에 오면 형용사약변화를 하고, 부정관사 뒤에 오면 형용사혼합변화를 하고, 명사화하여 혼자 올 때는 형용사강변화를 한다.

5.2.2. 명사화한 형용사의 복수에서의 격변화
부정관사의 복수형은 없기 때문에 명사화한 형용사의 복수에서의 격변화는 정관사 뒤에 올 때와 관사 없이 명사화하여 홀로 올 때 두 가지이다.

	〈정관사 뒤에 올 때〉	〈관사 없이 홀로〉
1격	die Beamten	Beamte
2격	der Beamten	Beamter

3격	den Beamten	Beamten
4격	die Beamten	Beamte

여기에서도 정관사 뒤에 올 때는 형용사약변화를 하고, 홀로 올 때는 형용사강변화를 한다. 정관사 뒤에 올 때는 네 가지의 격변화에 −en이 추가된다. 홀로 올 때는 격에 따른 어미가 복수 정관사의 어미를 따른다.

6. 형용사의 비교변화

독일어에서는 형용사와 부사만이 비교변화를 한다. 비교변화에는 원급
(Positiv: Grundstufe), 비교급(Komparativ: erste Steigerungsstufe), 최상급
(Supelativ: zweite Steigungsstufe)의 세가지 단계가 있으며 여기에는 규칙
변화와 불규칙변화가 있다. 이러한 형용사의 비교변화에 대해서 독일어학
자들의 구분방법이 서로 다를 수 있다. 이해를 돕기 위하여 형용사 비교변
화의 두 가지 경우를 살펴본다.

6.1. 규칙변화 구분방법 1
형용사의 규칙변화에서는 원급을 기준으로 비교급은 어미 -er가, 최상급
은 어미 -(e)st가 각각 추가됨으로써 이루어진다.

원급 -	schnell	langsam
비교급 -er	schneller	langsamer
최상급 -(e)st	schnellst	langsamst

6.1.1. 불규칙변화
자주 사용되는 형용사들은 대부분 불규칙변화를 한다.

〈원급〉	〈비교급〉	〈최상급〉
gut	besser	best
gross	groesser	groesst
hoch	hoeher	hoechst
nah	naeher	naechst
viel	mehr	meist
wenig	weniger	wenigst
	혹은 minder	mindest

6.1.2. 비교변화(-er)에서의 특별한 형태와 불규칙성

형용사의 어미가 -el인 경우에는 비교변화의 경우 형용사의 어미의 -e가
생략된다.

-el+er=-ler   dunkel dunkler

6.1.3. -ener 대신 -ner, -erer 대신 -rer

형용사의 어미가 -en/-er인 경우에는 비교변화의 경우 형용사의 어미가
생략될 수 있다.

-en+er=-ener 혹은 =-ner   trocken trockener 혹은 trockner

-er+er=-erer 혹은 =-rer   teuer teuerer 혹은 teurer

6.1.4. mehr와 weniger는 불변

mehr와 weniger는 격변화와 복수변화에서 추가 어미를 가지지 않는다.

mit mehr Geld	mit weniger Geld
mit mehr Hoffnung	mit weniger Hoffnung
mit mehr Schulden	mit weniger Schulden
mit mehr Einkommen	mit minderem Einkommen(weniger가 아니고 minderem임)

6.1.5. 비교급과 최상급에서의 변모음

많은 단음절의 형용사들은 비교급과 최상급에서 변모음을 한다.

alt	aelter	aeltest
jung	juenger	juengst
grob	groeber	groebst
kalt	kaelter	kaeltest
kurz	kuerzer	kuerzest
stark	staerker	staerkst

6.1.6. 최상급의 상이한 표현방법들

연사/계사(Satzband: Kopula)에 따른 최상급은 두 개의 형태를 가진다. 동일한 물건들과 연관되어 있을 때에는 절대적 최상급(-est/-st)을 사용하며, 상이한 물건들과 연관될 때에는 am -sten의 형태를 취한다.

Der(강조) Garten ist der schoenste.

(여러 정원들 중에서 다른 정원이 아닌 바로 이(강조) 정원이 가장 예쁘다.)

Der Garten(강조) ist am schoensten.

(다른 물건들 이를테면 집, 장소등과 비교하여 정원(강조)이 가장 예쁘다.)

6.1.7. wie와 als의 사용법

원급 뒤에는 비교단어로 wic를 사용하고, 비교급 뒤에는 비교단어로 als를 사용한다.

(1) 원급 뒤의 wie 사용법

so 원급 wie

ebenso 원급 wie

Ich bin so gross wie du.

Ich bin ebenso gross wie du.

Ich bin nicht so beruehmt wie du.

여기서 gross, beruehmt는 원급이다.

(2) 비교급 뒤의 als 사용법

Er ist groesser als ich.

Sie ist aber viel vornehmer als er.

여기서 groesser, vornehmer는 비교급이다.

6.2. 규칙변화 구분방법 2

독일어에서 비교변화를 할 수 있는 것은 형용사와 부사뿐이다. 이러한 비교변화에는 원급 비교급 최상급의 세 단계가 있으며 원급을 바탕으로 비교급은 원급에 -er을 추가함으로써, 그리고 최상급은 원급에 -(e)st를 추가함으로써 형성된다.

예외를 형성하는 것이, 동일한 사물의 두 가지 이상의 특성들 사이의 비교이다. 이 경우에는 mehr를 통한 표현이 일반적이다.

Das Fahrrad ist schnell.

Das Auto ist schneller (als das Fahrrad).

Das Flugzeug ist das schnellste Verkehrsmittel.

(Das Flugzeug ist am schnellsten.)

6.2.1. 최상급 am -sten의 사용법

형용사는 최상급에서도 어미를 추가하여야 한다. 이는 명사 앞에서도 그러하며, 또한 연사/계사 sein/werden등의 뒤에서는 am -sten의 형식으로 표현된다. 이 경우는 동일한 종류가 아닌 상이한 것들과 비교될 때이다.

Das Flugzeug ist am schnellsten.

(자전거도 아니고 자동차도 아니고 비행기가 제일 빠르다.)

이와 같이 상이한 물건들 사이에서 비교의 최상급을 나타낼 때에는 am -sten의 형식을 사용한다.

6.2.2. 절대적 비교급과 절대적 최상급

비교급과 최상급은 또한 절대적으로도 사용될 수 있다.

절대적 비교급: Die Tage werden laenger.

절대적 최상급: Sie waren in bester Stimmung.

6.2.3. 비교급 mehr의 사용법

동일한 물건의 두 가지 특성이 비교될 때에는 비교급이 mehr의 도움으로 형성된다.

Sein Gesicht ist mehr breit als lang.

(그의 얼굴이 긴 것이라기보다는 오히려 넓은 편이다.)

6.2.4. 최상급 -est의 사용법

형용사의 최상급으로서 -est는 단음절로서 어미가 강조되는 형용사에서, 그리고 아래의 자음으로 끝나는 형용사들에서 나타난다.

-d: eine der oedesten Gegenden

-t: einer der kaeltesten Orte

-tz: die spitzeste Nadel

-s: der treuloseste Mensch

-sch: die rascheste Antwort

-st: die festeste Mauer

-ss: der krasseste Widerspruch

-x: einer der fixesten Arbeiter

-z: die kuerzeste Strecke

7. 부사(Adverb: Umstandswort)

독일어에서 대부분의 부사들은 그들의 어미 없는 형태로서의 형용사들과 분사들이다. 즉 부사들은 어미가 추가되지 않은 형용사들이나 현재분사, 과거분사로부터 출처한다. 독일어에서 부사는 특별한 어미/말음을 가지지 않는다.

Das Auto faehrt schnell.

Das Pferd laeuft schnell.

Er erzaehlt spannend.

여기서 schnell, spannend는 부사로서 어미를 가지지 않는다.
그러나 부사의 어미 없는 이러한 형태와의 비교로서 어미변화가 추가되는 형용사로서의 사용을 볼 수 있다.

Das schnelle Auto

Das schnelle Pferd

Die spannende Erzaehlung

여기서 schnelle, spannende는 형용사로서 형용사 어미변화를 한다.

7.1. 부사들의 출처
부사들은 상이한 출처로부터 연유한다.

7.1.1. 근원적인 경우
da, dort, hier, jetzt, nie, morgen, gestern, vorgestern

7.1.2. 다른 단어에서 연유 내지 도출된 경우
schnell, langsam, spannend, abends, morgens, montags, mittags

7.1.3. 형용사나 현재분사/과거분사로부터 합성된 경우

gluecklicherweise, anerkanntermassen, unbekannterweise

7.2. 부사의 의미

7.2.1. 장소

da, hier, dort, daher, links, rechts, geradeaus, rueber, runter

7.2.2. 시간

jetzt, damals, kuenftig, neulich, oft, manchmal, haeufig

7.2.3. 종류와 방식

besonders, so, kaum, ganz, selten, ziemlich, nicht

7.3. 부사의 비교변화

7.3.1. 부사의 비교변화는 형용사의 비교변화와 서로 동일하다. 일부 최상급은 여타의 어미 없이 -st의 형태를 취한다.

Das ist hoechst interessant.

Er war aeusserst erstaunt.

7.3.2. 부사의 최상급은 일반적으로 am -sten의 형태를 취한다.

원급 schnell

비교급 schneller

최상급 am schnellsten

Die Einschienenbahn faehrt am schnellsten.

7.3.3. 부사의 비교급과 최상급에도 불규칙적으로 상승 증가하는 부사들이 있다.

oft   haeufiger(혹은 oefter)   am haeufigsten

wenig	weinger	am	wenigsten
bald	eher	am	ehesten
gern	lieber	am	liebsten
gut	besser	am	besten

여기서도 형용사와 마찬가지로 흔히 사용되는 부사들이 불규칙변화의 비교변화를 한다.

8. 인칭대명사(Personalpronomen: persoenliches Fuerwort)

인칭대명사에서 관사표시로 나타나는 남성, 여성, 중성의 세 가지 문법적 성은 3인칭에서만 나타난다. 3인칭에서만 나타나는 세 가지 성은 또한 해당 단수 3인칭의 대명사가 인물인지 또는 사물인지에 따라 구별된다. 1인칭과 2인칭에서는 문법적인 성의 구별이 없다.

8.1. 단수에서의 인칭대명사
아래에서는 1인칭, 2인칭, 3인칭 그리고 3인칭에서는 이름과 사물을 구분한 인칭대명사의 격변화들을 보여주고 있다.

	〈1인칭〉	〈2인칭〉	〈3인칭(인물)〉			〈3인칭(사물)〉		
1격	ich	du	er	sie	es	er	sie	es
2격	meiner	deiner	seiner	ihrer	seiner	seiner	ihrer	dessen/seiner
3격	mir	dir	ihm	ihr	ihm	ihm	ihr	ihm
4격	mich	dich	ihn	sie	es	ihn	sie	es

8.2. 복수에서의 인칭대명사

	〈1인칭〉	〈2인칭〉	〈3인칭(인물)〉	〈3인칭(사물)〉
1격	wir	ihr	sie	sie
2격	unser	euer	ihrer	ihrer
3격	uns	euch	ihnen	ihnen
4격	uns	euch	sie	sie

8.3. 부사로서 사용되는 meinerseits와 deinerseits
부사로서 종종 사용되는 것들이 meinerseits, deinerseits 등과 같은 형태의 -seits, -wegen, -willen, -halben과 연결되는 단어들이다.

meinerseits, deinerseits, unsererseits, eurerseits, seinerseits,
ihrerseits 등

meinetwegen, deinetwegen, unseretwegen, euretwegen,
seinetwegen, ihretwegen 등

8.4. 인칭대명사 sie의 문법적인 중성을 위한 사용법

명사로서 Fraeulein, Maedchen은 문법적인 성에 있어서는 중성이므로
대명사에서는 es이지만, 오늘날의 언어에서는 종종 인칭대명사 sie를 통하
여 표현된다.

Hast du mit dem Maedchen gesprochen?

Sie war vorhin hier.

8.5. 경칭의 인칭대명사

경칭의 인칭대명사에서는 단수형태와 복수형태가 동일하다.

이들은 형태에 있어서는 복수형태의 3인칭 대명사들이지만, 의미에 있어
서는 2인칭의 단수와 복수의 인칭대명사들이다. 비칭의 2인칭의 의미가
경칭의 2인칭의 의미로 단수와 복수에서 나타낸다.

경칭의 인칭대명사의 격변화는 아래와 같으며 단수와 복수가 동일하다.

1격 Sie

2격 Ihrer

3격 Ihnen

4격 Sie

8.6. 인칭대명사가 전치사 an+3격/4격으로 나타날 경우

대부분의 경우 3인칭 단수 사물을 위한 대명사들은 전치사가 연결되는
da(r)+3격/4격 인칭대명사를 통하여 대체된다. 이러한 전치사 da(r)+3격
/4격 인칭대명사의 표현을 또한 인칭대명사적 전치사라고 한다.

daran, darauf, daraus, darin, darunter, darueber, davon,

dazwischen 등

8.6.1. 단수에서의 인칭대명사적 전치사
(1) 단수의 인칭대명사적 전치사가 인물을 나타낼 때
Ich erinnere mich an den Schueler.
Ich erinnere mich an ihn.
Ich erinnere mich an die Schuelerin.
Ich erinnere mich an sie.
Ich erinnere mich an das Kind.
여기서는 남성인 an den Schueler대신에 an ihn, 그리고 여성인 an die
Schuelerin대신에 an sie라고 할 수 있다.
그러나 an das Kind 대신에 an es 라 할 수 없으며, 중성의 대명사들은
인물을 표현할 수 없다.
(2) 단수의 인칭대명사적 전치사가 사물을 나타낼 때
Ich erinnere mich an den Apparat.
Ich erinnere mich daran.
Ich erinnere mich an die Maschine.
Ich erinnere mich daran.
Ich erinnere mich an das Geraet.
Ich erinnere mich daran.
이와 같이 인칭대명사적 전치사가 사물을 나타낼 때에는 남성, 여성, 중성
의 구분이 없다.

8.6.2. 복수에서의 인칭대명사적 전치사
(1) 복수에서의 인칭대명사적 전치사가 인물을 나타낼 때
Ich erinnere mich an die Schueler/Schuelerinnen/Kinder.
Ich erinnere mich an sie.
인물을 나타내는 복수의 인칭대명사 sie는 남성 여성 중성의 구분이 없다.

(2) 복수에서의 인칭대명사적 전치사가 사물을 나타낼 때

Ich erinnere mich an die Apparate/Maschinen/Geraete.

Ich erinnere mich daran.

사물을 나타내는 복수의 인칭대명사는 남성 여성 중성의 구분이 없다.

8.7. 인칭대명사와 인칭대명사적 전치사

오늘날 영어로부터의 번역(주로 통신사들의 번역)에 대한 영향 하에서 많은 독일인들은 인칭대명사와 인칭대명사적 전치사 사이의 구분에 대한 감각을 잃어가고 있다.

Der Studen arbeitet fuer sie.

여기에서 인칭대명사 sie는 사물(이를테면 die Pruefung)일 수도 있고 인물 (die Freundin) 일수도 있다.

Der Student arbeitet fuer sie. 여기서 fuer sie는 fuer die Freundin

Der Student arbeitet dafuer. 여기서 dafuer는 fuer die Pruefung

9. es의 용법

독일어에서 오늘날 대명사 es는 그의 다양한 과제들 때문에 하나의 특별한 제시를 요구한다.

대명사 es는 일반적으로 비인칭적 주어나 목적어로 사용하지만, 문법적인 중성을 나타내는 인물이나 사물을 나타내기도 한다. 이러한 대명사로서의 es 역시 주어 혹은 목적어로 사용될 수 있다.

9.1. 중성의 인물

대명사 es는 중성의 인물을 표현한다. 이러한 대명사 es는 주어로서 또는 목적어로서 작용한다.

Das Kind spielt.   Es spielt.

Ich sehe das Kind. Ich sehe es.

9.2. 중성의 사물

대명사 es는 문법적인 성에 있어서 중성의 사물을 표현한다. 여기서도 마찬가지로 es는 주어로서 또는 목적어로서 봉사한다.

Das Buch ist neu.   Es ist neu.

Ich lese das Buch.   Ich lese es.

9.3. 전치사 뒤의 es

전치사 뒤에서는 대명사 es가 사용되지 않는다.

9.3.1. 인물을 나타낼 때

전치사 뒤에서 인물을 나타내는 대명사로서 es를 사용하지 않는다. 해당 중성명사를 반복하여 사용하든지 혹은 경우에 따라서 남성의 ihn이나 여성의 sie를 사용한다.

Sorgst du das Kind? Ja, ich sorge das Kind.

                    Ja, ich sorge fuer ihn (fuer den Jungen).

                    Ja, ich sorge fuer sie (fuer das Maedchen).

이와 같이 전치사 뒤에 남성을 나타내는 대명사로서 fuer ihn, 그리고 여성을 나타내는 대명사로서 fuer sie를 사용한다. 그러나 중성의 인물을 나타내는 fuer es는 사용하지 않는다.

9.3.2. 사물을 나타낼 때

전치사 뒤에서 사물을 나타내는 대명사로서 es를 사용하지 않고, 이 경우에는 인칭대명사적 전치사를 사용한다.

Interessierst du dich fuer das Buch?

Ja, ich interessiere mich dafuer.

이와 같이 전치사 뒤에 사물을 나타내는 대명사로서 fuer es라 하지 않고 인칭대명사적 전치사인 darfuer를 사용한다.

9.4. 비인칭적 사용

9.4.1. 비인칭적 주어

Es ist gut.

Es ist moeglich.

Es ist unmoeglich!

Es ist interessant.

Es ist glaubhaft!

9.4.2. 비인칭적 목적어

Ich kann es nicht mehr ertragen.

Ich lehne es ab, naeher auf diese Frage einzugehen.

Ich nehme es auf!

Ich kann es vertragen.

9.4.3. 안부 및 인사

Es geht mir gut.

Wie geht es dir? Nur so!

Wie geht es Ihnen? Dank, gut!

Wie geht's?

Es geht's mir prima!

9.4.4. 일시 및 계절

Es ist Nacht.

Es ist Sommer.

Es ist Fruehling!

(Der Fruehling ist da!)

Es ist Montag.

Es ist neun Uhr.

Es ist fuenf nach halb sieben.

Es ist Viertel vor zwei.

Es ist fuenf vor halb zwei.

9.4.5. 날씨

Es regnet.

Es schneit.

Es donnert.

Es blitzt.

Es ist kalt.

Es ist warm.

Es ist kuehl.

Es ist heiss.

9.5. 문법적 주어로서의 es

위에서 서술된 인칭적 또는 비인칭적인 주어와 목적어로서의 경우 이외에 대명사 es는 특정한 경우에는 주어대표자로서의 기능을 수행하여야 한다. 이 경우에 es는 문법적인 주어 혹은 문장구조불변화사이며 그리고 이러한 대명사 es의 사용도 오직 문장의 첫 머리에서만 사용이 가능하다.

9.5.1. 문두의 es

문법적 주어로 사용되는 es는 다음에 오는 주어를 암시한다.

Es spielt die Kapelle Hans Meier.

Die Kapelle Hans Meier spielt.

그러나 문법적 주어로서의 es 이외의 단어가 문두에 오면 es는 없어진다.

Jetzt spielt die Kapelle Hans Meier.

Hier spielt die Kapelle Hans Meier.

9.5.2. 비인칭적 수동태

대명사 es는 비인칭적 수동태를 인도한다.

Es darf geraucht werden.

Es kann ihm geholfen werden.

그러나 문법적 주어로서의 es이외의 단어가 문두에 오면 es는 없어진다.

Hier darf geraucht werden.

Ihm kann geholfen werden.

10. 소유대명사(Possessivpronomen: besitzanzeigenes Fuerwort)

독일어의 소유대명사는 관사의 격변화가 없는, 즉 관사의 1격과 같은 ein, kein의 형태를 취한다.
이에 속하는 것들이 아래와 같다.

mein dein sein ihr unser euer ihr Ihr

10.1. 단수에서의 소유대명사

〈소유자〉	〈수유대명사〉
ich	mein
du	dein
er/es	sein(dessen)
sie	ihr(deren)

10.2. 복수에서의 소유대명사

〈소유자〉	〈소유대명사〉
wir	unser
ihr	euer
sie	ihr(deren)

10.3. 경칭의 단수와 복수에서의 소유대명사

경칭의 1격은 단수와 복수 마찬가지로 Sie가 사용되므로 소유대명사에서도 단수와 복수에 동일한 Ihr가 사용된다.

〈소유자〉	〈소유대명사〉
Sie	Ihr

10.4. 소유대명사의 성과 격에 따른 변화형태

소유대명사의 문법적인 성과 격에 따른 변화형태는 ein과 마찬가지로 mein, dein, sein, ihr, unser, euer의 격변화와 같다.

10.4.1. 단수에서

	〈남성명사〉	〈여성명사〉	〈중성명사〉
1격	mein Garten	meine Wohnung	mein Haus
2격	meines Gartens	meiner Wohnung	meines Hauses
3격	meinem Garten	meiner Wohnung	meinem Haus
4격	meinen Garten	meine Wohnung	mein Haus

10.4.2. 복수에서

1격	meine Gaerten/Wohnungen/Haeuser
2격	meiner Gaerten/Wohnungen/Haeuser
3격	meinen Gaerten/Wohnungen/Haeusern
4격	meine Gaerten/Wohnungen/Haeuser

10.5. unser, euer에서의 e의 탈락

unser, euer에 있어서 변형된 형태에 있어서는 r의 전에 있는 e는 탈락할 수도 있다. 추천되는 것이 전에 있는 e가 탈락하는 것이 일반적이다.

unser+	−e	unsere 혹은	unsre
	−en	unseren	unsren
	−em	unserem	unsrem
	−er	unserer	unsrer
	−es	unseres	unsres
euer+	−e	euere 혹은	eure
	−en	eueren	euren
	−em	euerem	eurem

| -er | euerer | eurer |
| -es | eueres | eures |

10.6. sein, ihr와 dessen, deren의 용법의 차이

Sie traf dort ihre Freunde und deren Verwandten.

(und die Verwandten der Freunde)

여기서 deren은 Freunde를 의미한다. 즉 그녀의 친구들과 친구들의 친척들을 의미한다.

Sie traf dort ihre Freunde und ihre Verwandten.

(und ihre eigenen Verwandten)

여기서 ihre는 그녀 sie를 의미한다. 즉 그녀의 친구들과 그녀 자신의 친척들을 의미한다.

이와 같이 여성에서의 ihr, deren의 차이점은 남성에서의 sein, dessen의 차이점과도 동일하다.

10.7. 소유대명사의 명사적인 사용

10.7.1. 단수에서

관사 없는 명사화한 소유대명사는 명사적 사용에서 관사표시에 의한 격변화 어미를 따른다. 그러나 2격에서는 관사 없이 사용되지 않는다.

	〈남성〉	〈여성〉	〈중성〉
1격	meiner	meine	mein(e)s
2격	–	–	–
3격	meinem	meiner	meinem
4격	meinen	meine	mein(e)s

10.7.2. 복수에서

복수에는 문법적인 성의 구별이 없다. 복수에서도 관사표시에 의한 격변화 어미를 따르며, 이에서도 2격에서는 관사 없이 사용되지 않는다.

1격   meine

2격   –

3격   meinen

4격   meine

10.7.3. 명사적 소유대명사의 격변화

정관사를 가지고 명사적으로 사용되는 소유대명사의 격에 따른 어미는 형용사적 격변화의 어미와 동일하다.

	〈단수 남성〉	〈단수 여성〉	〈단수 중성〉	〈복수〉
1격	der Meine	die Meine	das Meine	die Meinen
2격	des Meinen	der Meinen	des Meinen	der Meinen
3격	dem Meinen	der Meinen	dem Meinen	den Meinen
4격	den Meinen	die Meine	das Meine	die Meinen

10.7.4. 이미 언급된 명사적 소유대명사

명사화한 소유대명사는 이전에 일컬어진 명사와 연관될 때에는 소문자로 쓴다. 특히 관사를 가지지 않는 소유대명사에서 그러하다.

Dein Papagai kann nur sprechen; meiner/uns(e)rer singt sogar.

Ich finde hier kein Glas. Nehmen Sie mein(e)s/sein(e)s/uns(e)res.

11. 지시대명사(Demonstrativpronomen: hinweisendes Fuerwort)

지시대명사에서 가장 짧은 것은 강음절의 정관사이다. 이에 속하는 것들이 남성에 der 여성에 die 중성에 das 그리고 복수에 die이다.

나아가 지시대명사 남성형에는 dieser, der...da, jener, solcher, ein solcher, solch ein, derjenige, derselbe가 있으며, 이들은 또한 여성 중성 및 복수에 상응하는 아래와 같은 형태가 있다.

11.1. 지시대명사의 종류

〈단수 남성〉	〈단수 여성〉	〈단수 중성〉	〈복수〉
der	die	das	die
dieser	diese	dieses	diese
der...da	die...da	das...da	die...da
jener	jene	jenes	jene
solcher	solche	solches	solche
ein solcher	eine solche	ein solches	solche
solch ein	solch eine	solch ein	solche
derjenige	diejenige	dasjenige	diejenigen
derselbe	dieselbe	dasselbe	dieselben

11.2. 지시대명사의 단수와 복수에서의 성과 격에 따른 변화형태

지시대명사의 성과 격에 따른 변화형태로 dieser, der, derjenige가 예시된다. 이러한 dieser처럼 또한 jener, solcher도 동일한 격변화를 하며 또한 derjenige도 마찬가지이다.

지시대명사로서 정관사와 형태가 같은 der는 격변화에서 단수 2격 복수 2격 및 복수 3격에서 어미 −en혹은 −er을 추가함으로서 정관사의 격변화와 차이를 보인다.

11.2.1. dieser

	〈단수 남성〉	〈단수 여성〉	〈단수 중성〉	〈복수〉
1격	dieser	diese	dies(es)	diese
2격	dieses	dieser	dieses	dieser
3격	diesem	dieser	diesem	diesen
4격	diesen	diese	dies(es)	diese

11.2.2. der

	〈단수 남성〉	〈단수 여성〉	〈단수 중성〉	〈복수〉
1격	der	die	das	die
2격	dessen	deren	dessen	derer/deren
3격	dem	der	dem	denen
4격	den	die	das	die

11.2.3. derjenige

	〈단수 남성〉	〈단수 여성〉	〈단수 중성〉	〈복수〉
1격	derjenige	diejenige	dasjenige	diejenigen
2격	desjenigen	derjenigen	desjenigen	derjenigen
3격	demjenigen	derjenigen	demjenigen	denjenigen
4격	denjenigen	diejenige	dasjenige	diejenigen

11.2.4. 지시대명사들의 예문들

Dieser Baum blueht schon.

Das weiss ich nicht.

Den kenne ich schon lange.

11.3. 지시대명사와 인칭대명사

일상의 생활언어에서는 지시대명사 der, die 등 대신에 er, sie 등의 인칭대명사를 사용한다.

Der(Er) ist wirklich komisch.

Die(Sie) ist intelligent.

11.4. jener와 der...da의 대체용법

jener는 오늘날 일반적인 언어에서는 대부분 der...da로 대용된다.

Welche Pakete moechten Sie mitnehmen?

Dies(es) und das da!

그러나 정중한 문체에서는 diese, jene 등을 그대로 사용한다.

In einem Postamt sehen wir Kunden und Postangestellte, diese sitzen hinter dem Schalter, jene stehen davor.

11.5. das와 es의 대체용법

지시대명사 das는 주어의 선행자로서 es의 자리에 대체되어 나타나는 경우가 있는데, 이 경우에는 강조되어 das로 나타난 것이다.

Es ist der richtige Koffer.

Das ist der richtige Koffer.

11.6. 문두의 das, dies가 불변인 용법

이러한 das, dies는 연사/계사인 sein, werden으로 연결되며, 또한 나아가 뒤따라오는 명사와 연관된다. 이 경우 지시대명사 das, dies는 문법적으로 문장의 주어로서 의미상으로는 뒤따라오는 명사와 동일하지만 뒤따라오는 명사의 성 및 수와는 독립적으로 불변이다.

Das ist mein Koffer.

Das sind meine Koffer.

Das ist meine Tasche.

Das sind meine Taschen.

Das ist mein Buch.

Das sind meine Buecher.

Das wird ein guter Arzt.

Das werden gute Aerzte.

11.7. 인칭대명사 + selbst/selber의 용법

인칭대명사는 selbst/selber와 결합하여 스스로 강조될 수 있다. 이때 이들 둘은 언제나 불변이다. 강음절은 또한 항상 selbst/selber에 온다.

ich selbst/selber

mir selbst/selber

wir selbst/selber

uns selbst/selber

Du musst es selbst/selber(강음절) tun.

Das hat er sich selbst/selber(강음절) zuzuschreiben.

그러나 이러한 selbst/selber가 대명사 앞에 오면 강음절이 아니고 다음에 오는 대명사가 강음절이다.

Selbst/Selber er(강음절) musste das einsehen.

12. 관계대명사(Relativpronomen: bezuegliches Fuerwort)

관계대명사는 지시대명사 der die das, 의문대명사 welcher welche welches와 동일한 형태를 가진다. 그러나 welcher는 관계대명사로서 2격이 없으며 이는 오늘날의 언어 사용에서는 der보다도 훨씬 더 드물게 사용되고 있다.

12.1. 관계대명사 der의 수, 성, 격에 따른 변화형태

	〈단수 남성〉	〈단수 여성〉	〈단수 중성〉	〈복수〉
1격	der	die	das	die
2격	dessen	deren	dessen	deren
3격	dem	der	dem	denen
4격	den	die	das	die

12.2. 관계대명사 welcher의 수, 성, 격에 따른 변화형태

	〈단수 남성〉	〈단수 여성〉	〈단수 중성〉	〈복수〉
1격	welcher	welche	welches	welche
2격	–	–	–	–
3격	welchem	welcher	welchem	welchen
4격	welchen	welche	welches	welche

12.3. 관계대명사의 예문들

Der Apparat, der dort steht, war sehr teuer.

Der Apparat, dessen wir uns meistens bedienen, ist nicht neu.

Der Apparat, dem diese Teile fehlen, kann nicht funktionieren.

Der Apparat, den wir benutzen, arbeitet sehr gut.

12.4. dessen과 deren의 사용법

관계대명사로서 dessen과 deren은 언제나 불변이다.

Der Apparat, dessen wir uns bedienen, ist nicht neu.

(Wir bedienen uns des Apparates.)

Der Apparat, dessen Konstruktion sie interessiert, steht hier.

(Sie interessiert die Konstruktion des Apparates.)

Das ist die Schneiderin, mit deren Sohn ich zur Schule gegangen bin.

12.5. dessen, deren과 명사 사이의 형용사의 어미변화

dessen, deren과 명사 사이의 형용사는 뒤에 오는 명사의 성과 격에 따른 형용사어미변화를 한다.

Der Motor, dessen grosse Leistung uns zufriedenstellt, ist teuer.

Der Moto, mit dessen grosser Leistung wir zufrieden sind, ist teuer.

12.6. 관계대명사 welcher의 대체사용

관계대명사 der 등을 welcher로 대체함으로서 이중사용을 피할 수 있다.

Der Hut, welcher der Frau gefiel, war sehr teuer.

(Der Hut, der der Frau gefiel, war sehr teuer.)

Die Frau, welche die Zeitung sonst brachte, ist im Urlaub.

(Die Frau, die die Zeitung sonst brachte, ist im Urlaub.)

12.7. 관계대명사 was의 격변화

1격   was

2격   wessen

3격   wo(r)

4격   wo(r)

12.7.1. 문장의 내용과 연관

was는 문장전체의 내용과 연관되어 서술하는 데에 사용된다.

Er erledigte die Arbeit an einem Tag, was dem Chef sehr gefiel.

여기서 부문장의 was는 주문장 전체를 의미한다.

Er erledigte die Arbeit an einem Tag, worueber sich alle wunderten.

여기서도 부문장의 관계대명사 worueber는 주문장 전체를 의미한다.

Was sie sagt, (das) stimmt nicht.

여기서는 주문장의 das가 was 이하의 부문장 전체를 의미한다. 이때 was 이하의 부문장이 문두에 왔으므로 주문장의 주어 das는 생략될 수 있다.

12.7.2. das, 중성의 부정대명사 뒤에

관계대명사 was는 das 뒤에 오며, 또한 중성의 부정대명사 etwas, alles, nichts, manches, vieles, weniges 등의 뒤에 온다.

Das ist etwas, was mir gar nicht gefaellt.

Du hast alles, was du dir gewuenscht hast.

Er hat nichts, was ihm gar nicht gefaellt.

Das ist etwas, dem wir dankbar sein muessen.

12.7.3. 중성의 최상급 뒤에

Das ist das Beste, was ich bekommen kann.

Das ist das schlimmste, was ich bis jetzt erlebt habe.

Das ist das schoenste, was man ueberhaupt haben kann.

12.8. 관계대명사 wo와 wohin 및 woher의 사용법

12.8.1. 도시이름, 나라이름 뒤에

Sie zog nach Hamburg, wo auch ihre Schwester wohnte.

Sie ist in Hamburg geboren, woher auch ihr Bruder stammte.

12.8.2. 여타의 장소명칭 뒤에

Ueberall, wo Menschen wohnen, bin ich zu Hause.

Der Flugplatz, wo wir uns treffen wollen, ist nicht weit.

Der Mond steht nicht mehr dort, wo er gestern gesehen wurde.

12.8.3. 시간규정 뒤에

Er ist in einem Alter, wo (혹은 in dem) man noch viel lernen kann.

Es kommt die Zeit, wo (혹은 da) er seinen Fehler einsehen wird.

13. 재귀대명사(Reflexivpronomen: rueckbezuegliches Fuerwort)

재귀대명사는 오로지 3격 및 4격의 형태만을 가진다.
이에 속하는 것들이 단수에서는 mir mich dir dich sich sich 이며, 복수
에서는 uns uns euch euch sich sich 이다.

13.1. 재귀대명사의 형태

〈단수 3격〉	〈단수 4격〉	〈복수 3격〉	〈복수 4격〉
mir	mich	uns	uns
dir	dich	euch	euch
sich	sich	sich	sich

13.2. 재귀대명사의 예문들

Ich freue mich.

Du freust dich.

Er/Sie/Es freut sich.

Ich kaufe mir ein Fahrrad.

Du kaufst dir ein Fahrrad.

13.3. 소유대명사 대신 사용하는 재귀대명사

신체 부분이나 몸에 걸치는 것 혹은 의복 개수에는 소유대명사 대신에 이
에 상응하는 재귀대명사의 3격을 사용한다.

Ich wasche mir die Haende.

(Ich wasche meine Haende.)

의미상으로는 소유대명사 mein을 사용하여 wasche meine Haende이지
만, 소유대명사 mein 대신에 재귀대명사 mir를 사용하여 wasche mir

die Haende라고 표현한다.

Ich ziehe mir die Schuhe an.

(Ich ziehe meine Schuhe an.)

14. 의문대명사(Interrogativpronomen: Fragefuerwort)

의문대명사에서는 인칭대명사의 3인칭에서처럼 인물과 사물이 구분된다. 의문대명사로는 우선 인물에는 wer를 사물에는 was를 사용한다. 이러한 의문대명사들도 네 가지 격변화를 하며, 나아가 welcher와 was fuer ein 도 의문대명사에 속한다.

14.1. 의문대명사의 격변화

	〈인물〉	〈사물〉
1격	wer	was
2격	wessen	wessen/welcher Tatsache
3격	wem	welcher Tatsache/welchem Umstand
4격	wen	was/wo(r)+전치사

14.2. 의문대명사의 예문들

Wer hat das gesagt?

Was ist passiert?

Wessen erinnert ihr euch?

Wem verdankt ihr das?

Woran liegt es?

Wen meinst du?

Woran denkst du?

14.3. 의문대명사 welcher와 was fuer ein(er)

welcher와 was fuer ein(er)은 명사적 혹은 형용사적으로도 사용될 수 있다. 그 때의 수, 성, 격에 따른 변화형태는 각각 다음과 같다.

14.3.1. welcher

	〈단수 남성〉	〈단수 여성〉	〈단수 중성〉	〈복수〉
1격	welcher	welche	welches	welche
2격	welches/welchen	welcher	welches/welchen	welcher
3격	welchem	welcher	welchem	welchen
4격	welchen	welche	welches	welche

14.3.2. was fuer ein(er)

(1) 명사적으로 사용될 때

〈단수 남성〉	〈단수 여성〉	〈단수 중성〉	〈복수〉
was fuer einer	was fuer eine	was fuer eins	

의문대명사 was fuer ein(er)이 명사적으로 사용될 때에는 이에 상응하는 복수형태가 없다.

(2) 형용사적으로 사용될 때

〈단수 남성〉	〈단수 여성〉	〈단수 중성〉	〈복수〉
was fuer ein	was fuer eine	was fuer ein	was fuer

(3) was fuer ein(er)의 격변화는 부정관사 ein의 격변화에 상응한다.

14.4. welcher와 was fuer ein(er)의 사용방법

의문대명사 welcher는 하나의 집단으로부터 하나의 특정한 사물을 지칭하며, 이에 대한 대답에는 정관사가 온다.

의문대명사 was fuer ein(er)은 한 사물의 특성에 대하여 물으며, 이에 대한 대답에는 부정관사를 가진 형용사가 온다.

Hier sind mehrere Kugelschreiber. Welchen moechten Sie? Den rot!

Welches Hemd moechten Sie? Das blaue!

In welcher Strasse wohnst du in Hamburg? In der Henny-Schuetz-Allee!

In was fuer einer Strasse wohnst du? In einer schoenen Strasse mit vielen Baeumen!

Was fuer einen Fueller moechtest du? Einen fein schreibenden!

Was fuer ein Hemd moechtest du? Ein Hemd mit langen Aermel!

14.5. welches+sein

의문대명사 welches 뒤에 sein 동사가 결합될 때 welches는 변화하지 않는다.

Welches ist mein Koffer?

Welches sind meine Koffer?

Welches ist deine Tasche?

Welches sind deine Taschen?

Welches ist sein Buch?

Welches sind seine Buecher?

15. 불특정대명사(Indefinitpronomen)

모든 불특정대명사는 단독으로 명사적으로 사용될 수 있다.
이 경우에는 형용사와 또는 명사와 밀접한 관계를 형성하는 두 가지 종류
가 있다.

15.1. 단독으로 명사적으로 사용될 때

15.1.1. 종류

der/die/das	eine	der eine
der andere	einer/eine/eines	ein jeder
jedermann	irgendwer	man
einige(=welcher)	etwas(=welches)	

15.1.2. jedermann과 mann의 격변화

1격	jedermann	man
2격	jedermanns	–
3격	jedermann	einem
4격	jedermann	einen

15.1.3. 불특정대명사의 예문들

Der eine kommt, der andere geht.

Das ist nicht jedermanns Sache.

Hast du noch Geld? Ich habe noch welches!

Irgendwer wird es schon machen.

Wenn man die Hintergruende kennt, wird einem manches klar.

15.2. 단독으로 혹은 중성의 명사화한 형용사와 더불어 사용될 때

15.2.1. 종류

etwas(was)	irgend etwas	irgend jemand
jemand	niemand	nichts
wenig	viel	

15.2.2. etwas, nichts, jemand, niemand의 격변화

1격	etwas	nichts	jemand	niemand
2격	–	–	jemand(e)s	niemand(e)s
3격	etwas	nichts	jemand(em)	niemand(em)
4격	etwas	nichts	jemand(en)	niemand(en)

15.2.3. 예문

etwas Gutes

nichts Gutes

Es war jemand anders.

Jedermanns Freund ist niemands Freund.

Er sprach mit jemand anders (혹은 mit jemand anderem).

Wir haben nichts Passendes.

15.3. 단독으로 혹은 뒤따르는 명사와 더불어 사용될 때

15.3.1. 종류

all–	alle	ander–
andere	beide	die meisten
ein einziger	einige	ein gewisser
ein paar	etliche	irgendein
irgendwelche	jeder	kein
mehrere	manche	saemtliche

verschiedene	viele	wenige

15.3.2. 예문

Bedanken Sie sich mit ein paar Zeilen.

Schon die Uebersendung von ein paar Zeilen wird sie erfreuen.

Ein jeder Stand hat seine Last.

In mancher Beziehung hast du Recht.

Er zitiert saemtliche Einzelheiten.

Viele sind berufen, aber wenige sind auserwaehlt.

15.4. 불특정대명사와 수사

불특정대명사와 수사 사이의 경계선은 유동적이다. 이에 속하는 것들이 아래의 불특정대명사들이다.

einer	eins	ander-	beide	alle
viele	wenige	etliche	saemtliche	manche

16. 수사(Numerale: Zahlwort)

수사에는 기수와 서수가 있으며, 기수에는 반복숫자 복사숫자 분배숫자 결합숫자들을 볼 수 있다.

16.1. 기수(Kardinalzahlen: Grundzahlen)

0 null	1 eins	2 zwei
3 drei	4 vier	5 fuenf
6 sechs	7 sieben	8 acht
9 neun	10 zehn	11 elf
12 zwoelf	13 dreizehn	19 neunzehn
20 zwangzig	30 dreissig	40 vierzig
50 fuenfzig	60 sechzig	70 siebzig
80 achtzig	90 neunzig	100 (ein)hundert

1.000 (ein)tausend

10.000 zehntausend

100.000 hunderttausend

1.000.000 eine Million

1.000.000.000 eine Milliarde

독일어의 숫자는 세 단위로 구분하여서 표기하고 읽기도 역시 또한 세 단위로 표기된 백단위로 나누어서 읽는다.

16.1.1. 반복 숫자
반복 숫자인 -번은 독일어 -mal을 추가하여 나타낸다.

einmal zweimal dreimal

hundertmal tausendmal millionenmal

16.1.2. 복사 숫자

복사의 의미를 나타내는 -중은 독일어 -fach를 추가하여 나타낸다.

einfach zweifach dreifach

hundertfach tausendfach millionenfach

Sie ist zweifache Mutter.

Er ist dreifacher Grosservater.

16.1.3. 분배 숫자

숫자의 동일한 단위의 분배를 나타내는 -마다는 독일어 je를 숫자 앞에 추가하여 나타낸다.

je ein(e) je zwei je drei

16.1.4. 결합 숫자

einerlei zweierlei dreierlei allerlei vielerlei

16.1.5. 시계시간의 표현

2:10 zwei Uhr zehn 일반적으로는 zehn nach zwei

2:15 zwei Uhr fuenfzehn (ein) Viertel nach zwei

2:30 zwei Uhr dreissig halb drei

2:45 zwei Uhr fuenfundvierzig (ein) Viertel vor drei

2:50 zwei Uhr fuenfzig zehn vor drei

2:25 zwei Uhr fuenfundzwanzig fuenf vor halb drei

2:35 zwei Uhr fuenfunddreissig fuenf nach halb drei

16.2. 서수(Ordinalzahlen: Ordnungszahlen)

1. erst-	2. zweit-	3. dritt-
4. viert-	5. fuenft-	18. achtzehnt-
19. neunzehnt-	20. zwanzigst.	21. einundzwanzigst-

30. dreissigst-   90. neunzigst-   100. hundertst-

기수와의 구분을 위하여 서수는 숫자 뒤에 점을 찍는다.

16.2.1. 서수의 형용사적 사용법
서수는 형용사적으로도 사용된다.

Sie wohnt im zweiten Stock.

Ines wohnt im dritten Stock.

16.2.2. 서수의 명사적 사용법
서수는 명사적으로도 사용될 수 있다.

Er ging als Erster durchs Ziel.

Sie ging als Erste durchs Ziel.

Man muss noch ein Drittes erwaegen.

Du musst noch ein Zweites nochmal versuchen.

16.2.3. 서수의 지배자 이름에서의 사용법
Friedrich der Zweite Ludwig der Vierzehnte

16.2.4. 서수는 날짜와 경우에 따라서는 월의 이름에 사용
서수는 날짜를 표기할 때 사용하며, 경우에 따라서는 월의 이름을 서수인
서열로 표기할 때도 서수로 표현한다.

Heute ist der 11.(elfte) 4.(April) 2019.

Hamburg, den 24. Dezember 2018

16.2.5. 서수의 분수에서의 사용법
　1/1 ein Eintel 혹은 ein Ganzes　　1/2 ein Halb

　1/3 ein Drittel　　　　　　　　　1/4 ein Viertel

　2/3 zwei Drittel　　　　　　　　 3/4 drei Viertel

1/20 ein Zwanzigstel   1/100 ein Hundertstel

16.2.6. zwei, drei 대신에 zweier, dreier의 사용법
관사표시(정관사, 부정관사 및 이들과 같이 변화하는 단어들)가 앞에 오지 않으면
zwei, drei 대신에 zweier, dreier를 사용할 수 있다.
  Die Ansichten zweier kluger Menschen
그러나 관사 dieser가 오면 zwei를 사용한다.
  Die Ansichten dieser zwei Menschen

16.2.7. 수사적 부사
수사적 부사는 서수+ens로 형성된다.
  erstens zweitens drittens neuntens
  zwanzigstens hundertsten tausendstens

16.2.8. 수사의 소문자 및 대문자의 사용법
  der erste der zweite der dritte
  der hundertste der letzte
  ein viertel Pfund ein halbes Pfund

16.2.9. 수사의 소문자 및 대문자의 사용예문들
  Die Drei ist eine heilige Zahl.
  Die Dreizehn ist eine unglueckliche Zahl.
  Wann kommt die Vier(예를들면 die U-Bahn 4).
  Sie ist schon in den Vierzigern.
  Geben Sie mir ein Halbes.
  Geben Sie mir ein Viertel bitte.
  der Erste und Dritte des Monats

17. 동사(Verb: Zeitwort)

독일어 동사의 부정형(Infinitiv: Nennwort: Grundform)은 모두 -en, -n으로 끝난다. 그중에서도 대부분의 동사들은 -en의 어미를 가진다.

-en: sprechen sagen reden reiten schreiben gehen

  kommen passieren orientieren kaufen verkaufen

  ankaufen einkaufen

-n: sein tun wandern handeln entwickeln

17.1. 약변화동사(규칙변화동사)
동사의 현재, 과거, 과거분사의 시제변화에서 약변화동사들은 동사의 어간의 형태는 변화하지 않고 어미만 변화한다.

arbeiten	arbeitete	gearbeitet
bauen	baute	gebaut
dauern	dauerte	gedauert
lieben	liebte	geliebt
loben	lobte	gelobt
sagen	sagte	gesagt
stellen	stellte	gestellt
suchen	suchte	gesucht
warten	wartete	gewartet
zeichnen	zeichnete	gezeichnet

17.2. 강변화동사(불규칙변화동사)
강변화동사들은 시제변화에서 어간의 모음이 변화한다.

backen	buk	gebacken

beginnen	begann	begonnen
bitten	bat	gebeten
geben	gab	gegeben
kommen	kam	gekommen
lassen	liess	gelassen
schwinden	schwand	geschwunden
sinnen	sann	gesonnen
tragen	trug	getragen
treffen	traf	getroffen
treten	trat	getreten
tun	tat	getan
zwingen	zwang	gezwungen

17.3. 조동사(Hilfsverben)
조동사는 상이한 시제 또는 수동태의 형성에 작용하는 것으로서 아래와 같은 세 가지가 있다.

haben sein werden

17.3.1. 조동사의 예문
Ich habe gesprochen.

Hast du gestern gut geschlafen.

Er ist ausgegangen.

Sie ist weg gelaufen.

Ich werde morgen darueber sprechen.

Es wird geoeffnet.

17.4. 화법조동사
화법조동사는 사건의 상황, 사정, 방법, 방식, 양태, 양식, 형식, 종류 등

(Modalitaet)의 표현에 사용되며 아래와 같은 여섯 가지가 있다.

wollen sollen koennen muessen duerfen moegen

17.4.1. 화법조동사의 예문들

Er will Jura studieren. (Er hat die Absicht.)

Das habe ich nicht gewollt. (Das war nicht meine Absicht.)

Er soll Brot holen. (Jemand hat ihn geschickt.)

Die Kinder haben ihr Zimmer aufraeumen sollen. (Die Mutter hat es gesagt.)

Er kann Deutsch. (Er hat es gelernt. Er spricht es.)

Koennen Sie mir helfen. (Ist es Ihnen moeglich.)

Mein Vater hat Anna nicht gemocht. (Er war ihr unsympathisch.)

Julia mag keine Suppe. (Sie isst Suppe nicht gern.)

Anna hat nicht kommen moegen. (Sie hatte keine Lust zu kommen.)

Wer mag das sein. (Wer kann das sein.)

Er mag tun, was er will. (Mich ineressiert nicht, was er tut.)

Moechten Sie Bier? (Wollen Sie Bier trinken.)

Darf ich Sie um eine Tasse Kaffee bitten? (Bitte, geben Sie mir eine Tasse Kaffee.)

Darf ich rauchen? (공손한 질문에)

Morgen duerfte es regen. (Wahrscheinlich regnet es morgen.)

Er hat den Wald betreten duerfen, die anderen haben es nicht gedurft. (Er hatte die Erlaubnis.)

17.5. 본동사(Vollverben)

본동사는 여타의 동사적 요소의 도움 없이도 홀로 사용될 수 있다.

Ich spreche.

Ich schwimme.

Er siztzt.

Sie ruht.

Wir trinken.

17.6. 조동사와 화법조동사도 본동사로서 사용될 수 있다.

Ich denke, also bin ich. (Ich denke, also existiere ich.)

Ich habe eine Wohnung. (Ich besitze eine Wohnung.)

Es wird Winter. (Der Winter kommt allmaehlich.)

Ich will das nicht. (Ich wuensche das nicht.)

Er kann Franzoesisch. (Er spricht Franzoesisch. Er beherrscht Franzoesisch.)

17.7. 인칭형태(Personalformen)

	〈단수〉	〈복수〉
1인칭	ich	wir
2인칭	du/Sie	ihr/Sie
3인칭	er/sie/es	sie

17.8. 인칭형태에 따른 동사의 수적 형태(Numeri: Zahlformen)

〈단수〉	〈복수〉
Ich sage	Wir sagen
Du sagst	Ihr sagt(2인칭 비칭)
Sie sagen	Sie sagen(2인칭 경칭)
Er/Sie/Es sagt	Sie sagen

17.9. 동사의 시제(Tempora: Zeitformen)

17.9.1. 현재(Praesens)

ich sage

ich lobe

ich komme

17.9.2. 과거(Praeteritum)

ich sagte

ich lobte

ich kam

17.9.3. 현재완료(Perfekt)

ich habe gesagt

ich habe gelobt

ich bin gekommen

17.9.4. 과거완료(Plusquamperfekt)

ich hatte gesagt

ich hatte gelobt

ich war gekommen

17.9.5. 미래(Futur I)

ich werde sagen

ich werde loben

ich werde kommen

17.9.6. 미래완료(Futur II)

ich werde gesagt haben

ich werde gelobt haben

ich werde gekommen sein

17.9.7. 접속법 1식(Konjunktiv I)

ich wuerde sagen

ich wuerde loben

ich wuerde kommen

17.9.8. 접속법 2식(Konjunktur II)

ich wuerde gesagt haben

ich wuerde gelobt haben

ich wuerde gekommen sein

17.10. 행위형태(Genera: Handlungsformen)

동사의 행위형태에는 능동형과 수동형이 있다. 수동형은 일반적으로 동사 werden을 추가하여 형성된다.

17.10.1. 능동형(Aktiv: Taetigkeitsform)

sagen

loben

17.10.2. 수동형(Passiv: Leideform)

gesagt werden

gelobt werden

17.10.3. 수동형의 예문

Der Brief wird geschrieben.

Der Brief wurde geschrieben.

Der Brief ist geschrieben worden.

Der Brief war geschrieben worden.

Der Brief wird geschrieben werden.

Der Brief wird geschrieben worden sein.

17.11. 동사의 화법(Modus: Aussageweise)

동사의 화법에는 직설법, 접속법, 명령법이 있다.

17.11.1. 직설법(Indikativ)

Es ist wahr.

Es ist nicht wahr.

Er gibt.

Er gab.

Er hat gegeben.

Er hatte gegeben.

Er wird geben.

Er wird gegeben haben.

17.11.2. 접속법(Konjunktiv)

Er sagt, dass es wahr sei.

Er sagt, dass es nicht wahr sei.

Er gebe.

Er habe gegeben.

Er werde geben.

Er werde gegeben haben.

Er gaebe.

Er haette gegeben.

Er wuerde geben.

Er wuerde gegeben haben

17.11.3. 명령법(Imperativ)

Sei ruhig!

Sei anstaendig!

Seien Sie bitte still!

Seid einig!

Kommt mal rueber!

Sag mal!

Gib mir!

Komm rein!

Kommen Sie herein bitte!

Geh weg!

18. 동사형태 능동형(Aktiv: Taetigkeitsform)

동사형태의 능동형에는 동사가 인칭변화 없이 사용되는 경우와 인칭변화에 따르는 경우의 두 가지가 있다. 인칭변화가 없는 경우는 부정형 완료부정형 현재분사 과거분사일 때이며, 인칭변화가 있는 경우는 현재직설법 현재접속법 과거직설법 과거접속법 명령법 현재완료 과거완료 미래 미래완료 접속법1식 그리고 접속법2식 등일 때다.

18.1. 인칭변화 없이

부정형	sagen	sprechen
완료부정형	gesagt haben	gesprochen haben
현재분사	sagend	sprechend
과거분사	gesagt(약변화)	gesprochen(강변화)

18.2. 인칭변화에 따라

〈현재 직설법〉	〈현재 접속법〉	〈과거(직설법=접속법)〉
ich sage	sage	sagte
du sagst	sagest	sagtest
er sagt	sage	sagte
wir sagen	sagen	sagten
ihr sagt	saget	sagtet
sie sagen	sagen	sagten

〈현재 직설법〉	〈현재 접속법〉	〈과거 직설법〉	〈과거 접속법〉
ich spreche	spreche	sprach	spraeche
du sprichst	sprechest	sprachst	spraechest

er spricht	spreche	sprach	spraeche
wir sprechen	sprechen	sprachen	spraechen
ihr sprecht	sprechet	spracht	spraechet
sie sprechen	sprechen	sprachen	spraechen

18.3. 명령법

18.3.1. 인칭변화 없이
부정형: Aufstehen! Bitte einsteigen!
완료형: Rauchen verboten! Sill gestanden!

18.3.2. 인칭변화에 따라
단수: Sag! Sage! Sprich!
복수: Sagt! Sprecht!

18.3.3. 인칭대명사와 함께
(1) 인칭대명사와 함께 한 명령법 단수형태
Geh' du noch!
Du gehst jetzt!
Du sollst gehen!
Willst du endlich gehen!
(2) 인칭대명사와 함께 한 명령법 복수형태
Gehen wir!
Wollen wir mal gehen!
Lasst uns gehen!
Geht ihr doch!
Wollen Sie endlich gehen!
Wir sollen gehen!

18.4. 현재완료

동사의 능동형에서 인칭변화를 따르는 시제, 이를테면 현재완료 과거완료 미래 미래완료 접속법 1식 접속법 2식 등의 동사형태의 예를 들어본다. 약변화 동사의 대표로서 sagen, auswandern, 강변화 동사의 대표로서 sprechen과 gehen의 인칭에 따른 변화형태를 아래에서 볼 수 있다. 우선 현재완료에서 이들 네 동사의 인칭에 따른 변화형태를 본다. 현재와 과거는 이미 앞에서 보았다.

ich habe   gesagt (gesprochen)

du hast   gesagt (gesprochen)

er hat   gesagt (gesprochen)

wir haben   gesagt (gesprochen)

ihr habt   gesagt (gesprochen)

sie haben   gesagt (gesprochen)

ich bin   ausgewandert (gegangen)

du bist   ausgewandert (gegangen)

er ist   ausgewandert (gegangen)

wir sind   ausgewandert (gegangen)

ihr seid   ausgewandert (gegangen)

sie sind   ausgewandert (gegangen)

18.5. 과거완료

ich hatte   gesagt (gesprochen)

du hattest   gesagt (gesprochen)

er hatte   gesagt (gesprochen)

wir hatten   gesagt (gesprochen)

ihr hattet   gesagt (gesprochen)

sie hatten   gesagt (gesprochen)

ich war   ausgewandert (gegangen)

du warst   ausgewandert (gegangen)

er war   ausgewandert (gegangen)

wir waren   ausgewandert (gegangen)

ihr wart   ausgewandert (gegangen)

sie waren   ausgewandert (gegangen)

18.6. 미래

ich werde   sagen/auswandern (sprechen/gehen)

du wirst   sagen/auswandern (sprechen/gehen)

er wird   sagen/auswandern (sprechen/gehen)

wir werden   sagen/auswandern (sprechen/gehen)

ihr werdet   sagen/auswandern (sprechen/gehen)

sie werden   sagen/auswandern (sprechen/gehen)

18.7. 미래완료

ich werde   gesagt haben/ausgewandert sein
             (gesprochen haben/ gegangen sein)

du wirst   gesagt haben/ausgewandert sein
             (gesprochen haben/ gegangen sein)

er wird   gesagt haben/ausgewandert sein
             (gesprochen haben/ gegangen sein)

wir werden   gesagt haben/ausgewandert sein
             (gesprochen haben/ gegangen sein)

ihr werdet   gesagt haben/ausgewandert sein
             (gesprochen haben/ gegangen sein)

sie werden   gesagt haben/ausgewandert sein
             (gesprochen haben/ gegangen sein)

18.8. 접속법1식

ich wuerde	sagen/auswandern (sprechen/gehen)
du wuerdest	sagen/auswandern (sprechen/gehen)
er wuerde	sagen/auswandern (sprechen/gehen)
wir wuerden	sagen/auswandern (sprechen/gehen)
ihr wuerdet	sagen/auswandern (sprechen/gehen)
die wuerden	sagen/auswandern (sprechen/gehen)

18.9. 접속법2식

ich wuerde	gesagt haben/ausgewandert sein (gesprochen haben/ gegangen sein)
du wuerdest	gesagt haben/ausgewandert sein (gesprochen haben/ gegangen sein)
er wuerde	gesagt haben/ausgewandert sein (gesprochen haben/ gegangen sein)
wir wuerden	gesagt haben/ausgewandert sein (gesprochen haben/ gegangen sein)
ihr wuerdet	gesagt haben/ausgewandert sein (gesprochen haben/ gegangen sein)
sie wuerden	gesagt haben/ausgewandert sein (gesprochen haben/ gegangen sein)

19. 조동사(Hilfsverben: Hilfszeitwoerter)

조동사의 부정형:

| haben | sein | werden |

조동사의 완료부정형:

| gehabt haben | gewesen sein | geworden sein |

조동사의 명령형:

| habe/hab/habt! | sei/seid! | werde/werdet! |
| haben Sie! | seien Sie! | werden Sie! |

조동사의 현재완료

| habend | seiend | werdend |

19.1. 조동사 haben
19.1.1.조동사 haben의 현재인칭변화

〈직설법〉	〈접속법〉
ich habe	habe
du hast	habest
er hat	habe
wir haben	haben
ihr habt	habet
sie haben	haben

19.1.2. 조동사 haben의 과거인칭변화

〈직설법〉	〈접속법〉
ich hatte	haette
du hattest	haettest

er hatte	haette
wir hatten	haetten
ihr hattet	haettet
sie hatten	haetten

19.1.3. 시제에 따른 조동사 haben의 직설법과 접속법

	〈직설법〉	〈접속법〉
현재완료	ich habe gehabt	habe gehabt
과거완료	ich hatte gehabt	haette gehabt
미래	ich werde haben	werde haben
미래완료	ich werde gehabt haben	werde gehabt haben

19.2. 조동사 sein

19.2.1. 조동사 sein의 현재인칭변화

〈직설법〉	〈접속법〉
ich bin	sei
du bist	seiest
er ist	sei
wir sind	seien
ihr seid	seiet
sie sind	seien

19.2.2. 조동사 sein의 과거인칭변화

〈직설법〉	〈접속법〉
ich war	waere
du warst	waerest
er war	waere
wir waren	waeren

ihr war(e)t   waeret

sie waren   waeren

19.2.3. 시제에 따른 조동사 sein의 직설법과 접속법

	〈직설법〉	〈접속법〉
현재완료	ich bin gewesen	sei gewesen
과거완료	ich war gewesen	waere gewesen
미래	ich werde sein	werde sein
미래완료	ich werde gewesen sein	werde gewesen sein

19.3. 조동사 werden

19.3.1. 조동사 werden의 현재인칭변화

〈직설법〉	〈접속법〉
ich werde	werde
du wirst	werdest
er wird	werde
wir werden	werden
ihr werdet	werdet
sie werden	werden

19.3.2. 조동사 werden의 과거인칭변화

〈직설법〉	〈접속법〉
ich wurde	wuerde
du wurdest	wuerdest
er wurde	wuerde
wir wurden	wuerden
ihr wurdet	wuerdet
sie wurden	wuerden

19.3.3. 시제에 따른 조동사 werden의 직설법과 접속법

⟨직설법⟩	⟨접속법⟩
현재완료 ich bin geworden	sei geworden
과거완료 ich war geworden	waere geworden
미래 ich werde werden	werde werden
미래완료 ich werde geworden sein	werde geworden sein

19.4. 완료형에서의 보조동사 haben 또는 sein

19.4.1. 완료형에서 haben과 결합하는 경우

(1) 타동사의 경우

본동사가 타동사인 경우는 완료형에서 haben 동사와 결합한다.

Ich habe ihn geschen.

Ich habe dich gesehen.

Ich habe gestern in einem Tag ein Buch gelesen.

Er hat einen Schimmel geritten.

Er hat das Auto gefahren.

(2) 모든 재귀동사의 경우 완료형에서 haben 동사와 결합한다.

Ich habe mich gefreut.

Er hat sich gefreut.

Wir haben uns geirrt.

Wir haben uns getroffen.

Darf ich mich vorstellen?

(3) 완료형에서 sein과 결합하지 않는 일련의 자동사도 완료형에서 haben 동사와 결합한다.

Die Blume hat geblueht.

19.4.2. 완료형에서 sein동사와 합쳐지는 경우

(1) 지향된 운동을 나타내는 모든 자동사는 완료형에서 sein과 결합한다.

Er ist in den Wald geritten.

Ich bin an das Ufer geschwommen.

Ich bin lange geschwommen.

(2) 행위의 시작을 나타내는 경우에는 완료형에서 sein과 결합한다.

Die Blume ist erblueht. (I-----)

Das Wasser ist ins Zimmer geschossen. (I-----)

(3) 행위의 목표를 나타내는 경우에는 완료형에서 sein과 결합한다.

Die Blume ist verblueht. (-----I)

(4) 이러한 내용이 모든 동사들의 완료형에서의 haben, sein 동사의 결합을 구분하여 주는 것은 아니다. 구체적인 사항들은 사전이 말해준다. 그러나 sein과 완료형에서 합쳐지는 중요한 동사들은 아래와 같다.

geblieben / gefallen / gefangen / gegangen / gelitten /
gelungen / gekrochen / genesen / gerannt / geschehen /
geschritten / gesprungen / gestiegen / gestorben / gewachsen 등

20. 동사형태 수동형(Passiv: Leideform)

수동형은 조동사 werden을 통하여 형성된다. werden이 추가되므로 능동형보다 한 단어 더 길다. 조동사 werden은 인칭변화한 형태의 정동사로 나타나며 본동사는 언제나 과거분사이다.

능동형과 수동형을 부정형, 현재, 현재완료에서 비교하면 다음과 같다.

	〈부정형〉	〈현재〉	〈현재완료〉
능동형	rufen	ich rufe	ich habe gerufen
수동형	gerufen werden	ich werde gerufen	ich bin gerufen worden

20.1. 직설법 수동형 시제
20.1.1. 현재

ich	werde	gerufen
du	wirst	gerufen
er	wird	gerufen
wir	werden	gerufen
ihr	werdet	gerufen
sie	werden	gerufen

20.1.2. 과거

ich	wurde	gerufen
du	wurdest	gerufen
er	wurde	gerufen
wir	wurden	gerufen
ihr	wurdet	gerufen
sie	wurden	gerufen

20.1.3. 현재완료

ich	bin	gerufen	worden
du	bist	gerufen	worden
er	ist	gerufen	worden
wir	sind	gerufen	worden
ihr	seid	gerufen	worden
sie	sind	gerufen	worden

20.1.4. 과거완료

ich	war	gerufen	worden
du	warst	gerufen	worden
er	war	gerufen	worden
wir	waren	gerufen	worden
ihr	wart	gerufen	worden
sie	waren	gerufen	worden

20.1.5. 미래

ich	werde	gerufen	werden
du	wirst	gerufen	werden
er	wird	gerufen	werden
wir	werden	gerufen	werden
ihr	werdet	gerufen	werden
sie	werden	gerufen	werden

20.1.6. 미래완료

ich	werde	gerufen	worden	sein
du	wirst	gerufen	worden	sein
er	wird	gerufen	worden	sein

wir werden gerufen worden sein

ihr werdet gerufen worden sein

sie werden gerufen worden sein

20.2. 접속법 수동형 시제
20.2.1. 현재

ich	werde	gerufen
du	werdest	gerufen
er	werde	gerufen
wir	werden	gerufen
ihr	werdet	gerufen
sie	werden	gerufcn

20.2.2. 과거

ich	wuerde	gerufen
du	wuerdest	gerufen
er	wuerde	gerufen
wir	wuerden	gerufen
ihr	wuerdet	gerufen
sie	wuerden	gerufen

20.2.3. 현재완료

ich	sei	gerufen worden
du	seiest	gerufen worden
er	sei	gerufen worden
wir	seien	gerufen worden
ihr	seiet	gerufen worden
sie	seien	gerufen worden

20.2.4. 과거완료

ich waere   gerufen worden
du   waerest gerufen worden
er   waere   gerufen worden
wir waeren   gerufen worden
ihr waeret   gerufen worden
sie waeren   gerufen worden

20.2.5. 미래

ich werde   gerufen werden
du   werdest gerufen werden
er   werde   gerufen werden
wir werden   gerufen werden
ihr werdet   gerufen werden
sie werden   gerufen werden

20.2.6. 미래완료

ich werde   gerufen worden sein
du   werdest gerufen worden sein
er   werde   gerufen worden sein
wir werden   gerufen worden sein
ihr werdet   gerufen worden sein
sie werden   gerufen worden sein

20.3. sein+zu 부정형의 의미

sein+zu 부정형의 의미들은 대부분 koennen...werden의 의미로 이해되며, 경우에 따라서는 또한 muessen...werden의 의미로도 이해된다.

 Das ist nicht zu glauben.

(Das kann nicht geglaubt werden.)

(Das kann man nicht glauben.)

Die Rechnung ist noch zu bezahlen.

(Die Rechnung muss noch bezahlt werden.)

20.4. 과정수동형과 상태수동형

수동형은 일반적으로 werden동사와 결합되지만, 때에 따라서는 sein 동사와 결합되기도 한다. 즉 일반적으로 과정수동형 혹은 통상적 수동형은 조동사 werden을 통하여, 상태수동형은 조동사 sein을 통하여 형성된다.

20.4.1. 통상적인 수동형으로서의 과정수동형

(1) 일회(-)의 혹은 반복되는 과정들(---)이 서술된다.

Die Tuer wird geoeffnet.

Die Tuer wurde geoeffnet.

(2) 매일 동일한 시간에 반복되는 행위들을 나타낸다.

Die Tueren des Museums werden geschlossen.

(Ich sehe, dass man in Begriff ist, die Tueren zu schliessen.)

Der Botanische Garten wird bei Einbruch der Dunkelheit geschlossen.

20.4.2. 상태수동형

상태수동형은 행위의 완성을 나타내는 완료형(---I)이며, 이는 이전의 행위과정의 결과인 상태가 확인(---I)된다.

Die Tuer ist geoeffnet.

Die Tuer war geoeffnet.

Die Tueren des Museums sind geschlossen.

(Ich sehe davor und treffe diese Vorstellung; die Handlung des Schliessens ist vollendet.)

21. 분사(Partizipien: Mittelwort)

독일어의 분사는 현재분사와 과거분사가 있으며, 현재분사는 동사원형에 −d를 추가하여 형성되며, 과거분사는 ge−t와 ge−en 그리고 ge가 오지 않고 그냥 −t로 끝나는 세 가지 형태가 있다.

21.1. 현재분사
동사의 현재분사는 동사원형에 −d를 추가하여 형성한다.

21.1.1. 현재분사의 부사적 사용법
Lachend ging er davon.
Lachend betrat er das Zimmer.

21.1.2. 현재분사의 형용사적 사용법
mit lachendem Gesicht
mit singenden Toenen

21.1.3. 현재분사의 명사적 사용법
die Gehenden
die Sehenden
der Reisende   die Reisende   die Reisenden
der Sprechende   die Sprechende   die Sprechenden
그러나 das Reisende나 das Spechende라고는 하지 않는다. 이는 단수 중성을 나타내지만 어떠한 의미가 없다.
현재분사의 형용사적 사용에서 현재분사의 어미가 −e로 끝나고 이에 정관사 1격 die가 오면 여성을 나타내고 der가 오면 남성을 나타낸다. 즉 정관

사 1격의 die에 명사화한 분사의 어미가 −e이면 여성을 나타내며, 어미가
−en이면 복수를 나타낸다. 또한 정관사 1격의 der에 명사화한 분사의 어
미가 마찬가지로 −e이면 남성을 나타낸다.

21.2. zu -(en)d의 사용방법
현재분사를 포함하는 zu −(en)d의 형태는 언제나 수동형의 의미를 나타
내며 필요불가결의 상황을 표현하는 데에 사용한다.

21.2.1. 부가어적 사용법
die noch zu leistende Arbeit
(die noch geleistet werden muss)

21.2.2. 명사적 사용법
das noch zu Erledigende
(das, was noch erledigt werden muss)
die Auszubildende
(die jungen Leute, die ausgebildet werden muessen)

21.3. 과거분사
과거분사는 ge−t의 형태와 ge−(e)n의 형태가 있으며 타동사의 과거분사
는 수동형으로, 자동사의 과거분사들은 능동형으로 사용된다.

21.3.1. 타동사의 과거분사 : 수동형
(1) 형용사적 사용법
mit angespannter Aufmerksamkeit
Wir fuehren nur ausgesuchte Ware.
(nur besonders gute Ware)

(2) 부사적 사용법

Er hoerte angespannt zu.

Es sind ausgesuchte schoene Fruechte.

(sehr schoene Fruechte)

(3) 동사적 사용법

die uns von Ihnen gelieferten Waren

(die uns von Ihnen geliefert wurden)

Gefallen Ihnen die von uns ausgesuchten Buecher?

(die wir ausgesucht haben)

21.3.2. 자동사의 과거분사 : 능동형

자동사의 과거분사는 재귀동사로부터의 의미로 형용사적으로 응용되며 또한 명사적으로도 응용된다.

der betrunkene Fahrer

(der sich betrunken hat)

der Betrunkene

die Betrunkene

die Betrunkenen

der erkaeltete Lehrer

(der sich erkaeltet hat)

die erkaeltete Lehrerin

22. 동사적 전철(Verbalpraefix: Vorsilben bei Zeitwoertern)

독일어에서는 많은 동사들이 전철을 가진다. 동사의 전철은 분리전철과 비분리전철, 그리고 분리될 때도 있고 분리되지 않을 때도 있는 약간의 분리 및 비분리전철로 구분한다. 물론 이러한 동사 전철의 추가로 인하여 동사의 의미는 원래의 동사와는 분명히 구분된다.

22.1. 동사의 비분리전철

강음절이 아닌 동사의 전철은 비분리전철이며 이러한 비분리전철 동사들은 시제변화에서 과거분사에 ge-를 취하지 않는다.
이에 속하는 동사의 중요한 비분리전철들은 대체로 아래와 같다.

be- emp- ent- er- ge- ver- voll- zer-

22.1.1. 비분리전철 동사의 예문들

Er erzaehlt viel.
Ich weiss, dass er viel erzaehlt.
Er hat viel erzaehlt.
Ich weiss, dass er viel erzaehlt hat.

22.2. 동사의 분리전철

강음절의 동사의 전철들은 분리전철이며 이러한 분리전철 동사들은 동사의 시제변화에 있어서 과거분사에서 ge-를 취한다.
이에 속하는 동사의 중요한 분리전철들은 대체로 아래와 같다.

ab-	abwaerts-	an-	auf-
aufwaerts-	aus-	bei-	da-
daran-	darauf-	draussen-	ein-

einander-	empor-	entgegen-	entlang-
fort-	fuer-	gegenueber-	gleich-
her-	hin-	los-	mit-
nach-	vor-	weg-	wider-
zu-	zurueck-	zusammen-	zwischen-

22.3. 동사의 분리-비분리전철

몇몇 전철들은 분리될 수도 있고 비분리될 수도 있다.

이에 속하는 동사의 전철들은 아래와 같다.

durch-	hinter-	miss-	ueber-
um-	unter-	wider-	wieder-

22.3.1. 구분

이러한 동사의 분리-비분리전철들은 전철의 음절의 강약에 따라 구분된다. 즉 강음절의 경우는 분리전철이고 약음절일 때는 비분리전철이 된다.

(1) 강음절의 분리전철의 예문들

Wir haben uebergesetzt.

Ich setze mit der Faehre ueber.

(2) 약음절의 비분리전철의 예문들

Ich habe den Text uebersetzt.

Ich uebersetze aus dem Koreanischen ins Deutsche.

22.3.2. miss-의 특이형태

miss-는 missgebildet와 missgeleitet에서만 항상 과거분사에 ge-가 붙는다.

22.3.3. wieder-의 특이형태

wieder-는 wiederholen에서만 항상 과거분사에 ge-가 붙지 않는다.

23. 행위의 관점과 종류

독일어의 동사는 시제로 나타나는 시간단계의 표시 이외에 또한 여러 수단
을 통하여 관점에 대한 암시를 준다. 이러한 수단들은 지금까지 보아온 것
처럼 문법적인 체계가 아니라 오히려 사전적으로 습득되어야 한다.
행위의 과정이 바로 지금 진행 중이냐 혹은 완성되었느냐에 따른 관찰 즉
행위의 관점을 우선적 개념으로 설정하고 나아가 이차적으로 행위의 종류
들을 설정할 수 있다.

23.1. 행위관점과 행위종류
23.1.1. 행위관점에서 보아 행위가 지금 진행중인 미완성의 단계에서는
과거이며, 완성된 단계에서는 완료이다.

23.1.2. 행위종류

지속적/연속적 행위	(--------)
반복하여 지속적인 행위	(-- -- --)
점차로 시작하는 행위	(--)
일회적 행위/개개의 행위	(.)
반복하여 일회적인 행위	(. . .)
갑자기 시작하는 행위	(I---)
완성된/결과적인 행위	(---I)
계속하여 완성된 행위	(---I ---I ---I)

23.2. 행위관점에 의한 동사의 짝
동사의 짝에는 동사 자체의 의미로는 구분이 되지 않지만 이러한 행위관점
을 통해서는 구분이 되는 동사들이 있다.

동사의 짝에 의한 행위의 미완성과 완성의 구분

미완성/과거 bauen lernen buchen

완성/완료 erbauen erlernen verbuchen

23.3. 동사의 전철에 의한 동사의미의 변화

일반적으로 완료되는/하는 동사의 전철에 의해 동사의 의미가 변화한다.

〈미완료/미완성/과거〉	〈완료/완성〉
Die Kerze brennt. (─────)	Das Haus brennt ab. (─────I).
	Das Papier verbrenn. (─────I).
Die Blume blueht. (─────)	Die Blume verblueht. (─────I).
Die Blume erblueht. (────)	
Der Junge rennt. (─────)	Der Junge rennt los. (I─────).
Das Kind isst. (─────)	Das Kind isst alles auf. (────I).

23.4. 행위관점 표현 수단들

23.4.1. 동사의 전철에 의한 행위관점 표현

〈미완료/미완성/과거〉	〈완료/완성〉
Das Licht hat gebrannt.	Das Papier ist verbrannt.
Der Junge rennt.	Der Junge rennt los.
	Der Junge ist losgerannt.
Das Kind hat gegessen.	Das Kind hat die Suppe aufgegessen.

23.4.2. 전치사에 의한 행위관점 표현

Ich freue mich auf das Geschenk.

Ich erfreue mich an dem Geschenk.

23.4.3. 접속사에 의한 행위관점 표현

Ich freute mich (immer), wenn er kam.

Ich freute mich, als er kam.

23.4.4. 동사의 수동형태에 의한 행위관점 표현

Die Tuer wird geschlossen.

Die Tuer ist geschlossen.

23.4.5. 단어무리와 부사적 표현에 의한 행위관점 표현

Ich war dabei, Essen zu kochen.

Ich war (gerade) mit dem Essenkochen fertig.

24. 전치사(Praepositionen: Verhaeltniswoerter)

독일어의 전치사는 대부분 명사의 앞에 오지만 어떤 경우에는 명사의 뒤에 오기도 하고 심지어 극히 드물게는 전치사가 명사를 둘러싸기도 한다.

24.1. 전치사가 명사의 앞에 오는 경우
전치사(Prae-position: Vor-stellung)는 대부분 명사의 앞에 온다.
 wegen des Regens
 wegen der Krankheit
 aus dem Haus
 von mir
 seit einer Woche
 durch den Park
 gegen einen Baum
 gegen 7 Uhr
 um 7 Uhr
 auf die Wand
 auf dem Tisch
 im Kino
 ins Kino

24.2. 전치사가 명사의 뒤에 오는 경우
몇몇 전치사들은 명사의 뒤에 오기도 한다. 이러한 것들도 전치사(Prae-position)로 표현되어야 한다.
 des Regens wegen
 meiner Meinung nach (혹은 nach meiner Meinung 이라고도 한다)

der Statistik zufolge

24.3. 전치사가 명사의 앞뒤에 오는 경우
극히 드물지만 명사를 둘러싸는 경우도 있다. 즉 Prae-position과 Post-position으로 형성된다.

um des Kindes willen

von der Universitaet her

vom Hauptbahnhof her

24.4. 법률적인 2격 전치사들
일부 전치사들이 2격과 연관되는데 그중 많은 것들이 법률적인 문체에 속한다. 그러니 이들 전치사들은 3격 및 4격 전치사들보다도 훨씬 더 드물게 사용된다.

24.5. 2격 전치사들의 종류

waehrend	aufgrund(auf Grund)
entlang	halber
(an)statt	anstelle(an Stelle)
trotz	wegen(또한 뒤에 오는 wegen)
um...willen	von(드물게는)

24.5.1. 2격 전치사들 중에서 특히 고등문체에서나 법률적인 문체에서 주로 사용되는 전치사들

anlaesslich	betreffs
gelegentlich	infolge
hinsichtlich	kraft
laut	mittels
seitens	ungeachtet
vermoege	zufolge(3격이 더욱 좋음)

oberhalb	unterhalb
innerhalb	ausserhalb
diesseits	jenseits
einschliesslich	ausschliesslich
zuzueglich	vorbehaltlich
binnen(대부분 3격)	dank(대부분 3격)

24.5.2. 이들 고등문체나 법률적인 문체에서 주로 사용되는 2격 전치사들 중에서 전치사 laut, ausschliesslich, einschliesslich, zuzueglich의 뒤에 명사가 관사 없이 오면 명사에 2격을 나타내는 —s를 붙이지 않는다.

laut Vertrag   laut Berichten   einschliesslich Porto

그러나 laut muendlicher Berichte와 같은 경우에는 2격으로 쓴다.

24.6. 3격 전치사들의 종류

ab	aus
aus...heraus	ausser
bei	binnen
dank	entlang
gegenueber(또한 뒤에 오는 ~ gegenueber)	
gemaess(또한 뒤에 오는 ~ gemaess)	
mit nach	seit
von	von...an
von...aus	vor
zu...zufolge	zu

24.6.1. 3격 전치사들의 예문

Sie kommt aus Hamburg.

Sie kommt aus Deutschland.

Er geht immer frueh aus dem Haus.

Er trinkt Bier aus einer Flasche.

Der Zug kommt von Heidelberg.

Der Zug faehrt nach Heidelberg.

Er hat das Geld von seiner Mutter.

Sie ist eine Freundin von mir.

Er geht nach Hause.

Sie geht zu ihrer Freundin.

Sie geht zur Nationalen Polizei Universitaet Koreas in Asan.

Sie ist zu Hause.

Sie wohnt bei meiner Familie.

Die Studentenwohnheim ist beim Bahnhof.

Die Post liegt dem Kaufhaus gegenueber.

Nach der Schule geht er nach Hause.

Nach dem Essen geht er spazieren.

Ich wohne seit einer Woche in Frankfurt.

Seit neun Jahren wohne ich in Berlin.

Ich schreibe mit einem Fueller.

Ich fahre mit der U-Bahn.

Den Titel von dem Roman weiss ich nicht.

24.6.2. 3격 전치사들 중에서 특히 오래된 언어에서 사용되는 전치사들

naechst(=nahe bei/nach)

nebst(=und)

samt(=mit)

24.6.3. 3격 전치사 ab의 사용법

3격 전치사 ab는 대부분 상업언어에서 관사 없이 사용된다.

ab Werk

ab Fabrik

ab unserem Werk

ab naechsten Herbst(시간을 나타낼 때는 이와 같이 4격 전치사로 표현할 수 있겠지만 좋은 표현은 von naechstem Herbst an이다.)

24.6.4. 3격 전치사 nach의 사용법

여기서 3격 전치사 nach가 gemaess의 의미로 사용되는 경우에는 이러한 전치사가 종종 명사 뒤에 온다.

meiner Meinung nach(그러나 nach meiner Meinung이라고도 한다.)

allem Anschein nach

dem Vertrag gemaess

gemaess (dem) Vertrag

gemaess Artikel VIII

24.7. 4격 전치사들의 종류

durch	fuer
gegen	ohne
um	betreffend(대부분 뒤에 오는 ~betreffend)

이를테면 unser Schreiben betreffend die Lieferung der Ware 혹은 unser Schreiben die Lieferdung der Ware betreffend라고도 할 수 있다.

24.7.1. 4격 전치사들의 예문들

Er geht durch den Stadtpark.

Im Urlaub reisen wir durch Frankreich nach Spanien.

Der Wagen faehrt gegen einen Baum.

Wir sitzen um den Rundtisch (혹은 um den runden Tisch).

Der Linienbus faehrt um die Stadtmitte.

Wir fahren die Hoheluftchaussee entlang.

Gegen 7 Uhr komme ich zum Fruehstuecken.

Der Schnellbus faehrt um 6 Uhr ab.

Er kauft ein Fahrrad fuer seine kleine Tochter.

Aris! Telefon fuer dich!

24.7.2. 4격 전치사들 가운데에서 오래된 언어에서 사용되는 전치사들

sonder(=ohne)

wider(=gegen)

24.8. 3격 및 4격 전치사들의 종류

an	auf
bei	fuer
in	hinter
neben	seit
ueber	unter
vor	zwischen

이러한 전치사들은 어디에, 언제의 의미로 사용될 때에는 3격이 되고, 어디로의 의미로 사용될 때에는 4격이 된다.

24.8.1. 어디에 : 3격

이 경우에는 한정된 하나의 장소를 의미한다.

Das Buch liegt auf dem Tisch.

Das Flugzeug fliegt ueber der Stadt.

(Das Flugzeug bleibt ueber dem Stadtgebiet.)

Die Enkelkinder sind im Kino.

Mein Auto steht vor der Tiefgarage.

Das Bild haengt an der Wand.

Der Garten ist hinter dem Haus.

Die Lampe haengt ueber dem Esstisch.

Sie steht unter dem Tannenbaum.

Der Radiergummi ist zwischen den Buechern.

24.8.2. 어디로 : 4격
이러한 경우에는 동사가 의미하는 행위의 방향을 나타낸다.

Das Flugzeug fliegt ueber die Stadt Hamburg.

(fliegt ein und verlaesst das Stadtgebiet wieder)

Heute gehen wir ins Kino.

Ich fahre vor die Tiefgarage.

Sie haengt das Bild an die Wand.

Er geht hinter das Haus.

Sie haengt die Lampe ueber den Esstisch.

Sie geht unter den Tannenbaum.

Er legt den Radiergummi zwischen die Buecher.

24.8.3. 언제 : 3격
3격 및 4격 전치사들이 시간을 나타낼 때는 3격이 된다.

Ich arbeite bei Siemens.

Ich arbeite bei TerraMax.

Wann haben Sie die Ausbildung gemacht? Vor vier Jahren!

Wann haben Sie das Diplom gemacht? Vor zwanzig Jahren!

Seit wann sind Sie schon selbstaedig? Seit vier Jahren!

Seit wann arbeiten Sie schon bei Siemens?

Seit 2017!

Wie lange bist du schon selbstaendig? Seit neun Monaten!

In diesem Sommer regnet es oft.

Am Samstag haben wir keine Schule mehr.

Am Wochende macht sie Schularbeiten.

An Weihnachten fahren wir nach Schweden.

Im Oktober hat er Geburtstag.

Im Jahre 2015 ist Lisa geboren.

Vor der Abfahrt machen wir alles fertig.

Vor dem Urlaub freuen wir uns.

Zwischen 7 und 8 Uhr nachmittags komme ich nach Hause zurueck.

25. 접속사(Konjunktionen: Bindewoerter)

접속사는 대등/병렬접속서와 종속/예속접속사로 구분된다. 대등접속사는 동등한 두 개의 주문장(Hauptsatz)을 연결하며, 종속접속사는 하나의 주문장과 하나의 부문장(Nebensatz)을 연결하는 접속사이다.

25.1. 대등접속사
대등접속사는 주문장들, 단어무리들, 단어들, 혹은 동일한 부문장들을 서로 연결하는 접속사이다.

Ich habe davon gehoert, doch glaube ich es nicht.

Die Wege sind verschlammt, denn es hat den ganzen Tag geregnet.

Ich wollte gerade die Nachrichten hoeren, da klingelte das Telefon.

Er geht zur Universitaet, aber sie lernt zu Hause.

Er geht ins Bett, denn er ist sehr muede.

Er liest, und sie schreibt einen Brief.

Sie liest nicht, sondern sie schlaeft.

25.2. 종속접속사
종속접속사는 부문장을 주문장으로 인도한다. 이러한 종속접속사가 인도하는 부문장에서는 정동사가 부문장의 끝에 나타나게 된다.

Ich glaube ihm nicht, weil er schon mehrmals die Unwahrheit gesagt hat.

Die Wege sind verschlammt, weil es den ganzen Tag geregnet hat.

Ich wollte gerade die Nachrichten hoeren, als das Telefon klingelte.

Sie macht sich ueber ihn lustig, weil er so dumm ist.

Weil er so dumm ist, macht sie sich ueber ihn lustig.

Wo warst du denn, als der Autounfall passierte?

Wenn es regnet, bleiben wir zu Hause.

Er arbeitet immer nach der Schule, weil er Geld verdienen will.

Weil ich sehr muede war, konnte ich nicht teilnehmen.

25.3. 대등접속사인 동시에 종속접속사가 될 수 있는 접속사들

몇몇 접속사들은 대등접속사로도 종속접속사로도 될 수 있다. 대등접속사로 쓰일 때는 두 주문장의 주어 동사의 위치가 정치(Grundstellung)이지만, 종속접속사로 쓰일 때는 부문장을 인도하며 부문장의 동사위치는 후치(Endstellung)이다. 물론 주문장에서도 주어 이외의 단어가 문두에 오면 동사가 먼저 오고 그 다음 주어가 오는 도치(Umstellung)가 된다.

이처럼 대등접속사도 종속접속사도 될 수 있는 것들은 다음과 같다.

auch / und / oder / aber / allein / denn / sondern / nicht nur...sondern auch

25.4. 접속사 비교표

이와 같이 접속사들은 대등접속사와 종속접속사로 구분할 수 있지만, 또한 달리는 접속사들의 의미에 따라서 구분할 수 있으며, 이러한 구분에서는 다시 동일한 의미로 사용되는 대등접속사와 종속접속사를 구분할 수 있다.

25.4.1. 연결적인(anreihend: kopulativ) 접속사

〈대등〉 und   〈종속〉 ㅡ

　　　nicht nur...sondern auch

　　　sowohl...als auch

　　　auch

　　　zudem(그 외에, 게다가)

　　　ausserdem(그밖에)

　　　dazu(그기에)

desgleichen(그와 같은)

ebenfalls(똑같이)

endlich

ferner(나아가)

ja

hernach(그 다음에)

weiter(나아가, 계속하여)

schliesslich

zuerst

zuletzt

bald...bald

teils...teils

einerseits...andererseits

halb...halb

weder...noch

erstens

zweitens

25.4.2. 이접적인(ausschliessend: disjunktiv) 접속사

〈대등〉 oder   〈종속〉

　　　entweder...oder

25.4.3. 반의적인(entgegenstellend: adversativ) 접속사

〈대등〉 aber   〈종속〉 waehrend

　　　sondern   wogegen(반대로, ...에 반하여)

　　　allein

　　　dagegen

　　　doch

dennoch(그런데도)

indessen(하는 데 반하여)

nichtdestoweniger

nur

vielmehr

25.4.4. 조건적인(bedingend: konditional) 접속사

〈대등〉 sonst   〈종속〉 wenn

      anderenfalls   sofern

                               falls

                               wofern(...하는 한에는)

                               im Falle, dass

25.4.5. 원인적인(begruendend: kausal) 접속사

〈대등〉 denn   〈종속〉 weil

      naemlich   da

      (ja)   zumal (da) (...이기 때문에)

      (doch)

25.4.6. 시간적인(zeitlich: temporal) 접속사

〈대등〉 dann   〈종속〉 als

      seitdem   waehrend

      darauf(그에 더하여, 그 위에)   bevor

      zuvor(먼저, 미리)   solange

                               wenn

                               sooft

                               ehe

                               seit

nachdem

wie

bis

seitdem

25.4.7. 결과적인(folgernd: Konsekutiv) 접속사

〈대등〉 also   〈종속〉 so dass

       daher   so..., dass

       darum(그 때문에)   zu..., als dass

       demnach

       deshalb

       deswegen

       folglich

       infolgedessen

       mithin

       somit

       sonach

25.4.8. 목적적인(zweckanzeigend: final) 접속사

〈대등〉 darum   〈종속〉 damit

       dazu(게다가)   um...zu

                                dass(오래된 문체에서는 auf dass)

25.4.9. 양보적인(einraeumend: konzessiv) 접속사

〈대등〉 zwar..., aber   〈종속〉 obgleich

       trotzdem(그럼에도 불구하고)   obwohl

                                wenngleich(비록 ...일지라도)

                                obschon

obzwar

wenn...auch

25.4.10. 화법적인(modal) 접속사

〈대등〉 so
    auf diese Weise

〈종속〉 indem
    wie

25.4.11. 비교적인(vergleichend: komparativ) 접속사

〈대등〉 so...wie
    wie
    als
    ebenso
    genauso

〈종속〉 wie
    so...wie
    als
    als ob
    als wenn
    wie wenn

25.4.12. 비례적인(propotional) 접속사

〈대등〉 umso(그만큼, 혹은 um...so)
    desto

〈종속〉 je...desto
    je... um so

25.4.13. 제한적인(einschraenkend: restriktiv) 접속사

〈대등〉 (in)sofern(...하는 한)
    (in)soweit

〈종속〉 inwiefern(어느정도까지, 혹은 inwieweit)
    (in)sofern
    (in)soweit(만큼)
    nur dass

25.4.14. 부정적인(verneinend: negierend) 접속사

〈대등〉 aber...nicht
    nicht...sondern

〈종속〉 ohne dass
    ohne zu

geschweige denn   (an)statt dass
                                    (an)statt zu

25.4.15. 도구적인(instrumental) 접속사
〈대등〉 damit   〈종속〉 dadurch
       dadurch   dass
       so   indem

25.4.16. 주문장, 부문장 및 간접의문문을 인도하는 접속사
〈대등〉   〈종속〉 dass
                                            ob
                                            wer
                                            was
                                            wo
                                            woher
                                            wohin
                                            wann
                                            wie
                                            warum

25.5. nachdem의 시제
nachdem은 부문장을 인도하는 접속사로서 주문장과 부문장 사이의 일정
한 시간연속을 요구한다. 즉 nachdem(...한 후)으로 인도되는 부문장의
시간이 먼저이고 그 다음이 주문장의 시간이 사후적으로 이어진다.

Nachdem er das gehoert hat, reist er nicht. (현재완료, 현재)

Nachdem er das gehoert hat, wird er nicht reisen. (현재완료, 미래)

Nachdem er das gehoert hatte, reiste er nicht. (과거완료, 과거)

25.6. als ob의 시제

als ob는 부분장을 인도하는 접속사로서 이러한 als ob로 인도되는 부문장은 접속법 2식이 온다. 또한 드물게는 접속법 1식이 오기도 한다.

Er tat so, als ob er alles verstuende. (접속법 2식)

Er tat so, als ob er alles verstehe. (접속법 1식)

25.7. 접속사 dass의 문장

접속사 dass로 인도되는 문장은 주어로 또한 목적어로 될 수 있다.

주어: Es ist moeglich, dass er kommt.(Sein Kommen ist moeglich.)

목적어: Ich weiss bestimmt, dass er kommt. (Ich weiss sein Kommen.)

25.8. 접속사 ob의 시제

접속사 ob는 알지 못한다(nicht wissen), 의심한다(zweifeln) 등과 같은 의미의 동사들 뒤에 온다.

Ich weiss nicht, ob er kommt.

(Ich zweifle, ob er kommt.)

그러나 알지 못한다의 부정의 의미가 아니고 긍정의 의미이면 ob 대신에 dass가 온다.

Ich weiss, dass er kommt.

25.9. 간접의문문을 인도하는 접속사들의 예문들

Ich weiss nicht, wer er ist, was er ist, woher er kommt, wann er hierher gekommen ist, wo er wohnt, wie er sich ernaehrt, warum er ueberhaupt da ist.

26. 부가어(Attribute: Beifuegungen)

부가어는 명사, 형용사, 부사, 분사에 대한, 또한 드물게는 인칭대명사에 대한 보충이나 근접 규정을 한다. 부가어는 하나의 단어에 부가된다. 이러한 부가어의 위치와 음절의 강약은 부가어의 성질과 종류에 따라 다르다.

26.1. 형용사적 부가어
형용사적 부가어는 명사 앞에 오며 강음절이 아니다.
  das vaeterliche Haus
형용사적 부가어 vaeterliche가 아니라 명사 Haus가 강음절이다.

26.2. 2격 부가어
2격 부가어가 명가 뒤에 올 때는 강음절이다. 그러나 명사 앞에 올 때는 강음절이 아니다. 이와 같이 2격 부가어가 명사 앞에 오는 경우는 특히 이름인 경우나 시적으로 사용되는 경우이다.

26.2.1. 명사 뒤에 올 때
  das Haus des Vaters
명사 뒤의 2격 부가어 des Vaters는 강음절이다.

26.2.2. 명사 앞에 올 때
  Vater's Haus
명사 앞의 2격 부가어 Vater's가 아니라 오히려 명사 Haus가 강음절이다.

26.3. 전치사적 부가어
전치사적 부가어가 명사 뒤에 오면 강음절이다.

Ansicht auf Erfolg

das Haus im Garten

Mangel an Arbeitskraft

Mangel an Mut

auf Erfolg, im Garten, an Arbeitskraft, an Mut가 전치사적 부가어
로서 명사 뒤에 왔으므로 강음절이다.

26.4. 부사적 부가어

26.4.1. 부사적 부가어가 형용사 앞에 오면 강음절이다.

ein sehr gutes Geschaeft

ein sehr gutes Buch

여기서 sehr는 부사적 부가어로서 형용사 앞에 왔으므로 상음절이다.

26.4.2. 부사적 부가어가 부사 앞에 오면 강음절일 수도 아닐 수도 있다.

Er schreibt sehr gut.

여기서 부사적 부가어 sehr가 강음절일 수도 있고, 혹은 부사 gut이 강음
절일 수도 있다. 아래의 문장도 마찬가지이다.

Er erzaehlt sehr(강음절) interessant. 혹은

Er erzaehlt sehr interessant(강음절).

26.4.3. 부사적 부가어는 전치사적 형용사 앞에 혹은 분사 앞에 오며 대부
분은 강음절이 아니다.

Das Geschaeft ist gut gefuehrt.

여기서는 부사적 부가어 gut이 분사 gefuehrt 앞에 왔는데 부사적 부가어
는 강음절이 아니고 분사 gefuehrt가 강음절이다.

27. 문구의 표현과 정상위치

27.1. 한 부분의 술어를 가진 주문장

27.1.1. 주어+술어

문장은 「누구」와 같은 주어와 이러한 주어의 인칭에 따라 변화한 어미를 가진 동사인 술어로 형성된다.

문구의 표현에 있어서의 정상의 위치는 주어가 먼저 오고 그 다음 술어가 따른다. 어떠한 시제에서도 마찬가지이다.

강음절은 문장의 첫머리에 오는 경우도 있고 문장의 끝머리에 오는 경우도 있다. 문장의 첫머리에 주어로서 인칭대명사가 오면 이러한 인칭대명사는 강음절이 아니다.

Er erzaehlt. (현재)

Er erzaehlte. (과거)

27.1.2. 주어, 술어 다음에 4격 목적어가 온다.

Er erzaehlt eine Geschichte.

「무엇을」에 해당하는 4격 목적어 eine Geschichte가 주어와 술어 다음에 온다.

27.1.3. 3격 목적어는 4격 목적어 앞에 온다.

Er erzaehlt seinem Bruder eine Geschichte.

「누구에게」에 해당하는 3격 목적어인 seinem Bruder가 4격 목적어 앞에 왔다.

27.1.4. 「언제」에 해당하는 시간의 부사적 규정어는 3격 목적어와 4격 목적어 사이에 온다.

Er erzaehlt seinem Bruder heute eine Geschichte.
시간의 부사적 규정어 haute가 3격과 4격 사이에 왔다.

27.1.5. 「어디에서」에 해당하는 장소의 부사적 규정어는 시간의 부사적 규정어와 4격 목적어 사이에 온다.
Er erzaehlt seinem Bruder heute am Telefon eine Geschichte.
장소의 부사적 규정어 am Telefon이 「시간」과 4격 사이에 왔다.

27.1.6. 「어떻게」에 해당하는 종류와 방식의 부사적 규정어는 시간의 부사적 규정어와 장소의 부사적 규정어 사이에 온다.
Er erzaehlt seinem Bruder heute mit lauter Stimme am Telefon eine Geschichte.
종류와 방식의 부사적 규정어 mit lauter Stimme가 「시간」과 「장소」 사이에 왔다.

27.1.7. 「왜」에 해당하는 이유의 부사적 규정어도 시간의 부사적 규정어와 장소의 부사적 규정어 사이에 온다.
Er erzaehlt seinem Bruder heute aus Langeweile am Telefon eine Geschichte.
Er erzaehlt wenn wann warum/wie wo was ….
이유의 부사적 규정어 aus Langeweile도 「시간」과 「장소」 사이에 왔다.

27.2. 한 부분의 술어를 가진 주문장에서의 특이형태
27.2.1. 3격 목적어와 4격 목적어
Er erzaehlt die Geschichte.
Er erzaehlt seinem Bruder die Geschichte.
혹은 Er erzaehlt die Geschichte seinem Bruder(강조).
이와 같이 대명사가 아닌 명사들에서 3격목적어를 강조하기 위하여 4격목적어 뒤에 두는 경우도 있다.

특정한 4격목적어는 강음절의 3격목적어 앞에 온다. 4격목적어가 대명사
라도 이는 3격목적어 앞에 온다.

Er erzaehlt sie seinem Bruder.

Er erzaehlt sie ihm.

27.2.2. 의문문과 명령문

(1) 의문문

Erzaehlt er seinem Bruder eine Geschichte?

위와 같은 일반적 긍정적인 의문문에 대한 대답은 Ja 혹은 Nein이다.

Erzaehlt er seinem Bruder nicht eine Geschichte?

위와 같은 부정적 의문문에 대한 긍정적인 대답은 Ja가 아니라 Doch이다.

(2) 명령문

Erzaehl deinem Bruder eine Geschichte!

Erzaehlen wir seinem Bruder eine Geschichte!

(3) 기원문

기원문에 있어서는 일반적으로 접속법 2식을 사용한다.

Kaeme er doch!

27.2.3. 강조문구

강조되어야 하는 문구는 서술문(Aussagesatz)에서 문두에 온다. 이와 같이
강조 되어야 하는 주어 이외의 문구가 문두에 오는 경우에는 주어와 술어
의 위치가 바뀐다(Umstellung).

(1) 「어떻게」가 강조되는 경우

Mit lauter Stimme erzaehlt er seinem Bruder eine Geschichte.

(2) 「언제」가 강조되는 경우

Heute erzaehlt er seinem Bruder eine Geschichte.

(3) 「무엇」이 강조되는 경우

Eine Geschichte muss er erzaehlen.

27.2.4. 문장의 끝에 오는 것들

(1) 분리동사의 분리전철인 접두어

Er rief gestern seinen Bruder an.

여기서는 anrufen 분리동사의 분리전철인 an이 문장의 끝에 온다.

(2) 동사의 첨가어

Er faehrt am liebsten Rad.

여기에서 am liebsten Rad는 동사의 첨가어로서 fahren과 연관되며 합쳐저서 radfahren을 의미한다.

(3) 술어적인 보충어

Er ist nach dem langen Gespraech mit dem Geschaeftsfuehrer muede.

여기서 muede는 술어적인 보충어로서 술어인 동사 sein과 연관된다. 즉 muede sein의 의미이다.

Er betrachtet das Telefon als eine nuetzliche Erfindung.

여기서 als eine nuetzliche Erfindung은 술어적인 보충어로서 술어인 동사 betrachten과 연관된다. 즉 als eine nuetzliche Erfindung betrachten의 의미이다.

(4) 전치사적 목적어

Er fragte mich gestern vor der Tuer nach dem Titel des Buches.

여기서 nach dem Titel des Buches는 전치사적 목적어로서 동사 fragen과 연관된다. 즉 nach dem Titel des Buches fragen의 의미이다.

27.3. 여러 부분의 술어를 가지는 주문장들

27.3.1. 능동형의 조동사+본동사의 위치

현재완료: Er hat eine Geschichte erzaehlt.

과거완료: Er hatte eine Geschichte erzaehlt.

미래: Er wird eine Geschichte erzaehlen.
미래완료: Er wird eine Geschichte erzaehlt haben.

27.3.2. 능동형의 화법조동사+본동사

현재: Er muss eine Geschichte erzaehlen.
과거: Er musste eine Geschichte erzaehlen.
현재완료: Er hat eine Geschichte erzaehlen muessen.
과거완료: Er hatte eine Geschichte erzaehlen muessen.
미래: Er wird eine Geschichte erzaehlen muessen.
미래완료: Er wird eine Geschichte erzaehlen haben muessen.

27.3.3. 수동형의 조동사+본동사

현재: Die Geschichte wird seinem Bruder erzaehlt.
과거: Die Geschichte wurde seinem Bruder erzaehlt.
현재완료: Die Geschichte ist seinem Bruder erzaehlt worden.
과거완료: Die Geschichte war seinem Bruder erzaehlt worden.
미래: Die Geschichte wird seinem Bruder erzaehlt werden.
미래완료: Die Geschichte wird seinem Bruder erzaehlt worden sein.

27.3.4. 수동형의 화법조동사+조동사

현재: Die Geschichte muss seinem Bruder erzaehlt werden.
과거: Die Geschichte musste seinem Bruder erzaehlt werden.
현재완료: Die Geschichte hat seinem Bruder erzaehlt werden muessen.
과거완료: Die Geschichte hatte seinem Bruder erzaehlt werden muessen.
미래: Die Geschichte wird seinem Bruder erzaehlt werden muessen.
의문문: Hat er seinem Bruder eine Geschichte erzaehlt.
기원문: Wuerde er doch seinem Bruder eine Geschichte erzaehlen.

27.4. 뒤에 오는 부문장들
부문장에 있어서는 인칭변화를 한 정동사가 문장의 끝에 온다.

27.4.1. 능동형
Ich hoerte, dass er seinem Bruder eine Geschichte erzaehlt.

erzaehlte.

erzaehlt hat.

erzaehlt hatte.

erzaehlen wird.

27.4.2. 화법조동사를 가진 능동형
Ich hoerte,

dass er seinem Bruder eine Geschichte erzaehlen will.

erzaehlen wollte.

hat erzaehlen wollen.

hatte erzaehlen wollen.

wird erzaehlen wollen.

27.4.3. 수동형
Ich weiss, dass das Museum geschlossen wird.

geschlossen wurde.

geschlossen worden ist.

geschlossen worden war.

geschlossen werden wird.

27.4.4. 화법조동사를 가진 수동형
Ich weiss, dass das Museum geschlossen werden muss.

geschlossen werden musste.

hat geschlossen werden muessen.

hatte geschlossen werden muessen.

wird geschlossen werden muessen.

27.5. 주문장 앞에 오는 부문장

부문장이 주문장 앞에 오는 경우는 동사와 동사가 맞부딪친다. 즉 앞의 부문장에서는 동사가 끝에 옴으로써(Endstellung) 그리고 주문장에서는 주어 이외의 것이 문두에 와서 주어와 동사의 위치가 바뀜(Umstellung)으로써 앞에 오는 부문장의 동사와 주문장의 동사가 맞부딪친다.

Waehrend er Radio hoerte, liest sie die Zeitung.

27.6. 재귀대명사의 위치

재귀대명사 mich, dich, sich, uns, euch 등은 주문장에서의 위치와 부문장에서의 위치가 서로 다르다.

27.6.1. 주문장에서의 위치

주문장에서 재귀대명사들은 인칭변화한 정동사에 가까이 온다.

Er freut sich immer ueber euren Besuch.

Er hat sich immer ueber euren Besuch gefreut.

27.6.2. 부문장에서의 위치

부문장에서 재귀대명사들은 부문장의 주어 바로 다음에 온다.

Ich hoerte, dass er sich gestern an das Konsulat gewandt hat.

28. nicht의 위치

부정의 의미를 나타내는 nicht는 동사의 부정으로 나타나는 문장 전체의 부정이 있고 또 nicht가 특정한 하나의 문구와 연관될 수도 있다.

28.1. 술어가 하나 뿐인 단일 문장에서는 문장 끝에

Er unterrichtet nicht.

Er liest nicht.

Er liest den Buch nicht.

Er erklaert dem Studenten heute die Regel nicht.

28.2. 본동사 앞에 혹은 술어적인 것 앞에

조동사나 화법조동사가 옴으로서 술어가 둘 이상인 경우에 nicht는 본동사 앞에 혹은 술어적인 것 앞에 온다.

Er hat noch nicht unterrichtet.

Er will den Brief nicht lesen.

Er hat den Brief nicht gelesen.

Er hat den Brief nicht lesen koennen.

Hier darf heute nicht geraucht werden.

Der Student ist nach dem langen Gepraech nicht muede.

여기서 muede는 muede sein과 연관됨으로써 nicht는 술어적인 것인 muede 앞에 온다.

Er wagt sich mit dem schlechten Zeugnis nicht nach Hause.

여기서도 nach Hause는 nach Hause wagen과 연관됨으로써 nicht는 술어적인 것인 nach Hause 앞에 온다.

28.3. nicht는 강조되는 문구 바로 앞에 온다.

Er unterrichtet nicht kleine Kinder(강조됨), sondern Studenten.

Er kann nicht jeden Tag(강조됨), sondern nur einmal in der Woche unterrichten.

Nicht nur heute(강조됨), sondern schon immer war er so frech.

Er hat den Brief nicht seinem Bruder(강조됨), sondern seiner Schwester gegeben.

28.4. 본동사의 부정과 명사의 부정

28.4.1. 본동사의 부정

본동사의 부정은 문장 전체를 부정하는 것이다.

Alle Regeln stimmen nicht. (Alle Regeln sind falsch.)

28.4.2. 명사의 부정

명사의 부정은 문장 전체가 아니고 뒤에 오는 명사만을 부정한다.

Nicht alle Regeln stimmt. (Die meisten Regeln sind richtig.)

28.5. nicht와 동사

28.5.1. 동사의 전철 앞에

Der Zug faehrt noch nicht ab.

즉 nicht는 분리동사 abfahren의 분리전철인 ab 바로 앞에 온다.

28.5.2. 동사 부가어 앞에

Er faehrt nicht Auto.

여기서 Auto는 fahren의 동사 부가어로서 Auto fahren으로 볼 수 있다.

Er faehrt nicht Rad.

여기서 Rad도 마찬가지로 동사 부가어로서 Rad fahren으로 이해될 수 있다.

28.5.3. 술어적 부가어 앞에

Er legt den Brief nicht auf den Tisch.

여기서 auf den Tisch는 술어적 부가어로서 auf den Tisch legen으로 이해
될 수 있다.

28.5.4. 전치사적 목적어 앞에

Er gewoehnt sich nicht an das kalte Klima.

여기서 an das kalte Klima는 전치사적 목적어로서 sich an etwas
gewoehnen으로 이해될 수 있다. 그러나 Er gewoehnt sich an das kalte
Klima nicht 라고도 할 수 있다.

29. 부정형(Infinitiv: Nennform)

29.1. zu+부정형
독일어에 있어서의 부정형은 동사의 원형 앞에 zu의 단어를 가져옴으로서 형성되며, 일부의 동사들은 zu의 추가 없이도 부정형의 의미를 나타낸다.

29.1.1. 명사+zu+부정형
Ich habe die Absicht, eine Reise zu machen. (Absicht …zu machen)
여기서 eine Reise zu machen의 부정형은 명사 Absicht와 연관된다.

29.1.2. 형용사+zu+부정형
Ich halte es fuer nuetzlich, viel zu reisen. (nuetzlich…zu reisen)
여기서 viel zu reisen의 부정형은 형용사 nuetzlich와 연관된다.

29.1.3. 동사+zu+부정형
Ich beabsichtige, eine Reise zu machen.
(beabsichtige…zu machen)
여기서 eine Reise zu machen은 동사 beabsichtigte와 연관된다.

29.2. 순수부정형 혹은 zu 없는 부정형
29.2.1. 화법조동사의 뒤에
화법조동사 koennen, sollen, wollen, muessen, duerfen, moegen의 경우에는 이들의 과거분사 대신에 부정형을 사용한다.
Er hat der Frau die Koffer tragen wollen.
Er wird der Frau die Koffer tragen muessen.

29.2.2. 일부 타동사 뒤에

동사 heissen, lassen, hoeren, helfen, sehen, fuehlen의 경우에는 이들의 과거분사 대신에 부정형을 사용한다.

Er hat der Frau die Koffer tragen helfen.

Er hat die Frau die Koffer tragen sehen.

Er hat die Frau die Koffer tragen lassen.

29.2.3. 특이동사들

hoeren 대신에 gehoert를, fuehlen 대신에 gefuehlt를 사용할 수 있다.

Ich habe das Ereignis kommen fuehlen.

혹은 Ich habe das Ereignis kommen gefuehlt.

29.2.4. 일부 자동사 뒤에

동사 bleiben, gehen, lernen, lehren, machen와 연결되는 동사는 부정형이다.

(1) bleiben, gehen, lernen, lehren, machen과 연결되는 동사는 부정형이다.

Er hat lesen gelernt.

Er hat ihn lesen gelehrt.

Er ist schwimmen gegangen.

Er hat mich lachen gemacht.

(Er hat mich zum Lachen gebracht.)

(2) bleiben, gehen, lernen은 이와 연관되어 부정형으로 사용되는 동사와 합쳐져서 한 단어처럼 사용되기도 한다.

sitzenbleiben

spazierengehen

kennenlernen

(3) heissen, helfen, lehren은 긴 보충에서는 이와 연관된 동사가 부정

형으로 사용되지 않고 오히려 zu부정형이 된다.

Er hilft ihr abwaschen.

Er lehrt ihn schreiben.

이와 같이 짧은 문장에서는 helfen, lehren 동사와 연관된 동사들이 부정형으로 사용된다.

그러나 문장이 길어지면 부정형은 zu부정형으로 변한다.

Er hilft der Frau, den Koffer ins Hotel zu tragen.

Er lehrt ihn, jedes Wort richtig zu schreiben.

29.3. dass부문장과 zu부정형 구문

주문장의 주어나 목적어가 dass부문장의 주어와 일치할 때는 dass부문장 대신에 zu부정형 구문을 사용할 수 있다.

29.3.1. 주문장의 주어와 dass부문장의 주어

Ich hoffe, dass ich dich bald wiedersehe.

Ich hoffe, dich bald wiederzusehen.

29.3.2. 주문장의 목적어와 dass부문장의 주어

Ich bitte dich, dass du mir die Fahrkarte besorgst.

Ich bitte dich, mir die Fahrkarte zu besorgen.

30. 접속법(Konjunktiv: Moeglichkeitsform)

접속법에 있어서 구분되는 두 개의 단순한 형태들이 독일문법학자들에 의하여 명명되는 접속법 1식과 접속법 2식이다.

30.1. 단순형의 접속법들
30.1.1. 접속법 1식
접속법 현재라고도 불리며 동사의 현재의 어간에서 형성된다.
(dass) er sei/habe/komme

30.1.2. 접속법 2식
접속법 과거라고도 불리며 동사의 비완료형의 과거의 어간에서 형성된다.
(dass) er waere/haette/kaeme

wenn er kaeme

30.2. 결합형의 접속법들
결합형의 접속법 형태에 있어서는 조동사와 결합된 접속법 1식이나 접속법 2식이 나타난다. 이러한 결합형의 접속법 형태들은 네 가지 경우로 나타난다.

30.2.1. 결합형 접속법 1식
조동사의 현재 어간인 sei, habe, werde와 결합한다.
(1) 결합형 접속법 1식의 과거형
 dass er gekommen sei.
 dass er gewesen sei.
 dass er gehabt habe.

(2) 결합형 접속법 1식의 미래형

dass er kommen werde.

dass er sein werde.

dass er haben werde.

30.2.2 결합형 접속법 2식

조동사의 비완료형의 과거 어간인 waere, haette, wuerde와 결합한다.

(1) 결합형 접속법 2식의 현재형

er wuerde kommen.

er wuerde sein.

er wuerde haben.

wenn er fliehen wuerde (=wenn er floehe).

(2) 결합형 접속법 2식의 과거형

wenn er gewesen waere.

er gehabt haette.

er gekommen waere.

30.3. 접속법 2식의 사용법

30.3.1. 기원문에

Kaeme er doch!

Waere ich doch dort geblieben!

Waeret ihr doch gekommen!

Wenn ich heute Zeit haette!

Waere er hierher gekommen!

30.3.2. 조심스런 서술에

Das waere vielleicht ganz praktisch!

Das koennte man empfehlen!

Das duerfte nicht stimmen!

30.3.3. 신중한 서술에

Da waeren wir endlich!

An seiner Stelle blieb ich nicht zu Hause!

(Ich wuerde nicht zu Hause bleiben!)

(Er bleibt zu Hause!)

Ich waere nicht zu Hause geblieben!

(Er blieb zu Hause!)

Das haettest du mir sagen muessen!

(Das musstest du mir sagen!)

30.3.4. 특별히 공손한 서술에 혹은 질문에

Was moechten Sie trinken?

Ich haette gerne ein Glas Bier!

Ich moechte gerne eine Flasche Rotwein.

Wuerden Sie mir das Salz reichen?

Haetten Sie morgen Zeit?

Haetten Sie Lust, mit mir ins Kino zu gehen?

Duerfte ich mal durch?

Koennten Sie bitte das Fenster schliessen?

전화에서: Ich haette gern Herrn Schmidt gesprochen.

              Koennte ich Herrn Schmidt sprechen?

              Ich moechte Herrn Schmidt sprechen.

30.3.5. 비현실의 조건문에서
(1) 현재형

Wenn er kaeme, gaebe ich ihm das Buch.

freute ich mich.

wuerde ich mich freuen.

wuerde ich ihm das Buch geben.

Wenn ich ein Vogel waere, floege ich zu dir.

Waere ich ein Vogel, wuerde ich zu dir fliegen.

Wenn ich Zeit haette, kaeme ich mit.

Wenn ich nach Hamburg kaeme, wuerde ich sie besuchen.

(2) 과거형

Wenn er gekommen waere, haette ich ihm das Buch gegeben.

haette ich mich gefreut.

Wenn ich das gewusst haette, waere ich frueher gefahren.

30.4. 접속법 1식의 사용법

30.4.1. 기원이나 요구

Er lebe hoch!

Er moege kommen.

Auf Folgendes sei hingewiesen.

요리법에서: Man nehme...

30.4.2. 간접화법의 표현에

Sie sagt, er sei verreist

Sie weiss nicht, wann er wiederkomme.

Er sagt/sagte/hat gesagt,

dass ich Frau Schmidt nicht gegruesst haette.

dass er Frau Schmidt nicht gegruesst habe.

dass wir Frau Schmidt nicht gegruesst haetten.

Sie sagten, sie wuerden einen Ausflug machen.

(Sie sagten: "Wir machen einen Ausflug.")

30.5. 접속법에 있어서의 주문장과 부문장의 시제들

30.5.1. 주문장의 시제는 부문장의 시제에 영향을 미치지 않는다.

30.5.2. 접속법 1식의 형태가 직설법 현재와 같을 경우에는 접속법 2식의 상응하는 형태가 선택된다.

30.5.3. 간접화법에서 haben, werden 및 약변화동사들은 인칭변화에서 아래와 같은 형태를 취한다.

ich	haette	wuerde	spielte
du	habest	werdest	spielest
er	habe	werde	spiele
wir	haetten	wuerden	spielten
ihr	habet	wuerdet	spielet
sie	haetten	wuerden	spielten

30.5.4. ich와 wir 뒤에는 오늘날 대부분의 경우 접속법 대신 직설법이 사용된다.

Ich sage, dass er unrecht hat.

30.5.5. ich glaube와 ich dachte의 뒤에 오는 부문장에서는 접속법 2식을 사용한다.

Ich glaube, dass er unrecht haette.
Ich dachte, dass er unrecht haette.

31. 문장부호

문장부호는 하나의 작은 형태이지만 잘못 사용된 부호들은 문장의 의미를 통째로 바꿔놓는다. 이를테면 문법을 무시한 한 문장과 혹은 콤마가 서로 다르게 찍힌 문장을 비교해 보자.

Der Trainer sagte im letzten Fernsehinterview
der Mannschaftskapitaen sei unfaehig.

Der Trainer sagte im letzten Fernsehinterview,
der Mannschaftskapitaen sei unfaehig.

Der Trainer, sagte im letzten Fernsehinterview
der Mannschaftskapitaen, sei unfaehig.

첫째 문장은 의미가 정리되지 않은 문장이다.
둘째 문장은 축구 주장이 무능하다.
셋째 문장은 축구 감독이 무능하다.

31.1. 콤마(Komma)
31.1.1. 동일 종류 사이에
콤마는 동일한 종류의 문구들이 열거될 때 그 사이에 적으며, 이는 단지 und나 oder를 통하여 연결되지 않을 때이다.

In unserer Klasse gibt es Handballer, Fussballer, Basketballer und Leichtathleten.

31.1.2. 호칭이나 감탄사 뒤에
Doktor Schmidt, ich habe etwas noch nicht verstanden.
서신에서: Liebe Frau Schmidt, wenn ich so an alte Zeiten denke, wird mir schwer ums Herz.

또한 감탄사 뒤에도 콤마를 사용한다.

O je, war das ein Reinfall!

31.1.3. 해설의 앞뒤에

콤마는 d.h./ naemlich/ z.B./ wie/ zwar를 통하여 인도되는 해설을 포함한다. 즉 그들의 앞뒤에 온다.

Einige Bundesligamannschaften, z.B. Frankfurt und Hamburg, sind von Anfang an dabei.

31.1.4. 동격의 앞뒤에

콤마는 동격을 포함한다. 즉 동격의 앞뒤에 온다.

Ein Klassensprecher, ein guter Schueler, hat ein gutes Verhaeltnis zu unseren Lehrern.

31.1.5. 문장들 사이에

문장이 열거된 곳에서 문장들은 콤마를 통하여 분리되며, 이는 und나 마찬가지로 oder를 통하여 연결되어도 그러하다.

Er kam, er sah, er siegte.

Er rief den Klassensprecher zu sich, und sein Gesicht versprach nichts Gutes.

31.1.6. 삽입문장의 앞뒤에

주문장이 다른 데에 끼어들었을 때도 그 앞뒤에 콤마가 온다.

Wir wollen, ich betone dies ausdruecklich, eine gemeinsame Loesung finden.

31.1.7. 접속사 앞에

Nicht nur vor den Zeugnissen, sondern auch mitten im Schuljahr fuerht er Leistungstests durch.

31.1.8. 주문장과 부문장 사이에
Weil es regnet, bleiben wir im Klassenraum.
Niemand wusste, wann er aufhoeren wuerde.

31.1.9. 동일한 종류의 부문장들 사이에
특히 이들이 und, oder를 통하여 연결되지 않을 때이다.
Weil wir laermten, weil es draussen donnerte, und weil ausserdem
die Klingel entzwei war, verzoegerte sich der Unterrichtsbeginn.

31.1.10. 확대된 부정형문 구분에
Der Schuldirektor bat den Klassensprecher, bei der Abschiedsfeier
eine kleine Rede zu halten.
Dieser ging, ohne zu zoegern, auf die Bitte ein.

31.1.11. 삽입된 분사의 앞뒤에
확대된 어미없는 과거분사, 현재분사의 앞뒤에도 콤마가 온다.
Sie hielt, vor Freude weinend, ihr Abschlusszeugnis in den Haenden.

31.2. 세미콜론(Semikolon)
31.2.1. 콤마와 점 사이
세미콜론은 콤마를 대신할 수 있으며, 이는 콤마가 너무 약하고 동시에 점
(Punkt)이 너무 강할 때이다.
Drei Tage warteten wir auf die Rueckgabe der Arbeit; endlich gab
der Lehrer die Hefte zurueck.

31.2.2. 긴 주문장 사이

특히 이들이 denn, aber, doch 등을 통하여 연결될 때이다.

Ich fluchte und trieb meine Kameraden zur Eile an; aber einer musste noch einmal zur Jugendherberge zurueck, weil er seinen Ausweis vergessen hatte.

31.2.3. 동일 종류 개념 분리에

Er sammelte Edelsteine und Fossilien; Streichholzschachteln und Bierdeckel; Briefmarken und Inflationsgeld.

31.3. 점(Punkt)
31.3.1. 문장 끝에

개별 서술문(Aussagesatz)의 끝에는 점이 온다. 여기서 서술문으로 유효한 것들이 또한 간접화법의 모든 형식들이다.

Ich besuche dich morgen.

Ich vermisse dich.

Die Sonne brennt vom Himmel.

Am Strand wehte eine leichte Brise.

Wolken verhuellen die Berge.

Ich weiss nicht, wann er kommt.

Wir riefen ihm zu, er solle zu uns kommen.

Er wuenschte, die Klassenarbeit moege verschoben werden.

Sie befahl ihm, sein Heft zu holen.

31.3.2. 생략에

점은 생략을 가능하게 한다. 날짜, 지배자 이름, 그리고 서수 뒤에 온다.

Dr. med.=Doktor der Medizin	b. w.=bitte wenden
gez.=gezeichnet	Nr.=Nummer
bzw.=beziehungsweise	u. U.=unter Umstaenden

d. h.=das heisst

z. Z.=zur Zeit

usw.=und so weiter

ev.=evangelisch

Wilhelm III.=Wilhelm der Dritte

z. H.=zu Haenden

a. D.=ausser Dienst

Fa.=Firma

Er belegte den 5. Platz.

31.3.3. 그러나 점은 질량 화폐 무게의 표시 뒤에, 편지의 주소 성명이나 논문의 표제 뒤에, 책 잡지의 제목 그리고 서명의 뒤에는 오지 않으며 또한 서술문에 나타나는 인용 뒤에도 오지 않는다.

UNO	EU
DIN	BGB
GmbH	cm
kg	Der Spiegel(독일의 시사주간지)
Vom Winde verweht(책 재목)	Ein neues Reiseziel(표제)

31.4. 의문부호(Fragezeichen)

의문부호는 의문문 뒤에 그리고 홀로 오는 의문 단어의 뒤에 온다.

Kennst du meine neue Klavierlehrerin?

Erkennst du mich nicht wieder?

Ich frage sie: "Kennst du meine neue Klavierlehrerin?"

Wen?

Wer denn?

Warum?

Wo warst du gewesen?

31.5. 감탄부호(Ausrufezeichen)

감탄부호는 명령 요구 기원 혹은 놀람 기쁨 슬픔 혐오 등 감동의 외침을 가지는 단어나 문장 뒤에 오며, 또한 마찬가지로 서신에 있어서의 호칭의 뒤에도 온다.

Ach!

Schade!

Oh!

Komm!

Nein!

Gib das sofort her!

Oh, war das schoen!

"Alle mal herhoeren!" rief der Sportlehrer.

Alle hierher blicken!

Wenn es noch bald klingelt!

Was ist das fuer eine Heftfuehrung!

Sehr geehrter Herr Doktor Schmidt!

31.6. 콜론(Doppelpunkt)

31.6.1. 직접화법 앞에

Der Klassenlehrer sagte: "Morgen besuchen wir die Stadtwerke."

Wir nehmen folgende Wege: "Schule, Kantplatz, Hauptstrasse, Industrieweg."

Er sprach: "Wir wollen gehen."

Sie rief: "Kommt hierher!"

Wir fragten: "Wohin sollen wir gehen?"

31.6.2. 추가적인 설명에

콜론은 설명 부연 나열 추론 뜻풀이 및 나아가 종합 앞에 온다.

Wir wuenschen ihm das, was er so noetig brauchte: Glueck.

Ich kenne einige Nebenfluesse der Donau: Iller, Lech, Isar, Inn.

Koffer und Handtasche, Schirm und Campingbeutel: alles war weg.

31.7. 줄표/대시(Gedankenstrich)
31.7.1. 휴지 혹은 갑작스런 정지에
Ploetzlich − ein Aufschrei!

Du bist ein gemeiner − !

Achtung − fertig − los!

31.7.2. 삽입문 전후에
Es war − und ich darf in diesem Kreise aussprechen − der stolzeste Augenblick meines Lebens.

Ich traf − ihr werdet es nicht glauben − unseren alten Lehrer.

Ich behaupte − und ich werde recht behalten −, dass wir bald einen neuen Chef bekommen.

31.7.3. 화술과 항변
"Ich komme heute." − "Ach, das passt mir gar nicht." − Na, dann eben ein andernmal!"

31.8. 인용부호(Anfuehrungszeichen)
31.8.1. 직접화법의 문장에
Er rief: "Morgen ist schulfrei!"

31.8.2. 개별단어 책제목 격언 등이 첨부될 때
Er kaufte sich "Die Welt".

Sie bot ihm das "Du" an.

Auf so einen "Helden" wie dich haben wir gerade gewartet.

Das Wort "Rhythmus" ist schwer zu schreiben.

Im Opernhaus wurde gestern "Lohengrin" gegeben.

Das Spichwort "Einigkeit macht stark" gilt auch heute noch.

31.9. 생략부호(Apostroph: Auslassungszeichen)

생략부호는 대부분의 경우에 있어서는 강음절이 아닌 e 혹은 i 가 탈락될 때 온다.

Hab ich's mir nicht gedacht?

Heil'ger Strohsack!

Wie steh's?

Ich hab's erfasst!

31.10. 이음표/하이픈(Bindestrich)

31.10.1. 결합단어 형성에

이음표는 두 개의 혹은 다수의 결합된 단어에서 모든 단어들이 공동으로 가지는 기본단어 혹은 규정어를 대체한다.

Donau-Dampfschifffahrts-Gesellschaft

31.10.2. 철자의 생략에

이음표는 철자 혹은 철자그룹이 등장하는 결합 사이에 온다.

Grund- und Hauptschule

Gepaeckannahme und -ausgabe

X-Faktor

An- und Verkauf

31.10.3. 합성어에

이음표는 거리 장소 건물의 이름에 오며 이러한 결합이 두 개의 이름 혹은 하나의 이름과 칭호 직업 등 이와 같은 것들을 포함할 때이다.

West- und Osteuropa

31.10.4. 특수지역 명칭에

이음표는 간과되지 않는 단어결합 및 단어접근을 분리하며 이 경우 결합된

지역명칭을 연결한다.

O-Beine   G-Saite
a-Moll   Friedrich-Ebert-Strasse
Henny-Schuetz-Allee   Geschwister-Scholl-Strasse
Hamburg-Langenhorn   Hamburg-Eppendorf
Koeln-Deutz

31.11. 괄호(Klammer)

둥근 괄호는 이미 얘기한 것을 더 근접하게 설명할 때 온다.

Sie wurde in Hamburg (Rissen) geboren.

In Leipzig (Sachsen) wurde Architekt Paul Mueller geboren.

Sein Hauptwerk ist die grosse Bahnhofshalle (erbaut 1909).

Im Baumeister Mayer (Konstrukteur der Ausstellungshalle) sah er sein Vorbild.

31.12. 직접화법(direkte Rede: woertliche Rede)

31.12.1. 직접화법은 말해진 내용을 그대로 전달한다.

Der Schiedsrichter rief: "Ich verwarne Sie!"

Sie sagte: "Er kommt morgen!"

31.12.2. 간접화법(indirekte Rede: nichtwoertliche Rede)은 화자의 입장에서 내용을 전달한다.

Der Schiedsrichter rief, er muesse ihn verwarnen.

Sie sagte, er komme morgen.

31.12.3. 직접화법에서의 문구의 위치

직접화법을 표현하는 데에는 서로 상이한 문구의 위치의 가능성들이 있다.

Er rief: "Ich verwarne Sie!"

"Ich verwarne Sie!", rief er.

Er fragte: "Wie heissen Sie?"

"Wie heissen Sie?", fragte er.

Ich antwortete, "Ich heisse Schmidt."

"Ich heisse Schmidt.", antwortete ich.

31.12.4. 점이나 의문부호 감탄부호는 직접화법의 경우에는 언제나 끝나
는 인용부호 앞에 온다. 그러나 콤마는 인용부호 뒤에 온다.

2부

동사변화와 예문

1. 강변화동사(불규칙변화동사)

backen, buk, gebacken(굽다 튀기다 만들다)
(backen, backte, gebackt의 약변화동사일 때는 들어붙다의 의미)
Die Mutter backt Kuchen. 어머니가 케이크를 굽는다. −케이크는 독일에서는 오후
새참 때 차나 커피와 같이 먹는 것이 일상화된 음식으로서 흔히 집에서 오븐으로 굽는
다. 또한 손님이 올 때도 구우며, 혹은 구워서 방문하기도 한다.
Der Baecker buk Broetchen. 제빵사가 아침빵을 구웠다. −아침빵Broetchen은 독
일 사람들이 거의 아침에만 먹는 잔빵으로 원료와 맛은 프랑스 사람들의 아침빵인 바
게트와 비슷하다. 아침빵을 나이프로 잘라서 버터를 바르고 잼 종류 치즈 종류 또는 육
류 가금류 생선류의 빵 덮는 재료Beleg와 같이 먹는다. 그러나 드물게는 Beleg 없이
버터만 발라서 먹기도 한다.
Der Schnee backte an den Skiern. 눈이 스키에 달라붙었다.
(Der Schnee klebte an den Skiern fest.)

befehlen, befahl, befohlen(명령하다 맡기다 위탁하다)
Herr Schmidt befahl seiner Frau zu warten. 슈미트씨는 그의 아내에게 기다리라
고 명령처럼 말했다.
(Herr Schmidt sagte seiner Frau, sie muesse warten.)

beginnen, begann, begonnen(시작하다 시작되다 기획하다 착수하다 행하다)
Er beginnt zu sprechen. 그는 말하기 시작한다.
(Er faengt an zu sprechen.)
Er beginnt seine Arbeit. 그는 그의 일을 시작한다.
(Er beginnt mit der Arbeit.)
Was soll er nach der Pruefung beginnen? 그는 시험이 끝나면 무엇을 시작해야
하는가? 무엇을 할지?
(Was soll er tun?)

beissen, biss, gebissen(물다 깨물다 쏘다 찌르다)
Muecken beissen den Wanderer. 모기가 등산객을 문다. 쏜다.
(Muecken stechen den Wanderer.)
Der Hund beisst den Wanderer. 개가 등산객을 문다.
Das Maedchen biss in die Birne. 소녀가 배를 한 입 물었다. 먹기 시작했다.
(Das Maedchen begann die Birne zu essen.)

Der Rauch beisst in den Augen. 연기가 눈을 쏜다. 연기로 눈이 따갑다.

(Der Rauch macht den Schmerzen. 혹은 Der Rauch schmerzt in den Augen.)

Der alte Mann beisst ins Gras. 그 노인이 죽는다.

(Der alte Mann stirbt.)

bergen, barg, geborgen(숨기다 감추다 간직하다 포함하다 구조하다 비호하다 보
호하다 안전하게하다 수납하다)

Dieser Garten birgt ein Geheimnis. 이 정원은 비밀을 간직하고 있다.

(Dieser Garten enthaelt ein Geheimnis.)

Er hat die Leute geborgen. 그는 사람들을 구조했다.

(Er rettete die Leute.)

bersten, barst, geborsten(파열하다 쪼개지다 금가다 꽉차다)

Das Station war zum Bersten voll. 그 경기장은 완전히(터질 것 같이) 꽉 찼었다.

(Das Station war ueberfuellt.)

Das Eis ist geborsten. 얼음이 쪼개졌다. 갈라졌다.

(Das Eis ist aufgebrochen.)

bewegen, bewog, bewogen(움직이다 자극하다 감동을 주다 마음을 움직이다 고
려하다 선동하다)

1. 동인을 주다라는 의미로는 강변화동사: bewegen, bewog, bewogen

2. 위치가 변화하다라는 의미로는 약변화동사: bewegen, bewegte, bewegt

Sie bewog ihn, die Wahrheit zu sagen. 그녀는 그가 끝내 진실을 말하게 하였다.
진실을 말하게 마음을 움직였다.

Was bewog ihn zur Heimfahrt? 무엇이 그를 고향으로 가게 하였는가? 고향으로
움직이게 했는가?

Er kann seinen Arm nicht bewegen. 그는 팔을 움직일 수가 없다. 근육이 말을 안
듣는다.

(Die Muskeln arbeiten nicht.)

Der Motor bewegt die Maschine. 모터가 기계를 움직인다. −독일에서는 자동차 엔
진도 자동차 모터라고 한다.

(Der Motor betreibt die Maschine.)

Der Preis bewegte sich zwischen 33 und 40 Euro. 가격이 33~40 유로 사이를
움직였다. 33~40 유로 사이다.

(Der Preis schwankt.)

biegen, bog, gebogen(휘다 굽다 구부러지다 굽히다 변화시키다)

Die Arbeiter haben die Eisenstange gebogen. 금속노동자들이 쇠막대를 구부렸다. 휘었다.

(Sie formten sie.)

Der Birnenbaum biegte sich unter der Last der Fruechte. 배나무가 배의 무게로 아래로 휘었다. 쳐졌다.

(Er beugt sich.)

bieten, bot, geboten(제공하다 내어놓다 보여주다 건네다 내밀다)

Finnland bietet den Touristen viele Wintersportmoeglichkeiten. 핀란드는 관광객들에게 많은 겨울스포츠의 가능성들을 제공한다.

(Dort gibt es viele Wintersportmoeglichkeiten.)

Die Reise nach Finnland bietet keine Schwierigkeiten. 핀란드에로의 여행은 전혀 어려움이 없다.

(Sie ist nicht schwierig.)

Der Kaeufer bot 150 Euro fuer das Fahrrad. 구매자는 그 자전거에 150 유로를 불렀다. 150유로에 사겠다고 했다.

(Er wollte sowiel bezahlen.)

Er bietet dem Gegener die Stirn. 그는 상대방에게 대항한다. 머리를 들이댄다.

(Er stellt sich ihm und weiht nicht zurueck.)

Der Kaufmann bietet Kartoffeln an. 그 상인은 감자를 팔고 있다. 공급한다. −감자는 독일인의 주된 음식이다. 그 다음이 빵 국수 밥 육류 가금류 생선류이다.

(Er sagte, dass man sie kaufen soll.)

Der Junge bot mir seinen Platz an. 그 젊은이가 나에게 자리를 양보했다.

(Er stand meinetwegen auf.)

Der Pfarrer bietet das Brautpaar auf. 목사가 신랑 신부의 결혼서약을 받는다. −독일에는 웨딩홀이 없고 시청 호적과나 교회 성당에서 결혼식을 올린다.

(Er sagt in der Kirche, dass sie heiraten wollen.)

Der Fabrikant bietet alle seine Kraefte auf, um die Konkurrenz auszuschalten. 그 공장장은 경쟁을 제거하기/회피하기 위하여 그의 최선을 다하고 있다. 온 힘을 쏟고 있다.

(Er strengt sich sehr an.)

Der Buergermeister entbot dem fremden Staatsmann die Gruesse der Stadt. 그 도시의 시장은 외국 국빈에게 도시를 대표하여 인사하였다.

(Er begruesste ihn im Namen der Stadt.)

Der General entbot seine Offiziere zu sich. 장군은 그의 장교들을 불러 모았다.
(Er befahl ihnen zu kommen.)

Von der Saengerin wurde ein Lied dargeboten. 그 여성성악가가 가곡을 불렀다.
(Sie sang ein Lied.)

Die neue Firma unterbot die Preise der anderen. 신생 회사가 기존의 가격을 하락하였다. 시장에서 거래되고 있는 가격을 낮췄다. 싸게 팔았다.
(Sie war billiger.)

Die Hoeflichkeit verbietet dem jungen Mann zu widersprechen. 친절하게도 그 젊은이는 대항하지 않았다.
(Aus Hoeflichkeit widerspricht er nicht.)

binden, band, gebunden(묶다 매다 연결하다 엮어만들다)

Der Gaertner bindet Kraenze. 정원사가 꽃다발을 만들고 있다.
(Er macht Kraenze.)

Der Zement bindet. 시멘트가 굳고 있다. 굳는다.
(Er wird fest.)

Herr Schmidt bindet seine Krawatte. 슈미트씨가 넥타이를 매고 있다. -넥타이 Krawatte는 크로아티아 사람들이 목에 수건을 묶어 다니던 것에서 유래한다.
(Er knotet sie.)

Der Verkaeufer bindet die Schnur um das Paket. 판매원이 소포를 끈으로 묶는다. 포장하고 있다.
(Er macht die Schnur fest um das Paket.)

Der Vertrag bindet ihn. 그 계약이 그를 구속한다. 그는 계약엄수 의무를 지고 있다. 계약이 그를 속박한다.
(Er ist an den Vertrag gebunden. 혹은 Der Vertrag verpflichtet ihn.)

Er hat sich schon gebunden. 그는 이미 약혼하였다.
(Er ist verlobt.)

Der Schueler bindet die Buecher ein. 남학생이 책을 보호하기 위하여 표지를 싼다. -독일의 초중고교에서는 일반적으로 비싼 교재를 개별로 사지 않고 선배가 본 책을 학교를 통하여 물려받는다. 학교에서 일일이 사용자의 명부를 책 표지의 안쪽에 적고 책을 보호하기 위하여 개별 학생들로 하여금 겉을 싸게 한다.
(Er schuetzt sie mit einem Umschlag.)

Der Arzt entband die Frau von einem gesunden Knaben. 의사가 산모의 출산을 도왔다. -독일에서 출산을 하면 건강보험회사의 비용으로 사적인 비용 없이 정기적으로 산후조리와 아기의 건강진단을 받는다.

(Er half ihr bei der Geburt.)

Ich entbinde sie von ihrer Schweigepflicht. 나는 그녀를 비밀엄수 의무에서 해방시킨다. 비밀 의무로부터 풀어준다.

(Ich befreie sie davon.)

Das Tauwetter unterband den Verkehr. 눈이 녹으면서 교통이 마비되었다. 불가능하게 되었다.

(Es machte den Verkehr unmoeglich.)

Die Schwester verbindet die Wunde. 여간호사가 상처에 붕대를 감는다. - Schwester는 여형제의 의미이지만 여간호사나 수녀의 뜻으로도 사용된다. 기독교국인 독일에서는 가톨릭 학교에 수녀 Schwester가 많다.

(Sie legt einen Verband an.)

Die Autobahn verbindet Hamburg mit Bremen. 그 고속도로는 함부르크와 브레멘을 연결한다. 함부르크 브레멘 간의 고속도로이다.

(Sie fuehrt von Hamburg nach Bremen.)

Der Schauspieler verbindet Eleganz mit Verstand. 그 배우는 우아함과 지성을 겸비했다.

(Er hat beides.)

Ich bin Ihnen sehr verbunden. 나는 당신에게 아주 감사드립니다. 정말 신세를 졌습니다.

(Ich bin Ihnen dankbar.)

Der Gemuesehaendler bindet den Kartoffelsack zu. 야채상인이 감자포대를 끈으로 묶는다. -감자는 근세 초기 중남미에서 들어온 이후 국수 밥 빵 종류와 더불어 독일인들의 주요 탄수화물 공급원이다. 거의 주식이다.

(Er schliesst sie mit einer Schnur.)

bitten, bat, gebeten(부탁하다 청하다 권하다)

Bitte schoen! 상대방이 고맙다고 하는 경우의 이에 대한 대답, 혹은 물건을 건네주면서 하는 말 ("Danke"에 대한 대답)

Der Gastgeber bittet die Gaeste zu Tisch. 주인이 손님들을 식탁으로 모은다.

(Er sagt, sie sollen zum Essen kommen.)

Ich bitte Sie sehr. 내가 간청합니다. 부탁드립니다. 원합니다.

(Ich habe einen Wunsch.)

Er bittet um Brot. 그는 빵을 건너달라고 한다.

(Er moechte Brot haben.)

Ich bitte um Ruhe! 조용히 하세요! 조용히 해 주실래요!

(Ich verlange Ruhe!)

blasen, blies, geblasen(불다 취주하다 불어 만들다 불어 녹이다 불어 식히다)

Herr Schmidt blies die Trompete. 슈미트씨는 트럼펫을 불었다.

(Er spielte das Instrument.)

Der Wind blaest. 바람이 분다.

(Er weht.)

Der Glasblaeser blaest eine Blume. 유리공이 입으로 불어서 유리로 꽃을 만든다.

(Er formt sie.)

bleiben, blieb, geblieben(머무르다 남다 지속하다 지속되다 죽다 전사하다 불멸하다 불변하다)

Wo bleibst du? 너 어디 있어? 너 왜 안 오는 거야?

(Wo bist du? 혹은 Warum kommst du nicht?)

Er bleibt mittags in der Schule. 그는 낮에는 학교에 있다.

Er bleibt in Frankfurt. 그는 프랑크푸르트에 있다.

Bleiben Sie sitzen! 앉아 계세요! 일어서지 마세요!

(Stehen Sie nicht auf!)

Es bleibt dabei! 아무 변화 없어! 여전해!

(Es wird nichts geaendert!)

Bleibe bei der Sache! 옆으로 빠지면 안돼! 이게 우리 주제야! 한 눈 팔지 말고!

(Weiche nicht vom Thema ab!)

Er ist bei der Stangen geblieben. 그는 줄지도 더하지도 않고 항상 그대로야!

(Er ist nicht von seinem Vorhaben abgegangen.)

bleichen, blich, geblichen(퇴색하다 바래다 표백하다 퇴색시키다 죽다)

1. 바래다, 퇴색하다(자동사)의 의미로는 강변화동사: bleichen, blich, geblichen

2. 표백하다(타동사)의 의미로는 약변화동사: bleichen, bleichte, gebleicht

Sein Haar bleicht schon. 그의 머리가 이미 백발이다.

(Es wird grau.)

Die Frau bleicht die Waesche. 그 여자가 세탁물을 표백한다.

(Sie macht sie heller.)

braten, briet, gebraten(굽다 지지다 볶다 프라이하다)

Frau Schmidt braet ein Haehnchen. 슈미트부인이 통닭을 굽는다.(오븐에서)

(Sie braeunt es im Herd.)

Der Junge laesst sich in der Sonne braten. 그 젊은이가 자신을 햇볕에 그을린다.

– 특히 북부 독일은 일조량이 적기 때문에 햇볕을 즐긴다. 휴가도 남유럽으로 간다.

그러나 기후변화로 일조량이 늘면서 독일 내에서의 휴가가 증가추세이다.

(Er will braun werden.)

brechen, brach, gebrochen(깨다 부수다 쪼개다 부러뜨리다 꺾다 뜯다 부러지다

부서지다 깨지다 찢어지다 굴절되다 풀리다 채석하다 접다)

Der Gaertner bricht die Blume. 정원사가 꽃을 꺾는다. –꽃도 독일 일상생활의 한

부분이며 생화Schnittblumen와 꽃화분Blumentopf이 있다.

(Er pflueckt sie.)

Mir bricht das Herz, wenn ich die Not der armen Menschen sehe. 나는 가난한

사람들의 궁핍을 보면 가슴이 찢어진다. 아프다. –그냥 주어버리고 생각조차 안 하는

자선/기부는 루터교와 가톨릭 독일사회의 특징이다. 사회주의 이론과 현대철학의 기

반을 형성한 독일사회의 삶이다.

(Das Herz tut mir weh.)

Der Mond brach aus den Wolken. 달이 구름 속에서 나왔다.

(Er kam ploetzlich hervor.)

Der Kristall bricht das Licht. 수정이 빛을 분산시킨다.

(Er zerstreut es.)

Der Kaufmann brach den Vertrag. 그 상인이 계약을 위반했다.

(Er verletzte ihn.)

Der Mann hat die Ehe gebrochen. 그 남자가 자기 부인을 속였다. 혼인을 파산시

켰다. 파혼의 불씨가 되었다.

(Er hat seine Frau betrogen.)

brennen, brannte, gebrannt(타다 불타다 연소하다 작열하다 굽다 매운맛이 나다)

Das Haus brennt. 집이 불탄다. 불꽃에 휩싸였다.

(Es steht in Flammen.)

Die Frau brannte vor Neugierde. 그녀는 호기심에 불타올랐다.

(Sie war sehr neugierig.)

Die Arbeit brennt mir auf den Naegeln. 이 작업/일이 나에게는 아주 시급하다.

(Sie ist sehr eilig.)

bringen, brachte, gebracht(가져오다 데려오다 야기하다 초래하다 보내다 운반하

다 바치다)

Er bringt die Eier in die Kueche. 그는 달걀을 부엌에 가져간다.

(Er traegt sie dorthin.)

Er bringt die Blume. 그는 꽃을 배달한다. —방문할 때 축하할 때 흔히 꽃 선물을 한다. 즉 생화Schnittblumen나 꽃화분Blumentopf을 선물한다.

(Er liefert sie ab.)

Bringen Sie mir ein Glas Wasser! 물 한 잔 가져다 줘요!

(Holen Sie es mir!)

Das Theater bringt ein neues Stueck. 그 극장은 신작을 연출한다. 초연한다.

(Es spielt ein neues Stueck.)

Er hat mich ins Gerede gebracht. 그가 나를 구설수에 오르게 하였다. 사람들 입에 오르내리게 하였다.

(Er ist schuld, dass alle schlecht ueber mich sprechen.)

denken, dachte, gedacht(생각하다 사색하다 꾀하다 마음먹다 믿다 바라다)

Der Mensch denkt, Gott lenkt. 인간이 작정하고, 신이 결정한다.

Sie denkt edel. 그녀는 마음이 곱다. 마음 씀씀이가 착하다.

(Sie ist grossherzig.)

Denke daran! 그것 잊지마! 그것 생각해!

(Vergiss es nicht!)

Wie denken Sie ueber die Sache? 여기에 대한 당신의 견해는 어떻습니까?

(Wie ist Ihre Meinung darueber?)

dingen, dang/dingte, gedungen(고용하다 매수하다 협상하다)

Der Moerder war von einer Bande gedungen worden. 그 살인자는 범죄단체에 매수되었다.

(Er war angeworben worden.)

Der Chef hat sich Puenktlichkeit ausgedungen. 사장은 정확성에 꽂혔다. 정확성을 중요시한다. —정확성은 교육으로 형성된 독일인의 기본가치이다. 약속 합의 규정 시간 가격 및 재화나 서비스의 품질의 정확성.

(Er verlangte sie.)

dreschen, drosch, gedroschen(타작하다 탈곡하다 구타하다 치다 패다 헛소리하다)

Der Bauer drischt das Getreide. 농부가 곡식을 턴다. 타작한다.

(Er loest die Koerner.)

Am Abend wurden nur leere Phrasen gedroschen. 저녁 무렵이 되서는 완전 헛

소리 판이었다.

(Man redete nur ueber Unwichtiges.)

dringen, drang, gedrungen(뚫고 나아가다 파고들다 다다르다 주장하다 강요하다 조르다 괴롭히다)

Der Geruch dringt aus der Kueche. 냄새가 부엌에서 퍼진다.

(Er kommt aus der Kueche in die anderen Raeume.)

Die Worte des Redners sind bis in die letzten Stuhlreihen gedrungen. 연사의 말이 청중의 마지막 줄까지 울려 퍼졌다. 그의 음성이 우렁찼다.

(Man verstand sie auch dort.)

duenken, duenkte, geduenkt/duenken, deuchte, gedeucht(여겨지다 생각 되다 생각하다 자부하다 자만하다)

Die Sache duenkt mir schlecht. 그 일이 이상하게 여겨진다.

(Sie kommt mir schlecht.)

Der Reiche duenkt sich besser als andere. 부자는 다른 사람들보다 잘났다고 자 부한다.

(Er glaubt, besser zu sein.)

duerfen, durfte, gedurft(해도 좋다 해도 된다 필요로 하다 할만하다)

Er hat den Wald betreten duerfen, die anderen haben es nicht gedurft. 그는 그 숲을 들어가도 되지만, 다른 사람들은 안된다.

(Er hatte die Erlaubnis.)

Darf ich rauchen? 담배 피워도 되나요? 담배 피울 수 있어요?(공손한 질문)

Darf ich Sie um eine Tasse Kaffee bitten? 커피 한 잔 주시겠어요?

(Bitte, geben Sie mir eine Tasse Kaffee!)

Morgen duerfte es regen. 내일은 비가 올 것 같아.

(Wahrscheinlich regnet es morgen.)

empfehlen, empfahl, empfohlen(추천하다 권하다 맡기다 위탁하다)

Ich empfehle das Buch. 나는 그 책을 추천한다.

(Ich rate zu diesem Buch.)

Empfiel mich deinem Vater! 너 아버님께 안부드려!

(Gruesse ihn von mir!)

erloeschen, erlosch, erloschen(꺼지다 바래다 퇴색하다 희미해지다 사라지다 소 멸하다)

Das Feuer ist erloschen. 불이 꺼졌다.

(Es ist ausgegangen. Aber: Ich habe das Feuer geloescht.)

essen, ass, gegessen(먹다 식사하다)

Isst du Nudeln? 국수먹어? 국수 좋아해?

(Magst du sie?)

Hier isst man gut. 여기 음식 훌륭해!

(Die kueche ist vorzueglich.)

fahren, fuhr, gefahren(운행하다 달리다 타고가다 몰고가다 움직이다 가다 죽다)

Ich bin mit der Bahn nach Leipzig gefahren. 나는 기차로 라이프치히에 갔다.

(Sie war das Transportmittel.)

Er faehrt einen VW. 그는 폭스바겐을 탄다. 소유하고 있다.

(Er besitzt ihn.)

Mit dieser Firma bin ich gut gefahren. 나는 이 회사에 만족한다.

(Ich bin mit ihr zufrieden.)

Der Schreck fuhr mir in die Glieder. 난 놀라서 사지를 움직일 수 없었다. 난 무척 놀랐다.

(Ich konnt sie nicht bewegen.)

Er ist in die Grube gefahren. 그는 죽었다.

(Er ist gestorben.)

Er faehrt leicht aus der Haut. 그는 쉽게 흥분한다.

(Er wird leicht wuetend.)

fallen, fiel, gefallen(떨어지다 쓰러지다 내리다 지다 하강하다 싸지다 파산하다)

1. 떨어지다 내려가다

Die Preise fallen. 물가가 하락한다.

(Die Waren werden billiger.)

Die Temperatur faellt staendig. 기온이 계속 내려간다.

(Es wird kaelter.)

2. 전사하다 죽다

Sein Bruder ist im Zweiten Weltkrieg gefallen. 그의 남동생/형이 2차세계대전에서 전사했다.

(Er ist als Soldat gestorben.)

3. 내려앉다 떨어져나가다 몰락하다

Die Herbstblaetter fallen im Herbst von den Baeumen. 가을닢이 가을엔 나무에서 떨어진다.

Die Glaeubiger fielen auf die Knie. 신자들이 무릎을 꿇었다.
(Sie knieten nieder.)
Das Maedchen fiel der Mutter in die Arme. 소녀가 엄마를 안았다.
(Es umarmte sie.)
Falle nicht aus der Rolle! 젊잖게 행동해! 품위를 지켜!
(Benimm dich anstaendig!)
4. 만나다
Sonnenstrahlen fallen auf den Weg. 햇볕이 길 위에 퍼진다. 쏟아진다. 내리쬔다.
Sein Geburtstag faellt auf einen Sonntag. 그의 생일은 일요일이다.
(Er ist an einem Sonntag.)
Vor der Tuer fiel ein Schuss. 문 앞에 총알이 떨어졌다.

fangen, fing, gefangen(잡다 붙잡다 포획하다 체포하다)

Die Polizei fing den Dieb sehr schnell. 경찰이 도둑을 아주 빨리 잡았다.
(Sie verhaftete ihn.)
Ich werfe dem Kind den Ball zu, und es faengt ihn. 내가 아이에게 공을 던지고,
그는 잡는다.
Das Haus fing Feuer. 집이 불탔다. 불타기 시작했다.
(Es begann zu brennen.)
Die Polizisten fingen den Spion auf seinem Fluchtweg ab. 경찰관들이 도주하
는 간첩을 잡았다.
(Sie erwarteten und fingen ihn.)
Es fing an zu regnen. 비가 오기 시작했다.
(Es began zu regnen.)
Er hat klein angefangen. 그는 시작은 미약하였다. 그는 작은 투자로 시작하였다.
(Er war am Anfang arm.)
Mit ihm ist nichts anzufangen. 그는 막무가내이다. 그와는 아무 일도 할 수 없다.
(Mit ihm kann man nichts machen.)
Lina fing den Ball auf. 린아가 공을 잡았다.
(Sie fing ihn.)
Er empfing eine hohe Belohnung. 그는 고액의 보수를 받았다. 사례금을 받았다.
(Er bekam sie.)
Diese Luege verfaengt bei mir nicht. 이 거짓말을 나는 믿지 않아.
(Ich glaube sie nicht.)

Der Angeklagte verfing sich in seinen Luegen. 피고인이 거짓말을 하기 시작했다. 거짓말을 늘어놓았다.

(Er widersprach sich, jeder merkte, dass er log.)

fechten, focht, gefochten(펜싱하다 싸우다)

Der Student focht mit dem Florett. 대학생이 플로레 펜싱을 했다.

(Er kaempft damit; sportliche Uebung.)

Der Rechtsanwalt hat das Urteil angefochten. 변호사가 판결에 이의를 제기했다. 논박했다.

(Er legte Berufung ein. 혹은 Er erkannte es nicht an.)

finden, fand, gefunden(발견하다 찾아내다 알아내다)

Das Kind fand seinen Vater im Garten. 아이가 정원에서 아빠를 찾았다.

Keiner hat die Loesung des Raetsels gleich gefunden. 아무도 수수께끼의 답을 바로 알지 못했다.

(Niemand wusste sie.)

Wie finden Sie das Buch? 이 책 어때요? 이 책 마음에 들어요?

(Wie gefaellt es Ihnen?)

Herr Schmidt ist nicht aufzufinden. 슈미트씨를 찾을 수가 없다.

(Man kann ihn nicht finden.)

Ich befinde micht in Verlegenheit. 나는 당황한다. 어쩔 줄 모른다. 의아해 한다.

(Ich bin in Verlegenheit.)

Lisa empfand Freude an der modernen Kunst. 리자는 현대미술에 관심이 많았다.

(Sie freute sich darueber.)

Er hat eine Ausrede erfunden. 그는 변명을 했다. 거짓말을 했다.

(Er hat gelogen.)

Der Junge hat das Pulver nicht erfunden. 그는 영리하지 못했다.

(Er ist nicht klug.)

Finden Sie heraus, wo er wohnt! 그가 어디에 사는지를 확신합니까!

(Stellen Sie es fest!)

flechten, flocht, geflochten(엮다 꼬다 땋다)

Der Korbmacher flocht Koerbe. 바구니 짜는 사람이 바구니를 만들었다.

(Er stellte sie her.)

Die Mutter hat das Haar des Kindes schoen geflochten. 엄마가 아이의 머리를

예쁘게 땋아주었다.

(Sie hat ihm einen Zopf gemacht.)

fliegen, flog, geflogen(날다 비행하다 비상하다 비행기로 가다)

Sie ist nach Paris geflogen. 그녀는 비행기로 파리에 갔다.

Der Benzintank flog in die Luft. 연료통이 공중으로 폭발했다.

(Er explodierte.)

Er ist aus seiner Stellung geflogen. 그는 실직하였다. 일자리를 잃었다.

(Er ist fristlos entlassen worden.)

fliehen, floh, geflohen(달아나다 도망하다 피하다)

Der Dieb ist vor der Polizei geflohen. 도둑이 경찰로부터 도망했다. 달아났다.

(Er ist weggelaufen, weil sie ihn verfolgt.)

Die Zeit flieht. 시간이 화살같이 지나간다. 유수같이 지나간다.

(Sie vergeht sehr schnell.)

fliessen, floss, geflossen(흐르다 유동하다 녹다 유창하다 발생하다 생기다)

Die Elbe fliesst in die Nordsee. 엘베강은 북해로 흘러든다. ─독일에서는 북대서양

을 북해Nordsee라고 하고 발틱해를 동해Ostsee라고 부른다.

(Sie muendet in die Nordsee.)

Der Rhein fliesst durch Deutschland. 라인강은 독일을 가로질러 흐른다.

Das Geld fliesst ins Ausland ab. 화폐가 외국으로 투자된다. 해외로 빠져나간다.

(Es wird dort angelegt.)

Der Eimer floss ueber. 양동이가 넘쳤다.

(Er war zu voll.)

Die Augen flossen ihm ueber. 그는 울었다.

(Er weinte.)

fressen, frass, gefressen(동물이 먹다 게걸스레 먹다 소모하다 파먹다 잠식하다)

Sein Hund frisst Fleisch. 그의 개가 고기를 먹고 있다.

(Er isst es gern.)

Ich fresse dich nicht! 나 너 안 잡아먹어! 겁내긴! ─사람이 먹다는 essen이고 동물

이 먹다는 fressen이다.

(Ich tue dir nichts!)

frieren, fror, gefroren(얼다 춥다 춥게하다 차다 시리다 응고하다)

Ich friere! 추워! 몸이 언다.

(Mich friert! 혹은 Mir ist kalt!)

Das Wetter ist gefroren. 날씨가 얼었다.

(Es ist zu Eis geworden.)

Es hat Stein und Bein gefroren. 날씨가 무척 춥다.

(Es war sehr kalt.)

Die Wasserleitung ist eingefroren. 수도관이 얼었다.

(Das Wasser in der Leitung ist Eis.)

In diesem Winter sind viele Tiere im Wald erfroren. 이번 겨울에 숲에 있는 많은 동물들이 얼어 죽었다.

(Sie sind vor Kaelte gestorben.)

gaeren, gor/gaerte, gegoren/gegaert(부글부글끓다 부풀다 발효하다)

Die Trauben goren in der Kelterei. 포도가 포도주공장에서 발효되었다. Kelterei 는 포도압착공장

(Aus Zucker wurde Alkohol.)

Es gaerte im Volk. 국민이 들고 일어났다.

(Es herrschte Unruhe und Unzufriedenheit.)

gebaeren, gebar, geboren(낳다 분만하다 생성하다 야기하다)

Die Frau gebar ein Kind. 그녀는 애를 낳았다.

(Sie brachte es zur Welt.)

geben, gab, gegeben(주다 내주다 넘겨주다 제공하다)

Sein Bank gibt ihm einen Kredit. 그는 은행에서 신용으로 돈을 빌렸다.

(Er bekommt Kredit.)

Die Heizung gibt Waerme. 스팀이 열을 제공한다.

(Sie liefert Waerme.)

Drei mal drei gibt neun. 3곱하기 3은 9이다.

(Drei mal drei macht neun. 혹은 Das Resultat ist neun.)

Ich gebe meine Stimme ab. 나는 선거를 한다. 선거권을 행사한다. 투표한다.

(Ich waehle.)

Der Bursche gibt an. 그 젊은이는 거드름을 피운다.

(Er uebertreibt.)

Mein Freund gibt den Treffpunkt an. 내 친구가 만날 장소를 정한다.

(Er sagt, wo wir uns treffen wollen.)

Das Paket muessen Sie am Schalter 4 aufgeben. 그 소포를 4번 창구에서 부쳐야 합니다.

(Sie koennen es von dort abschicken.)

Der Rennfahrer gab auf. 자동차경주 참가자가 포기를 했다.

(Er kaempfte nicht weiter.)

Gib das Messer her! 칼 이리 줘! 이리 내!

(Gib mir das Messer!)

Der Feind gibt nach. 적이 항복한다. 물러난다.

(Er geht zurueck.)

Ich gebe meinen Fehler zu. 내가 내 잘못을 시인한다.

(Ich sage, dass ich weiss, dass ich einen Fehler gemacht habe.)

gehen, ging, gegangen(걷다 걸어가다 가다 떠나다 출발하다 돌아가다 가능하다 되다 되어가다 진행되다 관한 것이다 그만두다)

1. 목표에 도달하다 방문하다

Der Schueler ging in die Schule. 학생이 학교에 갔다. 걸어서 갔다. 학생이었다.

(Er ging zu Fuss. 혹은 Er besucht die Schule.)

2. 달리다 걷다

Ich gehe lieber zu Fuss. 난 걸어서 갈 거야. 걸어가는 게 좋아.

Das Maedchen geht im Zimmer barfuss. 소녀가 방에서 맨발로 다닌다.

3. 떠나다 출발하다

Der Zug geht um 8 Uhr. 기차는 8시에 떠난다. 출발한다.

4. 움직이다

Seine Uhr geht nicht richtig. 그의 시계가 틀리게 간다. 맞지 않다.

(Sie zeigt nicht die richtige Zeit.)

Die Klingel geht. 종이 울린다. 종이 작동한다.

(Es laeutet. 혹은 Sie funktioniert.)

5. 비인칭적인 표현

Sind Sie mit Ihrem Zimmer zufrieden? Es geht. 방 마음에 들어요? 됐어요. -좋은 방들도 있지만 또한 역시 나쁜 방들도 있잖아요.

Wie geht es Ihnen? Es geht mir gut. 안녕하세요? 네 잘 지냅니다.

Kannst du mich morgen besuchen? Nein, morgen geht es nicht. 너 내일 나를 방문할 수 있어? 내일은 안 돼. 내일은 불가능해.

Es geht um meine Ehre. 나의 명예에 관한 것이야.

(Es handelt sich um meine Ehre.)

gelingen, gelang, gelungen(잘되다 성공하다)

Es gelang mir, die Stellung zu bekommen. 나는 일자리를 얻는데 성공했어.

(Ich hatte Erfolg.)

Der Kuchen ist gut gelungen. 케이크가 성공적이다. 잘 구워졌다.

(Er ist gut geworden.)

gelten, galt, gegolten(유효하다 통용되다 간주되다 적용되다 가치가있다 중요하다
세력이 있다)

Der Reisepass gilt nicht mehr. 여권의 유효기간이 지났다.

(Er ist abgelaufen.)

Beim Fussballspiel gelten immer besitmmte Regeln. 축구시합에는 언제나 특별
한 규칙들이 있다.

(Es gibt sie.)

Seine Freundschaft hat mir viel gegolten. 그와의 우정은 나에게 중요하다.

(Sie war mir wertvoll.)

Die Entscheidung lasse ich gelten. 그 결정을 나는 인정한다.

(Ich erkenne sie an.)

Es gilt! 그래 합의 본 거야! 합의를 지켜야지! 유효해!

(Abgemacht!)

Es gilt aufzupassen! 조심해! 주의해!

(Es ist wichtig aufzupassen!)

Das soll er mir entgelten. 나는 그를 두고 볼 거야. 벼르고 있어.

(Er muss dafuer bezahlen. 혹은 Ich werde mich raechen.)

Vergelt's Gott! 고마워! 감사합니다!

(Gott moege dich belohnen! 혹은 Danke!)

Er hat Gleiches mit Gleichem vergolten. 악을 악으로 갚는다. 똑같이 해준다. 똑
같이 복수한다.

(Er raechte sich.)

genesen, genas, genesen(회복하다 낫다 구조되다)

Der Vater ist von einer Krankheit genesen. 아빠가 질병에서 회복하였다.

(Er ist gesund geworden.)

Die Frau genas eines Kindes. 그녀는 애를 낳았다.

(Sie hat ein Kind geboren.)

geniessen, genoss, genossen(먹다 마시다 받아들이다 경험하다 즐기다 향유하다)

Herr Schmidt geniesst den guten Wein. 슈미트씨는 좋은 포도주를 즐긴다.

(Er trinkt ihn mit Freude.)

Die Wurst ist nicht zu geniessen. 이 소시지는 먹을 수 있는 것이 아니다. 먹을 수가 없다.

(Man kann sie nicht essen.)

geschehen, geschah, geschehen(벌어지다 일어나다 생기다 닥치다 행해지다 수행되다)

Es ist ein Wunder geschehen. 기적이 일어났다.

(Es hat sich ein Wunder ereignet.)

Heute muss etwas geschehen. 오늘 무슨 일이 일어날 거야. 일어날지도 몰라.

(Heute muss etwas getan werden.)

Das geschieht ihm recht. 그는 그만한 능력이 있어. 능력에 대한 보상이야.

(Das hat er verdient.)

gewinnen, gewann, gewonnen(이기다 얻다 획득하다 이익을 내다 채굴하다)

Die Rentnerin gewinnt ein Haus. 연금수령 할머니가 집을 복권으로 탔다.

(Sie bekommt es durch eine Lotterie.)

Im Bergbau wird Kohle gewonnen. 채광에서 석탄이 채굴된다.

(Man holt sie aus der Erde.)

Diese Stadt gewinnt immer mehr an Bedeutung. 이 도시는 중요성이 점점 더해진다. 도시의 의미를 점점 더 얻고 있다. 더 유명해지고 있다.

(Sie wird wichtiger.)

giessen, goss, gegossen(붓다 물을 주다 주조하다 쏟다 뿌리다)

Der Junge giesst die Blume. 젊은이가 꽃에 물을 준다.

(Er gibt ihr Wasser.)

Der Vater giesst Kaffee in eine Tasse. 아빠가 커피를 잔에 따른다.

(Er fuellt die Tasse.)

Der Stahlformer giesst ein Zahnrad. 금속성형기술자가 톱니바퀴를 주조한다.

(Er giesst das heisse Metall in eine Form.)

gleiten, glitt, geglitten(미끄러지다 활공하다 활주하다)

Das Boot gleitet ueber das Wasser. 보트가 물위를 미끄러지듯 나간다. 스치듯 지나간다.

(Es faehrt leise und ohne Muehe.)

Der Junge ist von dem Steg abgeglitten und ins Wasser gefallen. 젊은이가 판자다리에서 미끄러져 물에 빠졌다.

(Er rutschte aus.)

Bei Glatteis gleiten viele Menschen aus. 미끄러운 얼음 위에서 많은 사람들이 넘어진다.

(Sie fallen hin.)

Das Glas ist meinen Haenden entglitten. 유리잔이 내손에서 미끄러져나갔다.

(Es fiel hinunter.)

glimmen, glomm, geglommen/glimmen, glimmte, geglimmt(타다 희미하게 빛나다)

Die Zigarette hat geglimmt. 담배가 조금씩 타들어갔다.

(Sie hat geglueht.)

Eine schwache Hoffnung glimmt noch. 작은 희망이지만 아직도 꺼지지 않았다. 아직도 희망을 걸고 있다.

(Es gibt noch eine schwache Hoffnung.)

Die Glut im Kamin verglimmt. 벽난로의 불이 점점 사라져간다.

(Das Feuer geht langsam aus.)

graben, grub, gegraben(파다 캐다 경작하다 땅을 갈다 조각하다 새기다 박다 채굴하다)

Die Arbeiter graben einen Brunnen. 일꾼들이 우물을 팠다.

Wer andern eine Grube graebt, faellt selbst hinein. (격언) 다른 사람을 헤치려 한 사람은 자기 자신을 먼저 해친다.

(Wer anderen schaden will, schadet sich selbst oft.)

Der Goldgraeber graebt nach Gold. 금 채굴자는 금을 찾는다.

(Er sucht Gold.)

Der Dieb vergrub seine Beute. 도둑이 그의 노획물/장물을 땅에 숨겼다.

(Er versteckte sie im Boden.)

greifen, griff, gegriffen(잡다 쥐다 붙잡다 체포하다 붙들다 손을 내밀어 뻗다)

Frau Merkel greift nach ihrem Hut. 메르켈부인은 그녀의 모자를 잡으려 한다.

(Sie will ihn in die Hand nehmen.)

Die Polizei greift den Dieb. 경찰이 도둑을 잡는다.

(Sie verhaftet ihn.)

Er hat ihr unter der Arme gegriffen. 그가 그녀를 도왔다.

(Er half ihr.)

Das Feuer griff schnell um sich. 불이 빨리 번졌다.

(Es breitete sich schnell aus.)

haben, hatte, gehabt(가지고 있다 가지다 소유하다 보유하다 느끼다 감득하다 얻다 포함하다 취득하다)

1. 소유하다

Er hat ein haus. 그는 집을 소유하고 있다.

Franz hat einen Bruder. 프란츠는 남자형제가 있다.

Wir haben gutes Wetter. 좋은 날씨이다. 오늘 날씨가 좋다.

Er hat die Erlaubnis, hier zu baden. 그는 여기서 목욕할 허가증이 있다.

Keine Zeit, ich habe Eile! 시간이 없어, 나 지금 바빠!

Was hast du? 너 어떻게 됐어? 너 어떻게 된 것 아니야? 너 이상해?

(Was fehlst du? 혹은 Was ist mit dir los!)

2. 유지하다

Er hat das Paket in der Hand. 그는 소포를 손에 쥐고 있다.

3. 취하다 가지다

Das hat er noch nicht gehabt. 그는 아직 하지 않았다. 수업에서 손들지 않았다. 말하지 않았다.

(Das hat er im Unterricht noch nicht besprochen.)

Diese Wolle ist hier nicht zu haben. 이 털실은 여기서는 살(구입할) 수 없다.

(Man kann sie hier nicht kaufen.)

halten, hielt, gehalten(붙잡다 놓지 않다 유지하다 지지하다 받치다 평가하다 소유하다 가지고 있다 행하다 거행하다 생각하다)

Der Vater haelt das Kind an der Hand. 아빠가 아이의 손을 잡고 있다.

Ich halte eine Zeitung. 나는 신문을 보고 있다. 나는 신문을 정기구독신청 한다.

(Ich habe sie in der hand. 혹은 Ich habe sie aboniert.)

Er hat sein Wort gehalten. 그는 약속을 지켰다. 말한 것을 실천했다.

(Er hat sein Versprechen erfuellt.)

Ich halte die Ohren offen. 무슨 정보라도 듣겠지. 귀를 열어놓고 있다.

(Vielleicht hoere ich ja etwas.)

haengen, hing, gehangen(자동사) /haengen, haengte, gehaengt (타동사)

(걸려있다 정체해있다 정지해있다 걸다 매달다)

Das Bild hing an dem Nagel. 그림이 못에 걸려있다.

(Es war dort.)

Er haengte es an den Nagel. 그는 그것을 못에 걸었다.

(Er machte es dort fest.)

Ich haenge sehr an meiner Mutter. 나는 나의 엄마를 무척이나 좋아한다.

(Ich liebe sie sehr.)

Die Studenten hingen an den Lippen des Professors. 학생들은 교수에 필이 꽂혔다. 교수가 인기였다. 강의를 아주 주의깊게 들었다.

(Sie hoerten sehr aufmerksam zu.)

Mein Freund liess mich haengen. 내 친구가 약속을 어겼다.

(Er hielt sein Versprechen nicht.)

Mein Mann haengt sich an mich. 내 남편이 나에게 들이댄다. 대든다.

(Er draengt sich mir auf.)

heben, hob, gehoben(올리다 일으키다 들어 올리다 징수하다 파내다 끄집어내다 제거하다 치우다 없애다 고치다)

Die Studentin hob das Glas. 여학생이 잔을 들었다. 축배를 한다.

Der Vater hob das Kind in den Kinderwagen. 아빠가 아이를 유모차에 실었다.

(Er nahm es mit den Armen hoch und setzte es hinein.)

Der Kaufmann kann den Umsatz heben. 그 상인이 매출액을 올린다.

(Er steigert ihn. 혹은 Er verkauft mehr.)

heissen, hiess, geheissen(~라고 부르다 ~라고 불리다 일컫다 칭하다 의미하다 뜻하다 명령하다 분부하다 시키다)

Er heisst Schmidt. 그는 슈미트라고 불린다. 그의 이름은 슈미트이다.

(Sein Name ist Schmidt.)

Was soll das heissen? 무슨 일이야? 어찌된 일이야? 무슨 의미야?

(Was soll das bedeuten?)

Wir heissen Sie willkommen. 어서 오세요. 우리는 환영합니다.

(Wir begruessen Sie.)

helfen, half, geholfen(돕다 거들다 도움이 되다 유용하다)

Dieses Mittel hilft gut gegen Schnupfen. 이 약은 감기에 잘 듣는다.

(Es beseitigt ihn.)

Hilf dem alten Mann beim Einsteigen! 노인이 승차하는데 도와줘!

Hilf dir selbst, so hilft dir Gott! 자신을 돕는 자를 하늘도 돕는다!

kennen, kannte, gekannt(알다 인지하다 식별하다 분간하다 정통하다)

Ich kenne den Namen dieses Herrn. 나 이 사람 이름 알고 있어. 이 남자 알아.

(Ich weiss ihn.)

Kennen Sie das Buch? 이 책 읽었어요? 이 책 알아요?

(Haben Sie es gelesen?)

Er kannte kein Mitleid. 그는 동정을 몰라. 냉정한 사람이야.

(Er war ohne Mtleid.)

klimmen, klomm, geklommen / klimmen, klimmte, geklimmt(기어오르다 오르다 힘쓰다)

Der Bergsteiger erklimmt einen hohen Berg. 등반가가 높은 산을 오른다.

(Er besteigt ihn.)

klingen, klang, geklungen(~처럼 생각되다 소리나다 울리다)

Der Name klingt italienisch. 그 이름이 이탈리아어 같다. 이탈리아어처럼 들린다.

(Es scheint ein italienischer Name zu sein.)

Die Glocken klingen voll. 그 종은 잘 울린다. 좋은 소리를 낸다.

(Sie haben einen guten Ton.)

Lasst die Glaeser klingen! 축배잔을 들어! 축배하자!

(Stosst an!)

kneifen, kniff, gekniffen(꼬집다 끼우다 힘차게 항해하다 끼다)

Ich kneife ihn in den Arm. 나는 그를 강요한다.

(Ich zwicke ihn.)

Er hat gekniffen. 그는 비겁하게 피했다.

(Er ist einer Sache feige ausgewichen.)

Der Gefangene ist ausgekniffen. 감옥수가 달아났다. 탈옥했다.

(Er ist geflohen.)

Bei hellem Sonnenlicht kneift man die Augen zu. 강한 햇볕에는 눈을 살며시 감아야 한다. 감는다.

(Man schliesst sie halb.)

kommen, kam, gekommen(오다 도착하다 발생하다 생기다 일어나다 태어나다 나타나다 실리다 트다 출석하다 참가하다 방문하다 도달하다 보이다 여겨지다 생각되다)

1. 도착하다 만나다

Er kam zum Tee. 그는 차 마시러 왔다.

Herr Schmidt kommt nach Stuttgart. 슈미트씨는 슈투트가르트로 간다.

Ein Brief vom Onkel ist gekommen. 아저씨한테서 편지가 왔다.

Kommt er heute nicht, dann kommt er morgen. 오든지 말든지, 믿을 수가 없어. 신경 안 써.

(Es ist gleich, wann er kommt. 혹은 Er ist unzuverlaessig.)

2. 스스로 가까이 오다

Das habe ich kommen sehen. 나는 그렇게 되길 기다렸어. 바랐어.

(Das habe ich erwartet.)

Die Nacht kommt. 밤이다. 밤이 되었다.

Die Traenen kamen mir. 눈물이 났다. 나는 울어야 했다.

(Ich musste weinen.)

3. 순서연속의 표시

Nach eins kommt zwei. 하나 다음에는 둘 계속이다.

4. 특별한 가치를 가지는 의미

Der Mantel kam auf 500 Euro. 외투가 500유로 들었다. 500유로에 샀다.

(Er kostet so viel.)

5. 한 장소에 오다

Der Junge kommt Ostern in die Schule. 젊은이는 부활절에 학교에 간다.

Der Kahn(거룻배) kam ans Ufer. 거룻배가 강둑에 도달했다.

Die Lehrerin kommt aufs Dorf. 여교사가 마을로 전근 온다.

(Sie wird versetzt.)

6. 어떠한 위치에 오다

Die Mutter kam in Wut, als ihr Sohn ihr nicht gehorchen wollte. 엄마는 아들이 말을 듣질 않자 화를 내었다.

Die Fluechtlinge kamen in Not. 난민들은 궁핍해졌다.

Der Reisende kam viel unter die Leute. 그 여행객은 많은 사람들을 만났다.

(Er traf viele Leute.)

Der unordentliche Mann kam ins Gerede. 그 비정상적인 사람이 입에 올랐다.

(Man redet ueber ihn.)

Das Geschaeft kam unter den Hammer. 그 회사가 경매에 부쳐졌다.

(Es wurde versteigert.)

7. 징조가 오다 나타나다

Sein wahrer Charakter kam endlich doch ans Licht. 그의 진짜 성격이 드디어 만천하에 드러났다.

(Er wurde sichtbar.)

koennen, konnte, gekonnt(할 수 있다 할 줄 알다 가능성이 있다 하여도 좋다)

Er kann Deutsch. 그는 독일어를 할 줄 안다.

(Er hat es gelernt. 혹은 Er spricht es.)

Koennen Sie mir helfen? 저를 도와주시겠어요?

(Ist es Ihnen moeglich?)

kriechen, kroch, gekrochen(기다 기어가다 기어오르다 포복하다 아부하다 슬슬 기다 나아가다 이동하다)

Die Schlange kriecht ueber den Waldboden. 뱀이 숲속 땅 위를 기어 다닌다.

Das Baby kann noch nicht laufen, es kriecht. 아기가 아직은 걸을 수는 없고 기어 다닌다.

(Es bewegt sich auf den Knie fort.)

laden, lud, geladen(싣다 충전하다 장전하다 적재하다 선적하다 내리다 부리다 지우다 부과하다)

Die Autobatterie wird geladen. 자동차 전지가 충전된다.

(Sie wird mit Strom aufgeladen.)

Der Soldat lud sein Gewehr. 군인이 총을 장전했다.

(Er tat Munition hinein.)

Vor einem Gewitter ist die Luft mit Elektrizitaet geladen. 기상 이번시 공기는 전기로 충전되어있다.

(Sie ist voller Elektrizitaet.)

Seine Nachbarin ist auf ihn geladen. 그의 이웃 여자는 그에게 화나 있다.

(Sie ist wuetend auf ihn.)

lassen, liess, gelassen(내버려두다 남겨두다 그만두다 중지하다 놓다 내다 잃다)

1. 하지 않다

Du laesst jetzt das Rauchen; es schadet dir. 너 담배 그만 둬야 해; 몸이 상해.

(Du sollst nicht rauchen.)

Lass das doch! 내버려 둬! 간섭하지 마!

(Hoer damit auf! 혹은 Tu das nicht!)

2. 주다

Der Industrielle liess viel Geld im Spielkasino. 그 사업가는 카지노게임에 많은 돈을 잃었어.

(Er verlor dort viel Geld.)

Sie muessen mir die Ware billiger lassen, sie ist nicht erstklassig. 싸게 해 주세요, 물건이 좋지는 않은데요.

Der Soldat liess sein Leben fuer die Heimat. 그 군인은 나라를 위하여 목숨을 바

쳤다.

(Er starb fuer sie.)

3. 가져가지 않다

Warum hast du deinen Schirm zu Hause gelassen? 왜 우산을 집에 두고 왔어?
−우산은 Regenschirm이고 양산은 Sonnenschirm이다.

Er liess seine Koffer am Bahnhof. 그는 가방을 역에서 잊어버리고 왔어.

(Er gab sie auf.)

4. 빼앗지 않다

Lass den Jungen in Ruhe! 그 애 가만 둬! 방해 하지 마! 조용히 놔 둬!

(Stoere ihn nicht!)

Lass mir das Buch noch drei Tage. 책 삼일만 더 빌려줘.

(Borge es mir noch so lange.)

5. 허락하다

Die Mutter laesst die Tochter studieren. 엄마가 딸의 대학 입학을 허락한다. −독
일 부모들은 가끔 자식의 능력을 과소평가하여 할 수 없다고 결정하는 경우가 있다. 물
론 독일 대학들은 국립이고 등록금 없이 국가의 부담으로 공부한다. 입학도 어렵지만
한 학기씩 올라가면서 졸업은 더 어려워진다.

(Sie erlaubt es ihr.)

Er hat uns seine Einkaeufe sehen lassen. 그는 그의 구매품들을 보여줬다.

(Wir duerften sie sehen.)

Leben und leben lassen! (격언) 나도 살고 너도 살고! 자타공생.

Er laesst seinen Gefuehlen freien Lauf. 그는 감정을 억누르지 못한다.

(Er beherrscht sich nicht.)

6. 동인을 주다 누구로 하여금 하게 하다

Lass mal sehen! 보여줘!

(Zeig mal her!)

Lassen Sie Ihre Sekretaerin einen Brief schreiben! 당신은 비서에게 편지를 쓰
게 하세요!

7. 하게 내버려 두다

Der Filmschauspieler laesst sich seine Kleider in Berlin machen. 그 남자 영화
배우는 정장을 베를린에서 만든다.

Er hat sich die Haare wachsen lassen. 그는 머리를 길렀다.

8. 할 수 있게 되다

Eisen laesst sich biegen. 철은 휘어질 수 있다.

(Es kann gebogen werden.)

Das laesst sich machen. 그건 가능해! 할 수 있어.

(Das ist moeglich.)

Dieser Rotwein laesst sich trinken. 이 적포도주 괜찮은데. 마셔도 되겠는데.

(Er ist recht gut.)

laufen, lief, gelaufen(달리다 뛰어가다 걷다 가다 나아가다 퍼지다 전해지다)

1. 빠르게 움직이다

Lisa und Lina laufen um die Wette. 리자와 린아가 달리기 내기를 한다.

(Sie wollen sehen, wer schneller ist.)

Laufen Sie schnell! 서두르세요!

(Beeilen Sie sich!)

Der Sportler lief wie ein geoelter Blitz. 그 운동선수는 번개처럼 달렸다.

(Er rannte sehr schnell.)

Mein Sohn laeuft gern Schlittschuh. 내 아들은 썰매를 잘 탄다. 즐겨 탄다.

2. 가다

Ich laufe und nehme kein Taxi. 나는 택시 안타고 걸어간다.

(Ich gehe zu Fuss.)

Das Kind kann schon laufen. 그 아이는 벌써 걸을 수 있다.

(Es kann gehen.)

Mein Auto laeuft gut. 내 자동차는 잘 간다. 잘 나간다.

(Es hat einen guten Motor.)

Der Film laeuft schon vier Wochen. 그 영화는 이미 4주째 상연되고 있다.

3. 흘러가다

Mir laeuft der Schweiss den Ruecken hinunter, so heiss ist es. 땀이 내 등줄기를 타고 내린다. 너무 덥다.

Das Regenwasser laeuft aus der Rinne. 빗물이 물받이 통을 흘러내린다. —독일에서는 물 값이 무척 비싸서 많은 단독주택Einzelhaus이나 쌍둥이주택Doppelhaus에서는 빗물을 받아 모아 정원이나 꽃나무에 준다.

Der Frau liefen die Traenen ueber das Gesicht. 그 여자는 엉엉 울었다. 눈물이 얼굴을 타고 흘러내렸다.

4. 뻗치다 연장시키다

Dieser Weg laeuft durchs Moor. 그 길은 습지를 지나서 나 있다. —독일의 동부와

북부에는 습지Moor가 많았었다.

(Er durchquert es.)

Das Gebirge laeuft nach Norden. 그 산은 북쪽으로 뻗어있다.

(Es erstreckt sich nach Norden.)

Dein Prozess laeuft noch. 너의 재판이 아직 진행 중이다. 판결이 안 났다.

(Er ist noch nicht entschieden.)

leiden, litt, gelitten(견디다 참다 입다 허용하다 용납하다 고생하다 고통스럽다 괴로워하다 해를 입다)

Er leidet haeufig an Zahnschmerzen. 그는 종종 치통을 앓는다.

(Er hat sie oft.)

Er leidet grossen Durst. 그는 심한 갈증을 참는다.

(Er muss ihn ertragen.)

Viele Menschen leiden unter der Hitze. 많은 사람들이 더위로 고생한다.

(Sie ertragen sie schwer.)

Ich kann ihn nicht leiden. 나는 그를 좋아할 수 없다. 그를 참을 수 없다.

(Ich mag ihn gar nicht.)

leihen, lieh, geliehen(빌려주다 주다 허락하다)

Der Nachbar lieh uns seine Hilfe. 이웃이 우리를 도왔다.

(Er half uns.)

Ich leihe ihm mein Fahrrad. 나는 그에게 자전거를 빌려준다.

(Ich gebe es ihm fuer eine Zeit.)

lesen, las, gelesen(읽다 주워 모으다 가려내다 수확하다 낭독하다)

Die Kinder lesen Ahren. 아이들이 이삭을 줍는다.

(Sie sammeln sie.)

Der Professor liest nur Mittwoch und Freitag. 그 교수는 단지 수요일과 금요일에만 강의한다.

(Er haelt seine Vorlesung.)

Die Astrologen wollen das Schicksal des Menschen aus den Sternen lesen. 점성술사들은 인간의 운명을 별을 보고 밝히려한다.

(Sie wollen es dort erkennen.)

liegen, lag, gelegen(놓여있다 누워있다 있다 존재하다)

Hamburg liegt an der Elbe. 함부르크는 엘베강변에 있다.

Dresden liegt auch an der Elbe. 드레스덴도 엘베강변에 있다. −같은 엘베강에 위

치한 함부르크와 드레스덴은 자매도시이다.

Frankfurt liegt am Rhein. 프랑크푸르트는 라인 강변에 있다.

Der Rotwein liegt im Keller. 적포도주는 지하포도주저장소에 있다. -포도주는 보관하는 온도가 포도주의 품질에 절대적이다. 보관도 눕혀서 하여야 코르크가 망가지지 않는다. 지하가 상온보다도 온도의 변화가 적으므로 포도주저장소는 지하에 있다.

(Er ist dort.)

Es liegt Ruhe ueber dem Wald. 숲은 쥐죽은 듯하다. 고요하다.

(Es ist dort ruhig.)

Dieser Mann liegt mir nicht. 이 남자 난 밥맛없어. 난 싫어해.

(Er ist mir unsympathisch.)

Das lag nicht in meiner Absicht. 내가 의도적은 아니었어.

(Das wollte ich nicht.)

Die Entscheidung liegt in der Luft. 아직 결정 나지 않았어.

(Sie wird kommen. Man ahnt sie voraus.)

Ich liess meinen schoenen Schirm im Restaurant liegen. 난 식당에 내 예쁜 우산을 잊어버리고 왔어.

(Ich vergass ihn dort.)

Er liess mich links liegen. 그는 날 개 취급했어. 무시했어.

(Er behandelte mich schlecht.)

Es liegt nicht an mir. 그건 내 능력 밖이야. 나로선 어쩔 수 없는 일이야.

(Ich habe keinen Einfluss auf die Sache.)

Die Schuld liegt bei ihm. 그가 잘못이야. 잘못은 그에게 있어.

(Er ist schuldig.)

luegen, log, gelogen(거짓말하다 가장하다 체하다)

Der Junge hat gelogen. 그 젊은이 거짓말 했어. 사기쳤어.

(Er hat nicht die Wahrheit gesagt.)

Wer luegt, der stiehlt. (격언) 거짓말은 도둑질이야.

Er luegt das Blaue vom Himmel herunter. 그는 입만 열면 거짓말이야.

(Er luegt sehr.)

Der Schueler hat den Lehrer angelogen. 학생이 교사를 속였어.

(Er sagte ihm eine Luege.)

Der Lehrer wurde von dem Schueler belogen. 교사가 학생에게 속았어.

mahlen, mahlte, gemahlen(갈다 빻다 바수다 가루로만들다)

Das Korn wird in der Muehle gemahlen. 낟곡이 가루로 갈아진다. 곡식이 가루로 갈아진다.

(Die Koerner werden zerkleinert. 혹은 Aus dem Korn wird Mehl.)

meiden, mied, gemieden(피하다 멀리하다 삼가다)

Wir meiden uns. 우린 길에서 점점 멀어진다.

(Wir gehen uns aus dem Weg.)

Meide schlechte Gesellschaft! 나쁜 사람들은 피하라!

(Halte dich fern!)

Der Redner vermeidet das peinliche Thema. 연사는 어려운 주제를 휘돌아간다. 용케도 빠져나간다.

(Er umgeht es.)

Er vermied es, den Fehler zu wiederholen. 그는 실수를 반복하지 않았다. 두 번 다시 실수하지 않았다.

(Er wiederholte ihn nicht.)

melken, molk(혹은 melkte)**, gemolken**(젖을 짜다 우려내다)

Morgens und abends werden die Kuehe gemolken. 젖소는 아침저녁으로 젖을 짠다.

(Man nimmt ihnen die Milch.)

Den Mann hat man gruendlich gemolken. 사람들이 그를 탈탈 털었다. 그를 사람들이 이용했다.

(Man nuetzte ihn aus. 혹은 Man hat ihm das Geld aus der Tasche gezogen.)

messen, mass, gemessen(재다 달다 측량하다 빤히 쳐다보다)

Die Maenner messen ihre Kraefte. 남자들이 힘자랑을 한다.

(Sie vergleichen sie im Kampf.)

Vor dem Fotografieren mass er immer die Entfernung. 사진 찍기 전에 그는 언제나 거리를 쟀다.

(Er sah, wie gross sie war.)

Messen Sie das Stueck Stoff! 그 원단 조각을 재어보세요!

(Stellen Sie fest, wie lang es ist.)

moegen , mochte, gemocht(해도 좋다 하고 싶다 좋아하다 일지도모른다)

Mein Vater hat Anna nicht gemocht. 내 아빠는 안나를 좋아하지 않았다.

(Er war ihr unsympathisch.)

Das Maedchen mag keine Suppe. 그 소녀는 수프를 좋아하지 않는다. ―독일에서

점심과 저녁에는 음식이 큰 쟁반에 담겨 나온다. 주로 감자종류 그리고 국수와 밥 종류 드물게는 빵 종류에 육류(특히 돼지고기) 가금류 생선 그리고 삶은 채소 등이 나오며, 흔히 수프를 곁들여서 먹는다. 그러나 저녁을 빵으로 때우는 사람도 많다. 즉 점심식사 한 끼가 더운 식사이다.

(Es isst Suppe nicht gern.)

Anna hat nicht kommen moegen. 안나는 오기 싫은 모양이었다.

(Sie hatte keine Lust zu kommen.)

Wer mag das sein? 그게 누구일까? 누구일 수 있을까?

(Wer kann das sein?)

Er mag tun, was er will. 그가 뭘 하든 난 상관없어. 무엇이든지 간에 그가 하고 싶은 것 하라고 해.

(Mich interessiert nicht, was er tut.)

Moechten Sie Bier? 맥주 드실래요?

(Wollen Sie Bier trinken?)

nehmen, nahm, genommen(잡다 쥐다 받다 얻다 취하다 가지다 먹다 마시다 채용하다 쓰다 이용하다 고르다 택하다 빼앗다 탈취하다 정복하다 나포하다 이해하다 생각하다 여기다 간주하다)

Er nimmt die Ware. 그는 상품을 고른다. 잡는다.

Ich nehme das Buch vom Tisch. 나는 책상위의 책을 쥔다. 잡는다.

Nehmen Sie Kaffe oder Tee? 커피와 차 중에 뭘 드실래요?

(Was moechten Sie trinken?)

Was nehmen Sie fuer das Kleider? 이 여성정장이 얼마예요?

(Wieviel verlangen Sie?)

Der Kranke nimmt die Medizin. 환자가 약을 삼킨다. 복용한다.

(Er schluckt sie.)

Der Sohn nimmt Abschied. 아들이 헤어지면서 인사한다. 작별인사를 한다.

(Er verabschiedet sich.)

nennen, nannte, genannt(이름짓다 칭하다 명명하다 이름을 말하다 ~라고 부르다 말하다)

Nennen Sie bitte die hoechsten Berge in Deutschland! 독일에서 가장 높은 산 이름을 말해보세요!

(Zaehlen Sie sie auf!)

Nennen Sie Ihren Namen! 당신 성함이 어떻게 되지요!

(Sagen Sie Ihren Namen!)

Er nannte sie einen Dummkopf. 그는 그녀를 바보라고 말했다.

(Er sagte, sie sei ein Dummkopf.)

pfeifen, pfiff, gepfiffen(휘파람불다 피리불다 무관심한 척하다 지저귀다 딴청부리다 실토하다 누설하다)

Sie pfiff eine lustige Melodie. 그녀는 흥겨운 멜로디로 흥얼거렸다.

Der Wind pfeift um die Ecke. 바람이 구석에서 윙윙거린다. 코너를 때린다.

(Er heult.)

Der Hirte pfeift nach seinem Hund. 목자가 양떼 지키는 개에게 휘파람을 분다. 휘파람으로 지시한다.

(Er ruft ihn durch Pfiff.)

Ich pfeife auf deine Freundschaft. 나는 너의 우정에 관심 없다. 우리의 우정은 끝이야. 우리 우정은 헛되었어.

(Ich verzichte darauf.)

preisen, pries, gepriesen(찬양하다 찬미하다 칭찬하다)

Das Lied pries die Groesse Gottes. 이 찬송은 신의 위대함을 찬미했다.

(Es besang sie.)

Die Lehrerin preist den Dichter. 그 여교사는 그 시인을 숭상했다. 찬양했다.

(Sie lobt ihn sehr.)

quellen, quoll, gequollen(솟아나오다 샘솟다 흘러나오다 흐르다 생기다 유래하다 부풀다 솟아오르다 팽창하다 부풀다 붓다)

Das Wetter quillt aus der Erde. 날씨가 저절로 좋아진다.

(Es kommt von selbst heraus.)

Der Reis ist in dem Topf gequollen. 쌀이 냄비에서 부풀었다.

(Die Koerner sind dicker geworden.)

raten, riet, geraten(추측하다 짐작하다 알아맞히다 충고하다 조언하다 권하다 상담하다 협의하다)

Kinder raten gerne Raetsel. 아이들은 수수께끼 풀기를 좋아한다. 기꺼이 한다.

(Sie loesen gerne Raetsel.)

Rate einmal, was die Armbanduhr gekostet hat! 맞혀봐, 이 손목시계 얼마였겠어! 값이 얼마였겠어?

(Schaetze den Preis!)

Meine Frau ratet mir, zum Arzt zu gehen. 아내가 나보고 의사한테 가래. 의사한

테 가보라고 충고해.

(Sie sagt, ich solle das tun.)

Wem nicht zu raten ist, dem ist auch nicht zu helfen. (격언) 충고를 줄 수 없는 사람은 도와줄 수도 없다.

reiben, rieb, gerieben(문지르다 마찰하다 마찰시키다 부수다 으깨다 짓이기다 쓸리다 다듬다 매끄럽게하다)

Der Vater reibt trockene Semmeln. 아빠가 마른 젬멜빵을 으깬다. —젬멜빵은 아침빵Broetchen처럼 작으면서 껍질이 단단한 빵이다.

(Er zerkleinert sie.)

Das Kind reibt sich die Augen. 아이가 눈을 비빈다.

Das werde ich ihm unter die Nase reiben. 내가 그에게 똑똑히 말 할 거야.

(Das werde ich ihm aber genau sagen.)

reissen, riss, gerissen(찢다 잡아찢다 뜯다 째다 할퀴다 잡아당기다 잡아채다)

Der Loewe hat die Gazelle gerissen. 사자가 가젤을 물어뜯었다. —가젤은 영양의 일종으로 주로 아프리카에 서식하는데, 독일 동화 등에 흔히 오르는 낱말이다.

(Er hat sie getoetet.)

Die Halskette ist gerissen. 목걸이가 끊어졌다. 부셔졌다.

(Sie hat nicht gehalten. 혹은 Sie ist zerbrochen.)

Das Maedchen reisst ein Loch in ihre Hose. 소녀가 그녀의 바지에 구멍을 낸다.

(Sie beschaeftigt sie.)

Der Diktator riss alle Macht an sich. 독재자가 모든 권력을 갈취했다.

(Er nahm sich mit Gewalt alle Macht.)

reiten, ritt, geritten(타고가다 말을타다 출발하다 파도에 흔들리다)

Er reitet gern. 그는 승마를 좋아한다.

(Er sitzt gern zu Pferd.)

Er reitet Schritt. 그는 천천히 걷는다.

(Er reitet langsam.)

rennen, rannte, gerannt(달리다 뛰다 질주하다)

Das Maedchen rannt gegen die Mauer. 소녀가 달리다가 벽에 부딪쳤다.

(Sie stiess im Lauf gegen die Mauer.)

Rennen Sie nicht so! 그렇게 빨리 달리지 마세요! 급하게 서두르지 마세요!

(Laufen Sie nicht so schnell!)

riechen, roch, gerochen(냄새풍기다 냄새나다 낌새가보이다 냄새 맡다 낌새채다)

Die Sache riecht faul. 이것은 썩었어. 정상이 아니야.

(Ich glaube, sie ist nicht in Ordnung.)

Die Blume riecht gut. 꽃이 향기가 좋아.

(Sie duftet.)

Die Wurst riecht nach Knoblauch. 소시지에서 마늘 냄새가 난다. 마늘 양념을 했다.

(Sie ist damit gewuerzt.)

Diesen Menschen kann ich nicht riechen. 이 인간 나는 안 좋아 해. 내가 상종하기 싫어하는 사람이야.

(Ich mag ihn gar nicht.)

ringen, rang, gerungen(격투하다 싸우다 다투다 고심하다 전력을 다하다 노력하다 비비다 꼬다 비틀다)

Es war ein harter Kampf; sie rangen auf Leben und Tod. 그건 심한 격투였어; 그들은 죽기 아니면 살기로 싸웠어.

(Sie kaempften verbissen.)

Ich ringe noch mit mir; soll ich den Wagen kaufen oder nicht? 차를 사야 할지 말아야 할지; 영 결정이 나질 않네? 자신과의 싸움이네?

(Ich kann mich nicht entschieden.)

Der Polizist rang mit dem Verbrecher, um ihm die Waffe zu entreissen. 경찰관은 총을 빼앗기 위해 범인과 전력을 다했다. 전력을 다해 싸웠다.

(Er kaempfte mit ihm.)

Der neue Chef ringt um die Anerkennung bei den Angestellten. 새로 온 사장은 직원들로부터 인정을 받기 위해 전력을 다한다.

(Er kaempft darum.)

rinnen, rann, geronnen(흐르다 흘러내리다 새다)

Der Regen rann in den Rinnstein. 비가 하수구로 흘러내렸다.

(Er floss in den Rinnstein.)

Die Stunde rinnt. 혹은 Die Zeit verrinnt. 시간이 유수같이 지나간다.

(Die Zeit vergeht.)

Der Schweiss rinnt ihr von der Stirn. 땀이 그녀의 이마를 흘러내린다.

(Er tropft ihr von der Stirn.)

Das Geld ist ihr durch die Finger geronnen. 그녀는 돈을 물 쓰듯 했다.

(Sie konnte es nicht halten. 혹은 Sie war nicht sparsam.)

rufen, rief, gerufen(부르다 외치다 소리치다 울다 울리다 전화하다)

Er ruft die Dame. 그는 그 숙녀를 부른다.

(Sie soll kommen.)

Der Kuckuck ruft! 뻐꾸기가 노래한다. 소리친다.

(Er schreit.)

Die Pflicht ruft. 난 일 해야 해.

(Ich muss arbeiten.)

Der Ertrinkende ruft um Hilfe. 익사자가 도움을 청한다.

Der Gast ruft nach dem Kellner. 손님이 종업원을 부른다.

(Er ruft ihn.)

Der Kaufmann hat die gekaufte Ware abgerufen. 소매상인이 도매에서 구매한 물품의 배달을 요구했다.

(Er verlangte Lieferung.)

Ich habe das Krankenhaus angerufen. 내가 병원에 전화했다.

(Ich telefonierte mit dem Krankenhaus.)

Die Regierung ruft zur Sparsamkeit auf. 정부는 절약을 요구했다. 강조했다.

(Sie forderte sie.)

Der Minister wurde in den Bundesrat berufen. 장관은 연방 상원에서 임명된다.

(Er wurde dafuer bestimmt.)

Die Krankheit wurde durch falsche Ernaehrung hervorgerufen. 그 병은 잘못된 영양공급에서 야기되었다.

(Falsche Ernaehrung war die Ursache der Krankheit.)

Der Gemeindevorstand widerrief die Anordnung. 시의회가 규정을 폐지했다.

(Er nahm sie zurueck.)

salzen, salzte, gesalzen(소금을 치다 소금에 절이다 더 재미나게 말하다)

Die Frau salzt die Fische. 그녀가 생선을 간한다. 절인다.

(Sie gibt Salz darauf.)

Die Suppe ist zu stark gesalzen. 수프가 너무 짜다. 간이 너무 되었다.

(Sie hat zu viel Salz.)

Die Preise sind gesalzen. 가격들이 너무 비싸다. 물가가 너무 오른다.

(Sie sind hoch.)

saufen, soff, gesoffen(마시다 폭음하다)

Die Frau saeuft oft. (구어체 표현) 그녀는 종종 술을 코가 삐뚤어지게 마신다. 술을 퍼 마신다.

(Sie trinkt viel zu viel Alkohol.)

Das Pferd saeuft Wasser. 말이 물을 먹는다. 마신다.

(Es trinkt.)

saugen, sog, gesogen (혹은 동일한 의미로 saugen, saugte, gesaugt)(빨아먹다 흡수하다 획득하다)

Der Staubsauger hat den Schmutz aus dem Teppich gesaugt. 전동청소기가 양탄자의 먼지들을 빨아들였다. —오래된 주택 아파트는 창가에 스팀이 있어서 방바닥에 양탄자를 깔았으나, 요즘은 스팀이 바닥에 깔리고 방바닥이 나무나 타일이기 때문에 양탄자가 없다. 그리고 독일의 주택이나 아파트에는 거의가 지하실과 주차장이 있으며 대개 30단위 이상의 지역적인 건축규정은 층수를 막론하고 승강기 설치가 의무이며 임대아파트 저소득계층후생임대아파트 소유자아파트가 각각 1/3씩이다.

(Er hat ihn herausgezogen.)

Die Biene saugt den Honig aus den Blumen. 벌이 꽃에서 꿀을 빨아먹는다.

(Sie holt ihn heraus.)

schaffen, schuf, geschaffen/schaffen, schaffte, geschafft(창작하다 창조하다 창출하다 설립하다 창설하다)

1. schaffen, schuf, geschaffen의 강변화동사로는 새로운 것을 만들다 형성하다

Am Anfang schuf Gott Himmel und Erde. 태초에 하나님이 천지를 창조했다.

(Er machte sie aus dem Nichts.)

Beethoven schuf neun Symphonien. 베토벤은 아홉 개의 교향곡들을 작곡했다.

(Er komponierte sie.)

Die Stadt hat viele Kinderspielplaetze geschaffen. 그 도시는 많은 어린이놀이터를 만들었다.

(Sie hat sie angelegt.)

2. schaffen, schaffte, geschafft의 약변화동사로는 일하다 도달하다

Bis morgen schaffe ich die Arbeit nicht. 난 내일까지 그 일을 못 끝낸다.

(Ich bringe sie nicht fertig.)

Hast du den Zug noch geschafft? 그 기차 탔어? 기차 잡았었어?

(Hast du ihn erreicht?)

Der Vater schafft fleissig im Garten. 아빠가 정원에서 열심히 일한다.

(Er arbeitet viel dort.)

scheiden, schied, geschieden(갈라놓다 구분하다 구별하다 이혼하다 이혼시키다

헤어지다 물러나다)

Ich scheide aus dem Amt. 난 관청을 떠난다. 공무원직을 그만 둔다.

(Ich verlasse es.)

Das Gericht hat die Ehe geschieden. 재판소가 이혼결정을 내렸다.

(Es trennte sie.)

scheinen, schien, geschienen(빛나다 반짝이다 비치다 처럼보이다 여겨지다 인듯하다 눈에 띄다)

Er scheint glücklich zu sein. 그는 행복한 것처럼 보인다. 행복해 보인다.

(Er macht einen glücklichen Eindruck. 혹은 Er sieht glücklich aus.)

Die Sonne hat am Sonntag geschien. 일요일엔 햇볕이 났다.

(Sie leuchtete vom Himmel.)

schelten, schalt, gescholten(꾸짖다 야단치다 책망하다 배척하다 재명하다)

Der Lehrer schalt dem kleinen Jungen einen Dummkopf. 교사가 어린 남학생을 바보라고 했다. 꾸짖었다.

(Er sagte, der Junge sei ein Dummkopf.)

Der Meister hat auf seinen Lehrling gescholten. 장인/마이스터가 도제/실습생을 책망했다. 나무랐다.

(Er hat auf ihn geschimpft.)

scheren, schor, geschoren/scheren, scherte, geschert(털을 깎다 머리를 깎다 짧게 자르다 관심을 갖다 신경 쓰다)

1. scheren, schor, geschoren의 강변화동사로는 잘라내다

Der Schäfer schor die Schafe. 양치기가 양털을 깎았다.

(Er schnitt ihnen die Wolle.)

Der Gärtner hat den Rasen geschoren. 정원사가 잔디를 깎았다.

(Er schnitt ihn ganz kurz.)

2. scheren, scherte, geschert의 약변화동사로는 걱정하다

Scheren Sie sich nicht darum. 그것에 대해 걱정하지 마세요.

(Kümmern Sie sich nicht darum.)

schieben, schob, geschoben(밀다 밀치다 떠밀다 보내다 쫓아내다 미루다 전가하다 연기하다 하다 행하다 떠밀리다 밀쳐지다)

Der Mann schob den Handwagen. 그 남자가 손수레를 밀었다. —손수레 외에 유모차Kinderwagen 카트Einkaufswagen 다리 불편한 노인이 밀고가는 Gehwagen 등이 있다.

(Er bewegte ihn nach vorn.)

Man schiebt den Betrueger ueber die Grenze ab. 사기꾼을 국경 밖으로 내몰았다. 몰아냈다.

(Er wird ausgewiesen.)

Wir mussten den Wagen anschieben. 우리는 이 차를 밀어야 했었다. 그렇게 해서 시동이 걸리게.

(Wir mussten ihn durch Schieben in Gang bringen, weil der Motor nicht ansprang.)

Lina hat ihre Reise aufgeschoben. 린아는 그녀의 여행을 연기했다.

(Sie wird spaeter fahren.)

Die Sache laesst sich nicht aufschieben. 이는 나중에 할 일이 아니다.

(Man kann sie nicht spaeter erledigen.)

Wir schieben eine Pause ein. 우리는 계획에도 없는 휴식을 하고 있다. 휴식을 끼워 넣었다.

(Wir machen eine Pause, die nicht geplant war.)

Man unterschiebt mir, dass ich das Geruecht verbreitet habe. 내가 그 소문을 퍼뜨린 것처럼 잘 못 알려져 있다.

(Ich soll es getan haben, aber ich war es nicht.)

Der Waggon wurde auf anderes Gleis verschoben. 그 화물차량은 다른 홈으로 옮겨졌다.

(Man stellte ihn auf ein anderes Gleis.)

Lisa verschob ihren Urlaub. 리자는 그녀의 휴가를 연기했다. −일반적인 독일노동자의 연가는 대략 30노동일이다. 즉 6주이며 동료들 사이의 휴가의 중복을 피하기 위하여 일반적으로 매년 초에 직장에서 신청한다.

(Sie nahm ihn spaeter.)

Der grosse Bruder hat die kleine Schwester vorgeschoben. 오빠가 여동생을 앞세웠다. 오빠는 여동생 뒤로 빠졌다.

(Er liess sie fuer sich sprechen. 혹은 Er versteckte sich hinter ihr.)

schiessen, schoss, geschossen(쏘다 사격하다 발포하다 던지다 공을 차다 뱉다 사진을 찍다 폭파하다)

Er kann gut schiessen. 그는 명중시킨다. 목표물을 맞힌다. 사격을 잘 할 수 있다.

(Er trifft das Ziel.)

Er ist im letzten Jahr in die Hoehe geschossen. 그는 지난해에 무척 자랐다.

(Er ist sehr gewachsen.)

Der Reh wurde nur angeschossen. 노루는 총알이 스치기만 했다. 죽지는 않았다.

(Es wurde verletzt, aber nicht getoetet.)

Der Unglueckliche hat sich erschossen. 그 불행한 사람은 자살했다.

(Er nahm sich das Leben.)

Schiess los! 말해 봐! 뱉어 봐! - Schiess los는 교양 있는 회화는 아니며 다소 친근한 사이의 대화이다. 일반적으로는 Sag mal.(말해 봐.)

(Beginne zu erzaehlen!) (구어체 표현)

schlafen, schlief, geschlafen(잠자다 쉬고 있다 영면하다 숙박하다 마비되다 절이다 산만하다)

Der Kaufmann hat geschlafen. 그 상인은 실기했다. 기회를 놓쳤다.

(Er hat nicht aufgepasst.)

Schlaf gut! 잘 자! (Hast du gut geschlafen? 잘 잤어?)

(Habe eine gute Nacht!)

Sonntags kann die ganze Familie in aller Ruhe ausschlafen. 일요일엔 전 가족이 완전 조용히 푹 잘 수 있다.

(Sie kann so lange schlafen, wie sie will.)

Ein gesundes Kind schlaeft nachts durch. 건강한 아이는 밤에 한숨에/단숨에 잔다. 깨지 않고 잔다. 쭉 잔다.

(Es wacht nachts nicht auf.)

Schlaf nicht ein! 잠들면 안돼! 뭘 꾸물거려!

(Bleibe wach! 혹은 Sei nicht so langsam!)

Ueberschlafe die Sache! 조용히 생각해 봐! 시간을 줄게!

(Ueberlege sie dir in Ruhe! 혹은 Ich gebe dir Bedenkzeit.)

Sie ist verschlafen. 그녀는 관심이 없다.

(Sie zeigt kein Interesse.)

schlagen, schlug, geschlagen(치다 두들기다 때리다 패다 차다 덮치다 이기다 무찌르다 야기하다)

1. 격한 움직임

Er schlug endlich mit dem Hammer den Nagel in die Wand. 그는 마침내 망치로 벽에 못을 쳤다.

(Er machte ihn fest.)

Das Kind schlaegt nach dem Hund. 아이가 개를 때린다.

2. 리듬 있는 움직임

Der Koch schlaegt Schlagsahne. 요리사가 생크림을 만든다. −생크림은 수동이든 전동이든 세게 쳐서 만든다.

(Er macht Schlagsahne.)

Die Wellen schlagen an das Ufer. 파도가 방파제를 친다. 부딪친다.

(Sie brechen sich an der Brandung.)

Bei jeder Pruefung schlaegt mein Herz schneller. 나는 시험 때만 되면 심장이 두근거린다. 심장이 더 빨리 뛴다.

(Ich bin aufgeregt.)

3. 음/소리를 내다

Der Mann schlug die Trommel. 그 남자가 북을 쳤다.

(Er trommelte.)

Sein letztes Stuendlein hat ahnungslos geschlagen. 그는 예고 없이 마지막 여생을 고별했다. 그는 죽었다.

(Er muss sterben.)

4. 다른 의미들

Man schlaegt eine Bruecke ueber den Rhein. 라인강 위로 다리가 놓여진다. 걸쳐진다.

(Man baut eine Bruecke.)

Lina hat mich beim Tennis geschlagen. 린아가 테니스에서 나를 이겼다.

(Sie besiegte mich.)

schleichen, schlich, geschlichen(기다 조심조심 걷다 천천히 걷다 살금살금 가다)

Der Dieb schleicht in das Haus. 도둑이 집안으로 살금살금 들어온다. 잠입한다.

(Er kommt leise und heimlich herein.)

Die Zeit ist geschlichen. 시간이 유유히 흐른다. 시간이 지나간다.

(Sie ist sehr langsam vergangen.)

schleifen, schliff, geschliffen/schleifen, schleifte, geschleift(질질 끌다 잡아 끌고 가다 질질 끌리다 갈다 연마하다 광택을 내다 엄하게 가르치다 혹독하게 훈련하다 미끄러지다 활주하다)

1. schleifen, schliff, geschliffen의 강변화동사로는 무엇을 예리하게 하다

Er schliff sein Messer. 그는 그의 칼을 간다. 칼을 갈아 날카롭게 만든다.

(Er schaerft es.)

Das Glas wird vom Handwerker geschliffen. 유리잔이 수공업자에 의해서 문양

이 새겨진다. 각인된다.

(Er schleift Muster an das Glas.)

2. schleifen, schleifte, geschleift의 약변화동사로는 무엇을 바닥위에서 당기다

Man hat den Dieb zur Polizei geschleift. 사람들이 도둑을 경찰에 끌고 갔다.

(Man brachte ihn mit Gewalt dorthin.)

Der Knecht schleift die schweren Saecke in die Scheune. 일꾼이 무거운 자루를 헛간으로 끌고 간다.

(Er zieht sie ueber den Boden.)

schliessen, schloss, geschlossen(잠그다 닫다 덮다 봉하다 폐쇄하다 끝내다 마치다 종결하다 완료하다 맺다 체결하다 추론하다 성립시키다)

Schliesse die Tuer! 문 닫아!

(Mache die Tuer zu!)

Die Blumen schliessen sich abends. 꽃은 밤엔 시든다.

(Sie gehen zu.)

Er schloss seine Rede. 그는 말을 끝냈다.

(Er beendete sie.)

Meine Tante hat mich in ihr Herz geschlossen. 내 고모/이모/숙모는 나를 품고 산다. 나를 귀하게 여긴다. 나를 사랑한다.

(Sie liebt mich.)

Schliessen Sie den Koffer auf! 가방을 열어보세요! −Koffer는 여행용 큰 가방이고 휴대용 가방은 Handgepaeck이다.

(Oeffnen Sie den Koffer −mit einem Schluessel− !)

Ich schliesse keinen aus. 예외가 없이 공개적이야. 개방적이야. 모두 다.

(Ich meine alle. 혹은 Ich mache keine Ausnahme.)

Ich schliesse dich in mein Gebet ein. 내가 네 기도도/기도까지 했어.

(Ich bete fuer dich.)

Verschliesse den Koffer! 가방을 잠가.

(Schliesse ihn mit einem Schluessel zu!)

Er hat sich den Bitten des Kindes verschlossen. 그는 아이의 간청에도 묵묵부답이었다. 귀를 닫았다.

(Er reagierte nicht darauf.)

schlingen, schlang, geschlungen(휘감다 얽어매다 꿈틀거리다 기다 짜다 뜨다)

Schlinge nicht so! 미친 듯이 먹지 마! 마구(허겁지겁) 먹지 마!

(Iss nicht so gierig.)

Der Matrose schlingt einen Knoten. 선원이 밧줄을 맨다. 휘감아 맨다.

(Er macht einen Knoten.)

Das weinende Kind hat die Arme um die Mutter geschlungen. 우는 아이가 엄마를 팔로 껴안았다.

(Es umarmt sie.)

Der wilde Wein schlingt sich um den Baum. 야생 포도나무가 나무를 휘감으면서 자란다. 휘감는다.

(Er waechst am Baum hoch.)

schmeissen, schmiss, geschmissen(내던지다 집어던지다 쾅닫다 팽개치다)

Das Maedchen schmiss sanft den Stein ins Wasser. 소녀가 부드럽게 물 위로 스치듯 돌을 던졌다.

(Sie warf ihn.)

schmelzen, schmolz, geschmolzen(녹다 용해하다 누그러지다 풀리다 사라지다)

Der Metallarbeiter hat im Hochofen das Erz geschmolzen. 금속노동자가 용광로에서 광석을 녹였다.

(Er hat es fluessig gemacht.)

Der Schnee schmilzt. 눈이 녹는다.

(Er wird durch Waerme zu Wasser.)

schneiden, schnitt, geschnitten(자르다 베다 썰다 끊다 잘라내다 베어내다 교차하다 편집하다 절개하다 끼어들다 파고들다 깎아치다 에다)

Die Friseurin hat mein Haar geschnitten. 여자 이발사가 내 머리를 깎았다.

(Sie hat es gekuerzt.)

Die Schere schneidet gut. 이 가위가 잘 든다.

(Sie ist scharf.)

Schneide das Brot. 빵 썰어!

(Mache Scheiben daraus.)

Der Film wird geschnitten. 필름이 편집된다.

(Die schlechten Stellen werden herausgenommen.)

Seine Not schneidet mir ins Herz. 그의 궁핍에 내 가슴이 아프다.

(Es tut mir weh, dass er in Not ist.)

Ich habe mich geschnitten. 나는 손을 다쳤다.

(Ich habe mich mit dem Messer verletzt.)

Die Wege schneiden sich. 길들이 교차한다.

(Die Wege kreuzen sich.)

Er schneidet sich ins eigene Fleisch. 그는 자기 살을 깎아먹는다. 무척 어려움에 처해 있다.

(Er schadet sich selber.)

schreiben, schrieb, geschrieben(쓰다 적다 집필하다 저술하다)

Der Dichter schrieb einen Roman. 저술가가 소설을 썼다.

(Er verfasste ihn.)

Die Lehrerin schreibt gut. 그 여교사는 글씨체가 예쁘다. 잘 쓴다.

(Sie hat eine gute Handschrift. 혹은 Ihr Stil ist gut.)

Die Schuelerin schreibt die neuen Woerter in ihr Heft. 여학생이 노트에 새 단어들을 쓴다. 필기한다. 적는다.

(Sie traegt sie ein.)

Ich schreibe meinem Freund einen Brief. 나는 친구에게 편지를 쓴다.

Die Zeitungen haben viel ueber den Besuch des Staatsmannes geschrieben. 신문들이 국빈의 방문에 대하여 많이 보도했다.

(Sie berichteten darueber.)

Der alte Mann schrieb von seiner schoenen Reise. 그 늙은 남자는 그의 추억의 여행에 대해 썼다.

(Er berichtete darueber.)

schreien, schrie, geschrien(소리치다 외치다 비명지르다 절규하다)

Das Kind schreit. 애가 고함친다.

(Es ruft sehr laut.)

Das Maedchen schrie wie am Spiess. 소녀가 비명을 질렀다. 죽는 소리를 냈다. 불구덩이에 던져진 것처럼 소리쳤다.

(Es bruellte.)

Diese Ungerechtigkeit schreit zum Himmel. 불의에 격분한다.

(Sie ist empoerend.)

Die Tat schreit nach Rache. 그 행동이 복수를 자초한다.

(Sie verlangt Rache.)

Der Garten schreit nach Wasser. 정원이 바삭 마른다. 가물었다.

(Er braucht unbedingt Wasser.)

schreiten, schritt, geschritten(걷다 걸어가다)

Wir schreiten zur Abstimmung. 우린 합의에 이른다.

(Wir beginnen jetzt damit.)

Die Leute sind ueber den Platz geschritten. 사람들이 천천히 자리를 떠났다.

(Sie sind langsam und feierlich gegangen.)

schweigen, schwieg, geschwiegen(침묵하다 그치다 말하지 않다 침묵시키다 잠
잠해지다 입을 다물다)

Ihr Gewissen schweigt. 그녀는 입을 다문다. 양심이 침묵한다.

(Es bleibt stumm.)

Schweig! 조용히! 침묵해!

(Sei still!)

Die Kapelle schweigt jetzt. 지금은 악대/성가대가 쉰다.

(Sie spielt nicht.)

Schweigen ist Gold. Reden ist Silber (격언) 종종 말하지 않는 것이 더 낫다. 침묵
은 금이다.

(Manchmal ist es besser nichts zu sagen.)

schwellen, schwoll, geschwollen/schwellen, schwellte. geschwellt(팽창하
다 부풀다 융기하다 높아지다 붓다 증대하다 부풀게하다 팽창시키다)

1. schwellen, schwoll, geschwollen의 강변화동사으로는 크게 되다

Die Mandeln des Kindes sind geschwollen. 아이의 편도선이 부어올랐다.

(Sie sind gross und entzuendet.)

Meine Fuesse schwollen nach der langen Wanderung. 오랜 산행으로 내 발이
부어올랐다.

(Sie wurde dick.)

2. schwellen, schwellte, geschwellt의 약변화동사으로는 더 크게하다

Begeisterung schwellte meine Brust. 감격으로 내 가슴이 멍했다. 설레었다.

(Meine Brust weitete sich vor Begeiterung.)

schwimmen, schwamm, geschwommen(헤엄치다 수영하다 떠돌다 뜨다 띄우
다 흠뻑 젖다 아련히 보이다 글썽거리다)

Die Frau schwimmt gut. 그녀는 수영을 잘 한다.

Er ist ueber die Elbe geschwommen. 그는 엘베강을 수영해 건넜다.

(Er hat sie durchquert.)

Holz schwimmt auf dem Wasser. 목재가 물위에 뜬다.

(Es ist leichter als Wasser.)

Der Fussboden schwimmt. 바닥이 젖는다. 방바닥에 물이 찼다.

(Er ist sehr nass.)

Das Kind schwamm in Traenen. 아이가 무척 울었다.

(Es weinte sehr.)

Die Frau schwimmt in Geld. 그녀는 무척 부자다. 돈다발에 묻혔다.

(Sie ist sehr reich.)

Es schwimmt mir vor den Augen. 내 눈이 침침하다.

(Ich kann nicht klar sehen.)

schwinden, schwand, geschwunden(줄다 감소하다 쇠퇴하다 수축하다 시들다
오그라들다 사라지다 없어지다 경과하다 바래다)

Ihr Vermoegen schwand mehr und mehr. 그녀의 재산이 점점 더 줄어들었다.

(Es wurde kleiner.)

Die Kraefte der alten Frau schwinden. 노파의 힘이 점점 쇠약해진다.

(Sie nehmen ab. 혹은 Sie wird schwaecher.)

schwingen, schwang, geschwungen(흔들다 흔들어 움직이다 진동하다 흔들리
다 날개를 달다 울려 퍼지다)

Der Matrose hat die Flaggen geschwungen. 선원이 깃발을 흔들었다. 깃발로 신
호를 보냈다.

(Er hat Signal gegeben.)

Das Pendel schwingt hin und her. 시계추가 왔다 갔다 한다.

(Es bewegt sich.)

Der Hausbesitzer hat beim Essen grosse Reden geschwungen. 집주인이 식탁
에서 일장 연설을 했다.

(다소 냉소적으로 Man hat grosse Reden gehalten.)

Der Reiter schwang sich in den Sattel. 승마기사가 말안장에 올라탔다.

(Er bestieg das Pferd.)

schwoeren, schwor, geschworen(맹세하다 서약하다 선서하다)

Ich schwoere bei Gott! 하늘에 맹세한다! 하나님께 맹세한다!

(맹세형식)

Das Maedchen schwoert Rache. 소녀는 복수를 맹세한다.

(Es will sich raechen.)

Der Kranke schwoert auf seine Arzt. 환자는 의사를 맹신한다.

(Er hat zu ihm blindes Vertrauen.)

Ich schwoere auf diesen schoenen Wagen. 나는 이 근사한 자동차의 장점을 확신
한다.

(Ich bin von der Guete dieses Wagens ueberzeugt.)

Das Brautpaar schwor sich ewige Treue. 신랑 신부는 영원한 성실 서약을 했다.

(Sie versprachen einander immer treu zu sein.)

sehen, sah, gesehen(보다 구경하다 목격하다 관찰하다 평가하다 판단하다 파악하
다 인식하다 참다 견디다 좋아하다 힘쓰다 해보다 보이다)

Wann sehen wir uns? 우리 언제 보지? 우리 언제 다시 보지? 언제 만나지?

(Wann treffen wir uns.)

Ich sehe die Berge. 나에게 산들이 보여. 난 산을 보고 있다.

Der Reisende hat aus dem Fenster gesehen. 여행객이 창문을 통해 내다봤다.

Ich freue mich, Sie zu sehen! (인사) 만나서 반갑습니다. 뵙게 되어 반갑습니다.

Man konnte die Hand nicht vor Augen sehen. 무척 어두웠다. 한치 앞도 안 보였
다.

(Es war ganz dunkel.)

Sie sieht alles doppelt. 그녀의 눈이 가물거린다. 그녀는 너무 긴장한다. 그녀는 취
했다. 술 취했다.

(Ihre Augen sind ueberanstrengt. 혹은 Sie ist betrunken.)

Ich will ihn nicht mehr sehen. 나 이제 그 사람 안 볼 거야. 더 이상 안 만날래.

(Ich bin fertig mit ihm. 혹은 Ich will nichts von ihm wissen.)

Ich werde mal sehen. 내가 고려해 볼께.

(Ich will es mir ueberlegen.)

Man kann keinem Menschen ins Herz sehen. 아무도 믿을 수 없다. 믿을 수 있는
사람은 아무도 없다.

(Man kann nie wissen, was er wirklich denkt.)

Diese Studentin muss man auf die Finger sehen. 이 여학생 잘 봐야 돼. 잘 관찰
해야 해.

(Man muss sie gut beobachten.)

senden, sandte, gesandt/senden, sendete, gesendet(보내다 파견하다 부치
다 발송하다 방송하다 방영하다 발신하다 송신하다)

  1. senden, sandte, gesandt의 강변화동사로서는 보내다

Er hat das Paket mit der Post gesandt. 그는 소포를 우편으로 부쳤다.

  2. senden, sendete, gesendet의 약변화동사로서는 방영하다

Der Rundfunk hat gestern Abend ein Musikkonzert gesendet. 방송국이 어제 저녁에 음악콘서트를 방송했다.

singen, sang, gesungen(노래하다 읊다 찬미하다 시작하다)

Die Frau singt ein Volkslied. 그녀는 민요를 부른다.

Die Geige sang. 그 바이올린이 잘 울렸다. 소리가 좋았다.

(Sie klang wunderbar.)

sinken, sank, gesunken(가라앉다 침몰하다 내려앉다 지다 떨어지다 낮아지다 쇠퇴하다 약해지다)

Der Nebel sinkt. 안개가 내려앉는다. 안개가 점점 걷힌다.

(Er kommt herunter.)

Das Frachtschiff sinkt. 화물선이 침몰한다.

(Es geht unter.)

Die Preise sind gesunken. 물가가 하락했다.

(Die Waren wurden billiger.)

Ihr Einfluss ist gesunken. 그녀의 영향력이 약화됐다.

(Er wurde geringer.)

Mein Mut sank. 내 용기가 줄었다.

(Ich wurde mutlos.)

Er sank in Ohnmacht. 그는 실신했다.

(Er wurde ohnmaechtig.)

sinnen, sann, gesonnen(곰곰이 생각하다 깊이 생각하다 심사숙고하다 명상하다 생각하다 생각해내다 궁리하다)

Er sann auf Rache. 그는 복수를 생각했다.

(Er ueberzeugt, wie er sich raechen koennte.)

Er ist mir freundlich gesonnen. 그는 나에게 호의적이다. 우호적이다.

(Er hat eine gute Meinung von mir.)

Der Verteidiger ist nicht gesonnen nachzugeben. 그 변호인은 물러서지 않는다. 승복하지 않는다.

(Er will nicht nachgeben.)

sitzen, sass, gesessen(앉다 앉아있다 어울리다 맞다)

Die junge Frau hat in der Sonne gesessen. 그녀는 햇볕에 그을렸다.

(Sie sonnte sich.)

Der Vogel sitzt auf dem Ast. 새가 나뭇가지에 앉아있다.

Sitzen Sie bequem! 편하게 앉으세요!

Das Kleid sitzt nicht. 그 옷이 안 맞다. 안 어울린다.

(Es passt nicht.)

spalten, spaltete, gespalten(쪼개다 빠개다 분리하다 분리시키다 분열시키다 변화시키다 핵분열하다)

Der Mann hat das Holz gespalten. 그 남자가 나무를 팼다. 잘게 부쉈다.

(Er zerkleinerte es.)

Die Partei hat sich gespalten. 정당이 양분됐다. 분당하였다.

(Sie trennte sich in zwei Gruppen.)

Wenn man Atom spaltet, werden riesige Energien frei. 원자를 핵분열하면, 거대한 에너지가 나온다.

speien, spie, gespien(식사하다 먹다 들다 공급하다 급식하다)

Der Vulkan speit Feuer. 화산이 불을 뿜는다.

(Feuer kommt aus ihm heraus.)

Der Betrogene spie Gift und Galle. 사기당한 자는 무척 화냈다.

(Er war sehr wuetend.)

spinnen, spann, gesponnen(잣다 생산하다 음모를 꾸미다 헛소리하다 이상한 생각을 하다)

Die Spinne spann ein Netz. 거미가 거미집을 지었다. 거미줄을 쳤다.

(Sie macht es.)

Man spann frueher die Wolle selbst. 옛날에는 털실을 집에서 직접 짰다.

(Man drehte sie zu einem Faden.)

Du spinnst! 멍청한 소리하네! 너 멍청이야! 미쳤어.

(Du redest Umsinn! 혹은 Du bist verrueckt.)

sprechen, sprach, gesprochen(말하다 이야기하다 담화하다)

Diese Auslaenderin spricht fliessend Deutsch. 이 여성 외국인은 독일어를 유창하게 한다.

Du hast ein wahres Wort gesprochen. 너 아주 중요한 말 했어. 분명히 말했어.

(Du hast etwas sehr wichtiges gesagt.)

Du sprichst mir aus dem Herzen. 내가 그 말이야. 이심전심이네.

(Du sagst, was auch ich denke.)

Er sprach ueber seine Plaene. 그는 그의 계획을 말했다.

(Er berichtete darueber.)

Ich spreche zu dir. 너 말이야. 내가 너한테 말하는 거야.

(Ich meine dich.)

Koennen wir unter vier Augen sprechen? 우리 둘이서만 얘기할 수 있어? 나하고 만 얘기할 수 있어?

(Kann ich allein mit dir reden?)

spriessen, spross, gesprossen(싹트다 발아하다 성장하다 발생하다 번성하다)

Nach dem Regen spriessen die Blumen und Pflanzen. 비온 뒤에 꽃과 식물이 잘 자란다. 쑥쑥 자란다.

(Sie wachsen schnell.)

springen, sprang, gesprungen(뛰다 뛰어오르다 도약하다 파열하다 갈라지다 쪼 개지다 풀어지다)

Das Maedchen sprang aus dem Bett. 소녀가 침대에서 뛰어나왔다.

(Sie verliess es schnell.)

Jenaer Glas springt nicht. 예나 유리는 부서지지 않는다. -동부독일 예나 시에서 생산되는 유리는 명품이다. 유리공업은 소비재산업 우주항공산업 군수산업에 속한다.

(Hitze zerstoert es nicht.)

stechen, stach, gestochen(찌르다 쏘다 물다 찔러넣다 치다)

Die Sonne sticht. 태양이 내리쬔다.

(Sie brennt sehr heiss.)

Eine Biene hat mich gestochen. 벌이 쐈다.

(Ihr Stachel sitzt in meiner Hand.)

stehen, stand, gestanden(서다 서있다 값이 나가다 가치가 있다 어울리다 알맞다)

Er musste stehen, weil kein Stuhl frei war. 의자가 없어서 그는 서 있어야 했다.

Die Sterne stehen am Himmel. 하늘에 별들이 떠있다.

(Sie befindet sich dort.)

Steh nicht im Wege. 길에(통로에) 서 있지 마. 좀 비켜. 방해하지 마.

(Geh fort! 혹은 Stoere mich nicht!)

Er steht auf dem Kopf. 그는 물구나무서기 한다.

(Er macht einen Kopfstand.)

Die Uhr steht. 시계가 섰다.

(Sie geht nicht.)

Es stand in der Zeitung. 신문에 나왔었다. 실려 있었다.

(Man konnte es dort lesen.)

Sie hat den Mann vor den Kopf gestossen. 그녀는 남편을 괴롭혔다. 병이 나게 했다.

(Sie hat ihn gekraenkt.)

Die jungen Bauarbeiter stossen Pfaehle in die Erde. 젊은 건축노동자들이 기둥을 땅에 박았다.

(Sie rammen sie ein.)

Die Arbeit ist auf Schwierigkeiten gestossen. 작업이 난관에 봉착했다.

(Schwierigkeiten sind entstanden.)

streichen, strich, gestrichen(쓰다듬다 문지르다 연주하다 켜다 칠하다 말소하다 삭제하다 취소하다 지나가다 나아가다)

Der Vater streicht Butter auf das Brot. 아빠가 빵에 버터를 바른다.

(Er macht ein Butterbrot.)

Die Malerin streicht das Fenster. 칠하는 사람이(화공이) 창문에 칠을 한다.

(Sie bedeckt es mit Farben.)

Der Junge streicht die Haare aus dem Gesicht. 젊은이가 이마에 내려온 머리/머리카락을 쓸어 올린다.

(Er schiebt sie zurueck.)

Der Junge ist durch das Land gestrichen. 젊은이는 온 천지를 헤매고 다녔다. 방랑하고 다녔다.

(Er wanderte ziellos.)

streiten, stritt, gestritten(싸우다 언쟁하다 논쟁하다 투쟁하다 부정하다)

Die Maenner stritten den ganzen Tag. 남자들이 하루 종일 다툰다. 항상 다른 견해들이다.

(Sie waren immer verschiedener Meinung.)

Die Geschwister stritten sich um das Erbe. 형제자매들이 유산으로 다툰다.

(Sie kaempften darum.)

tragen, trug, getragen(나르다 운반하다 가지고 가다 지니고 있다 열매 맺다 낳다 산출하다 품다 입고 있다 지니다 받치다 지탱하다 싣고 있다 감당하다 자급자족하다)

Die junge Frau trug einen blauen Mantel. 젊은 여인이 청색 외투를 입었다. —청색인 Kaiserblau/Koenigsblau는 짙고 산뜻한 감청색/남색으로서 황제/왕을 상징하는 색깔로서 즐겨 입는 색상이다.

(Sie hatte einen Mantel an.)

Der Birnenbaum traegt gut. 배나무에 배가 많이 달렸다.

(Er bringt viel Obst.)

Der Vater traegt das Baby auf dem Arm. 아빠가 애를 안고 있다.

(Er hat es im Arm.)

Tragen Sie die Kiste in den Keller! 이 상자 지하창고로 가져가세요!- 독일의 모든 아파트Wohnung와 대개의 단독주택Einzelhaus 쌍둥이주택Doppelhaus 연립주택 Reihenhaus에는 지하창고Keller가 있다. 그리고 발코니Balkon는 꽃으로 장식한 다. 지하차고Tiefgarage도 대부분 갖추고 있다.

(Bringen Sie sie dorthin.)

Der Verletzte traegt den Arm in der Binde. 부상자가 팔에 붕대를 감았다.

(Er hat ihn in der Binde.)

Er traegt eine Brille. 그는 안경을 낀다. 쓰고 있다. -안경집Brillenetui 안경닦이 천Brillenputztuch

(Er hat sie auf.)

Sie traegt Trauer. 그녀는 장례식을 치른다.

(Sie hat schwarze Kleider an., um einen Toten zu betrauren.)

Lisa traegt die Nase hoch. 리자는 기고만장하다. 거침이 없다.

(Sie ist hochmuetig.)

Er traegt schwer an seiner Schuld. 그는 실책을 절실히 깨닫는다.

(Sie bedrueckt ihn.)

treffen, traf, getroffen(맞다 명중하다 만나다 마주치다 맞히다 교차하다)

Der Jaeger hat das Reh getroffen. 사냥군이 노루를 맞혔다. 잡았다.

(Er hat es getoetet. 혹은 Er verletzte es.)

Wir haben uns gestern zufaellig vor dem Restaurant getroffen. 우린 어제 우
연히 식당에서 만났다.

(Wir sind dort begegnet. 혹은 Unser Treffpunkt war das Restaurant.)

Wann kann ich Sie Treffen? 우리 언제 보지요? 볼 수 있습니까? 만나지요?

(Wann kann ich Sie sehen?)

Du bist auf dem Foto gut gestroffen. 너 사진 잘 나왔어. 너 사진 잘 받네.

(Das ist ein gutes Bild.)

Ihr Tod traf mich schwer. 나는 그녀의 죽음이 애석했다.

(Es tat mir weh.)

Die Polizei trifft Massnahmen, damit weniger Unfaelle geschehen. 경찰은 사
고를 줄이기 위하여 대책들을 내 놓는다.

(Sie tut etwas dagegen.)

treiben, trieb, getrieben(몰다 몰아내다 내몰다 작동시키다 추진시키다 다그치다 재촉하다 행하다 종사하다 열중하다 틔우다 피우다 맺다)

Der Bach treibt die Muehle an. 개울이 물레방아를 돌린다.

(Er bewegt das Muehlrad.)

Der Hirte treibt die Schafe auf die Weide. 목자가 양떼를 목초지로 내몬다.

(Er bringt sie dorthin.)

Was treibst du jetzt? 너 요즘 뭐 해? 뭐 하고 지내?

(Was machst du jetzt?)

Sie treibt viel Sport. 그녀는 운동을 많이 한다.

Kia treibt mit Deutschland Handel. 기아(자동차)는 독일과 거래한다.

treten, trat, getreten(걷다 가다 내딛다 나오다 밟다)

Die junge Frau ist an das schoene Schaufenster getreten. 젊은 여인이 예쁜 쇼윈도로 들어왔다.

(Sie stellte sich dorthin.)

Tritt nicht auf den Rasen. 잔디를 밟지 마세요.

(Geh nicht auf den Rasen.)

Wir treten zur Seite. 우리는 자리를 만든다. 우리는 비켜선다.

(Wir machen Platz.)

trinken, trank, getrunken(마시다 흡입하다 받아들이다 즐기다)

Er trinkt Bier. 그는 맥주를 마신다. 즐긴다.

Sie trinken Bruderschaft. 그들은 축배를 들면서 말을 튼다. 반말하기로 한다.

(Sie trinken auf ihre Freundschaft und sagen "du" zueinander.)

Ich trinke auf Ihre Gesundheit! 당신의 건강을 위해 축배합니다.

(Ich trinke Ihnen zu und wuensche gute Gesundheit.)

truegen, trog, getrogen(기만하다 현혹하다 속이다)

Der Schein truegt. (격언) 보이는 것에 현혹되지 마라. 겉모습으로는 사람을 알 수 없다. 열 길 물속은 알아도 한 길 사람 속은 모른다.

(Er taeuscht.)

Dein Gedaechtnis truegt dich. 너 헤매고 있어. 방황하고 있어. 미쳤어.

(Du irrst dich.)

Der Schueler hat den Lehrer betrogen. 학생이 교사를 속였다.

(Er hat ihn boeswillig getaeuscht.)

tun, tat, getan(하다 행하다 행동하다 체하다)

Was hast du getan? 너 뭐했어? 무슨 짓이야?

Tue deine Pflicht! 너 할 짓이나 해! 너 의무나 다해.

(Mache, was du sollst!)

Tu nicht so bloed! 너 행동 잘 해! 너 바보 같은 행동 하지 마!

(Verstelle dich nicht!)

Der Hund tut dir nichts. 이 개는 안 물어. 괜찮아.

(Er beisst dich nicht.)

Es tut mir leid! 유감입니다! 죄송합니다! 미안해!

(Ich bedauere es.)

Du tust mir Unrecht! 넌 날 몰라! 넌 날 이해 못해! 나에게 상처만 줘!

(Du kraenkst mich! 혹은 Du verstehst mich nicht!)

verderben, verdarb, verdorben(상하다 변질되다 못쓰게 되다 나쁘게 되다 타락하다 썩다 몰락하다 망하다)

Der Regen verdirbt das Heu. 비가 건초를 썩힌다. 망친다.

(Er macht es schlecht.)

Das Fleisch ist verdorben. 육류가 썩었다.

(Es ist schlecht geworden.)

Daran ist nichts mehr zu verderben. 더 이상 나빠질 수는 없어.

(Da kann man nichts mehr schlechter machen.)

verdriessen, verdross, verdrossen(불쾌하게 하다 짜증나게 하다 화나게 하다)

Sein Gerede verdriesst mich. 그의 말이 화나네. 그의 말을 듣고 보니 화나네.

(Es macht mich aerglich und schlecht gelaunt.)

vergessen, vergass, vergessen(잊다 망각하다 잊어버리다)

Er hat sein Buch vergessen. 그는 그의 책을 잊어버렸다. 깜빡했다. 어디에 두었는지 모르겠다.

(Er hat es zu Hause gelassen.)

Vergiss mich nicht! 내 생각 해! 나 잊지 마!

(Denke immer an mich!)

Es soll alles vergessen sein. 자 다 잊어버리자. 우린 친구야. 과거는 과거야.

(Wir wollen wieder Freunde sein.)

Die alte Dame vergass sich in ihrer Wut. 나이 많은 숙녀는 화가 나서 어쩔 줄 몰랐다. 화가 나서 자신을 망각했다.

(Sie beherrschte sich nicht.)

verlieren, verlor, verloren(잃다 잃어버리다 분실하다 지다 패하다 상실하다 낭비하
다 허비하다)

Der Angestellte verlor seine Stellung. 그 직원이 자리를 잃어버렸다. 실직됐다.
(Er wurde arbeitslos.)

Er hat seine Handschuhe verloren. 그의 장갑이 없어졌다. 장갑을 잃어버렸다.
(Sie sind weg. 혹은 Er findet sie nicht.)

Der Soldat verlor im Krieg einen Arm. 그 군인은 전쟁에서 한 팔을 잃었다.
(Ihm wurde ein Arm abgenommen.)

Unser Klub hat das Turnier verloren. 우리 클럽이 시합에서 졌다.
(Wir wurden besiegt.)

Der Kaufmann verlor den Prozess. 그 상인은 재판에서 졌다.
(Das Gericht entschied gegen ihn.)

verzeihen, verzieh, verziehen(용서하다 관대히 봐주다)

Verzeihen Sie mir mein Unrecht! 저의 잘못을 용서하세요!
(Vergeben Sie mir!)

Verzeihen Sie! 죄송합니다!
(Entschuldigen Sie!)

Das ist nicht zu verzeihen. 죄송할 것 없어요. 괜찮습니다.
(Das kann man nicht entschuldigen.)

wachsen, wuchs, gewachsen(자라다 성장하다 발육하다 생기다 발생하다 나다 증
가하다 증대하다 번영하다)

Die Baeume wachsen. 나무들이 자란다.
(Sie werden groesser.)

Pilze wachsen in diesem Wald nicht. 이 숲에서는 버섯이 안 자란다.
(Es gibt hier keine.)

Meine Tochter ist mir ueber einen Kopf gewachsen. 내 딸이 부쩍 컸다. 내 딸은
생각이 내 머리 위에 있다.
(Sie ist jetzt groesser als ich. 혹은 Sie laesst sich nicht mehr sagen.)

waschen, wusch, gewaschen(빨다 씻다 빨래하다 씻어내다 정화하다)

Wasche dir die Haende! 손 씻어!
(Mache sie sauber!)

Eine Hand waescht die andere. 한 손이 다른 손을 씻는다. 날 도와주면 나도 널 도

와주지. 중이 제 머리 못 깎는다.

(Hilfst du mir, dann helfe ich dir.)

Ich wasche meine Haende in Unschuld. 그 일하고 난 아무 관계없어.

(Ich will an der Sache nicht schuld sein.)

weichen, wich, gewichen(멀어지다 떨어지다 사라지다 길을 비켜주다 물러나다 담 그다 연해지다 약해지다 부드러워지다 떨어지다 내리다)

Er ist nicht vom Bett des Kranken gewichen. 그는 환자 침대에서 떨어지지 않았다. 물러나지 않았다.

(Er ging nicht fort.)

Der Feind weicht. 적이 물러난다. 퇴각한다.

(Er geht zurueck.)

Das Beispiel weicht von der Regel ab. 그건 예외야. 그 예는 규칙에서 벗어나네.

(Es ist eine Ausnahme.)

Ich weiche der Gefahr aus. 난 위험을 피한다.

(Ich meide sie.)

Zwei Verbrecher sind aus dem Zuchthaus entwichen. 두 감옥수들이 형무소를 탈출했다.

(Sie sind entflohen.)

weisen, wies, gewiesen(가리키다 보여주다 보내다 추방하다 내쫓다 향하게하다 인도하다 안내하다)

Er wies mir den Weg. 그는 나에게 길을 가르쳐 줬다.

(Er zeigte ihn mir.)

wenden, wandte, gewandt/wenden, wendete, gewendet(뒤집다 회전하다 방향을바꾸다 피하다 회피하다 멀리하다 소모하다 들이다)

1. wenden, wendete, gewendet의 약변화동사로는 돌리다 변경하다

Die Baeuerin wendete das Heu auf der Wiese. 농부가 목초지의 건초를 뒤집는다. 잔디 위의 건초더미를 돌린다.

(Sie drehte es um.)

Wenden Sie bitte den Anzug! 옷을(신사복을) 뒤집으세요! -남성정장Anzug 여성 정장Kleid

(Drehen Sie den Stoff des Anzugs um!)

Das Schiff hat gewendet. 배가 귀환했다. 배가 반대 방향으로 틀었다.

(Es dreht um. 혹은 Es faehrt zurueck.)

Das Wetter wendet sich. 날씨가 변한다.

(Es aendert sich.)

2. 여타의 의미들

Das Maedchen wendete/wandte seine Augen zum Gabentisch. 소녀의 눈은 선물용 탁자에 꽂힌다. ―부활절과 더불어 독일 최대의 명절인 성탄절에는 크리스마스트리 옆에 선물용탁자Gabentisch를 두어 서로에게 줄 선물을 일단 모은다. 선물의 상한액을 정하는 경우도 있고 꼭 필요한 특별한 선물을 서로 미리 말하기도 한다. 참가자가 다수인 경우에는 선물을 제비뽑기로 나누기도 한다.

(Es schaute dorthim.)

Sie wendete/wandte ihre Schritte zum Friedhof. 그녀는 묘지로 발걸음을 옮겼다. ―유럽의 묘지는 공원처럼 시내에 있으며 유럽에서 제일 큰 묘지가 함부르크시내 한 가운데에 있다. 이러한 공원묘지에는 주로 장례식 날 사용되는 작은 예배 건물이 있기도 하다.

(Sie ging dorthin.)

Die weltwirtschaftliche Lage hat sich zum Guten gewendet/gewandt. 세계경제가 좀 좋아졌다. 상승 조짐을 보였다.

(Sie hat sich gebessert.)

werben, warb, geworben(선전하다 광고하다 얻으려고 애쓰다 생계를 꾸리다 생업을 영위하다 모집하다 고용하다 권유하다 간청하다 거두어들이다 얻다 벌어들이다)

Der junge Mann wirbt staendig um das Maedchen. 젊은이가 끊임없이 소녀에게 간청한다. 구혼한다.

(Er will sie gewinnen. 혹은 Er will sie heiraten.)

Das Plakat wirbt fuer Zahnpasta. 이 광고는 치약광고이다.

(Es macht dafuer Reklame.)

Die Partei wirbt Mitglieder. 정당이 회원을 끌어들인다. 모집한다.

(Sie macht Propaganda, um mehr Mitglieder zu bekommen.)

werden, wurde, geworden(되다 생기다 창조되다 자라다 태어나다 출생하다 주어지다 할당되다 할 것이다 일 것이다 되다 받다 당하다)

Herr Schmidt wird Seemann. 슈미트씨는 선원이 될 거야. 된다.

(Er erlernt diesen Beruf.)

Mir wird schlecht! 몸이 안좋아! 갑자기 몸이 이상해!

(Ich fuehle mich ploetzlich nicht gut.)

Das Fleisch wurde schlecht. 이 육류 상했어.

(Es verdarb.)

Es wird bald Sommer. 여름이 온다. 곧 여름이다.

(Der Sommer kommt.)

Das Wetter wird besser. 날씨가 좋아질 거야. 좋아진다.

(Es bessert sich.)

werfen, warf, geworfen(던지다 팽개치다 투척하다 일게하다 낳다 휘다 투신하다 헌신하다 내닫다 달려들다)

Der Baum wirft Schatten. 나무가 그늘을 만든다.

(Er gibt Schatten.)

Der Dieb wird ins Gefaengnis geworfen. 도둑이 교도소에 간다. 수감된다.

(Er kommt dorthin.)

Das Maedchen wirft einen Stein. 소녀가 돌을 던진다.

(Es schleudert ihn.)

Das Meer wirft hohe Wellen. 바다가 높게 물결친다. 바다에 높은 물결이 인다.

(Die See ist bewegt.)

wiegen, wog, gewogen(무게를 달다 재다 저울질하다 따져보다)

Der Mann wog das Fleisch. 그 남자가 육류를 달았다.

(Er stellte das Gewicht fest.)

Die Spende des alten Mannes wiegt doppelt. 노인의 기부는 의미가 크다. –자신 이 가난한데도 기부에 동참한다.

(Sie ist besonders viel Wert.)

Wiegen Sie mir ein Pfund Kaffee ab! 커피 한 파운드 주세요!– 한 파운드는 반 킬 로그램이다. 요일시장Wochenmarkt에서 대개는 한 파운드 두 파운드 세 파운드라고 말한다. 요일시장은 주별로 장이 선다. 또한 주말시장Wochenendemarkt도 있다. 연 말에는 사람들이 장사진을 이루는 성탄절시장Weihnachtsmarkt이 특히 유명하다.

(Geben Sie mir ein Pfund Kaffee in die Tuete!)

In diesem Sommer ueberwogen die schoenen Tage. 이번 여름에는 대체로 좋은 날이 많았다.

(Es war mehr schoenes als schlechtes Wetter.)

winden, wand, gewunden(매다 묶다 돌리다 꼬다 감다 회전시키다 싸다 감기다 꼬이다 회전하다 굽이치다 비틀거리다 빠져나가다 비틀다 뒤틀리다)

Die junge Frau windet Blumen zu einem Kranz. 젊은 여자가 꽃을 다발로 만든 다. 꽃다발을 만든다.

(Sie macht einen Kranz.)

Der Fluss windet sich durch die Wiesen. 강이 초원 위에서 굽이친다.

(Er fliesst nicht gerade.)

Der Polizist entwand dem Verbrecher das Messer. 경찰이 범법자에게서 칼을 빼앗았다.

(Er nahm es ihm trotz Gegenwehr weg.)

wissen, wusste, gewusst(알다 터득하다 알고있다 이해하다)

Wissen Sie noch? 기억납니까? 아시겠어요?

(Erinnern Sie sich noch?)

Ich wusste, dass er kommt. 그는 올 거야, 확실해. 난 그가 올 거라고 생각해.

(Es war mir klar. 혹은 Ich ahnte es.)

Der Vater weiss immer Rat. 아빠는 언제나 충고를 줄 줄 안다.

(Er kann immer helfen.)

Der Kollege wusste alles besser. 동료가 모든 것을 더 잘 알고 있었다.

(Er glaubte klueger zu sein.)

Er weiss zu schweigen. 그는 침묵할 줄 안다.

(Er kann schweigen.)

Alle Welt weiss, dass er luegt. 그가 거짓말쟁이인 것은 세상이 다 안다.

(Er ist als Luegner bekannt.)

ziehen, zog, gezogen(당기다 끌다 질질 끌다 잡아당기다)

1. 스스로 한 방향으로 움직이다

Der Rauch zieht aus dem Schornstein. 연기가 굴뚝에서 빠져나간다.

(Er steigt auf.)

Er zieht nach Flensburg. 그는 플렌스부르크로 이사 간다.

(Er nimmt sich dort eine Wohnung.)

Die Voegel ziehen nach dem Sueden. 새들이 남쪽으로 날아간다. 이주한다. −철새Zugvogel는 점점 더 대형화하는 경작지(밭)의 확장으로 생물다양성과 개체수가 감소하므로 인류 삶의 터전의 사막화를 염려하는 사람들이 증가하고 있다.

(Sie fliegen dorthin.)

2. 무엇을 어떠한 방향으로 움직이다

Der Zahnarzt zog mir zwei Zaehne. 치과의사가 내 이빨 두 개를 뽑았다.

Der Mann zieht den Hut. 그 남자가 인사한다. 모자를 벗어 인사한다.

(Er gruesst.)

Ich ziehe ein Los. 나는 복권을 산다.

(Ich kaufe ein Los.)

Ich zog ihn ins Vertrauen. 내가 그에게 비밀을 말한다. 터놓고 말한다.

(Ich sagte ihm ein Geheimnis.)

Schmuggel zieht boese Folgen nach sich. 밀수는 결국 나쁜 결과를 초래 한다.

(Er hat boese Folgen.)

Man zog die junge Kassiererin wegen der verschwundenen Summe zur Rechenschaft. 젊은 판매계산원이 사라진 금액 때문에 책임을 졌다.

(Man machte sie dafuer haftbar.)

Das Pferd zieht den Wagen. 말이 마차를 끈다.

Der junge Mann zog den Koffer hinter sich her. 젊은 남자가 가방을 질질 끌었다. 뒤로 끌고 갔다.

Die Frau hat den Ring vom Finger gezogen. 여자가 반지를 뺐다.

zwingen, zwang, gezwungen(강요하다 강제하다 괴롭히다 학대하다)

Ich zwinge ihn zur Arbeit. 나는 그를 일하게 강요했다. 억지로 일하게 했다.

(Ich dringe darauf, dass er arbeitet.)

Meine Gastgeber wollten mir noch ein Glas Wein aufzwingen. 집주인이 나에게 포도주 한 잔을 더 권했다. 강요했다.

(Sie wollten unbedingt, dass ich noch ein Glas Wein trinke.)

Die Reporter erzwangen sich den Zutritt zu dem Saal. 신문기자가 억지로 강당에 끼어들어왔다.

(Sie erreichten mit Gewalt, dass sie hereinkamen.)

Der Lehrer bezwang seine Wut. 교사가 분노를 참았다.

(Er unterdrueckte sie.)

Der Alpinist bezwingt den hohen Berg. 산악가가 높은 산을 오른다.

(Er steigt trotz Schwierigkeiten hinauf.)

2. 약변화동사(규칙변화동사)

achten(라고생각하다 평가하다 신경쓰다 존중하다)
Die Einwohner der Stadt achten den Buergermeister. 시민들은 시장을 존중한
다. 높이 평가한다.
(Sie respektieren und schaetzen ihn.)
Achten Sie bitte auf das Kind! 애들 조심하세요! 애들 조심해주세요!
(Passen Sie bitte auf das Kind auf.)
Achten Sie die Gesetze! 법을 지키세요! 법대로 사세요.
(Halten Sie sie! 혹은 Leben Sie nach ihnen!)

aendern(고치다 바꾸다 변경하다)
Das Wetter aendert sich. 날씨가 변한다. 변덕스럽다.
(Es wird anders.)
Der Schneider aendert mein Kleid. 의류수선사가 내 옷을 수선한다.
(Er macht es anders.)

aengstigen(걱정하게 하다 무서워하게 하다)
Der Vater aenstigt sich wegen der Krankheit seines Kindes. 아빠가 아이의 병
때문에 걱정한다.
(Er macht sich Sorgen.)
Das gemeldete Hochwasser aengstigt mich. 홍수경보 때문에 걱정이다.
(Ich bin deshalb in Sorge.)

antworten(대답하다 회답하다 회신하다 상응하다 어울리다 반응하다)
Bitte anrworten Sie mir auf meine Frage! 내 질문에 대답하세요!
Diese Briefe muss ich sofort beantworten. 이 편지 바로 회답/답장해야 해.
(Ich muss zurueckschreiben.)
Der Arzt verantwortet die Operation. 의사는 수술에 책임이 있다. 책임져야한다.
(Er uebernimmt moegliche Folgen.)

arbeiten(일하다 제작하다 가공하다 노동하다 연구하다 공부하다 움직이다 활동하다
변형하다 훈련하다 만들다 훈련시키다 조련하다)
Die Komponistin arbeitet an einer Oper. 여자 작곡가가 오페라를 작곡하고 있다.
(Sie ist jetzt mit dieser Arbeit beschaeftigt.)
Die Maschinen arbeiten Tag und Nacht. 기계들이 밤낮으로 움직이고 있다. 돌아

가고 있다.

Nasses Holz arbeitet. 일을 그르친다. 일이 어긋난다. 일이 끝난 게 아니다.
(Es ist noch nicht ruhig, es verzieht sich.)

Wir arbeiten Hand in Hand. 우리는 서로 손잡고 일한다. 협력한다.
(Wir arbeiten zusammen.)

aeussern(나타내다 진술하다 발표하다 의견을 말하다 입장을 말하다)

Der Mann hat sich nicht ueber seine Plaene geaeussert. 그는 그의 계획에 대하여 말하지 않았다.
(Er sprach nicht von seinen Plaenen.)

Aeussern Sie Ihre Meinung! 당신의 견해는 뭐예요? 당신의 견해를 말해보시오!
(Sagen Sie Ihre Meinung!)

Der Direktor hat sich nicht zu seinen Vorschlaegen geaeussert. 사장은 그의 제안들에 대하여 말하지 않았다.
(Er sagte nicht, was er darueber denkt.)

bauen(짓다 건축하다 건설하다 세우다 만들다 채굴하다 종사하다 관여하다)

Die Firma Braun baut hier vier Einfamilienhaeuser. 브라운사가 여기에 네 개의 단독주택을 짓는다. −건설사는 Baufirma/Bauuntermehmen이다.

Der Student hat ein gutes Examen gebaut. 그 학생은 시험을 잘 치렀다.
(Das Examen war gut.)

Sie baut auf ihr Glueck. 그녀는 행복해 한다. 그녀는 그녀의 행복을 믿는다.
(Sie vertraut darauf. 혹은 Sie ist sicher, dass sie Glueck haben wird.)

Wir muessen das Zelt abbauen. 우린 텐트를 걷어야 한다.
(Wir brechen es ab.)

Der Gaertner baut Gemuese an. 정원사가 정원에 야채를 심는다.
(Er bepflanzt ein Feld damit.)

Mein Nachbar baut eine Garage an. 이웃이 차고를 짓는다. 덧붙여 짓는다.
(Er baut sie an sein Haus.)

Der Zirkus baut sein Zelt auf. 서커스단이 텐트를 친다.
(Er stellt es hin.)

Wir muessen den Motor ausbauen. 우리는 자동차엔진을 해체해야 한다.
(Wir muessen ihn herausnehmen.)

Hamburg baut seinen Hafen aus. 함부르크시가 항구를 확장한다. −abbauen:걷다 뜯다 aufbauen:치다 설치하다 anbauen:심다 증축하다 ausbauen:해체하다 뜯

어내다 확장하다 개축하다 umbauen:고쳐짓다 개조하다

(Er wird erweitert.)

Der Landwirt bebaut das Feld. 농부가 농사를 짓는다.

(Er arbeitet darauf.)

Der neue Besitzer baut das Hotel um. 새 주인이 호텔을 리모델링한다.

(Es wird veraendert, modernisiert.)

Man umbaute den Platz mit modernen Gebaeuden. 그 장소엔 현대식 건물들이 들어섰다.

(Man baut sie um den Platz.)

begegnen(만나다 마주치다 일치하다 대하다 행동하다 일어나다 발생하다 대처하다 대응하다)

Er begegnete seinem Vetter in der Stadt. 그는 그의 사촌을 시내에서 우연히 만났다. ―남자사촌은 Vetter 혹은 Cousin이고 여자사촌은 Kusine 혹은 Cousine이다.

(Er traf ihn zufaellig.)

Alle begegneten dem Fremden freundlich. 모두가 그 이방인에게 친절했다.

(Alle waren feundlich zu ihm.)

bereiten(준비하다 채비하다 마련하다 야기하다 훈련시키다 조련하다)

Es bereitet mir grosse Freude, Sie wiederzusehen. 당신을 만나서 큰 기쁨입니다. 만나서 반갑습니다.

(Es macht mir eine grosse Freude.)

Er bereitet seine Reise vor. 그는 여행을 준비한다.

(Er erledigt alles, was fuer die Reise notwendig ist.)

Der Student bereitet sich auf die Pruefung vor. 학생이 시험 준비를 한다.

(Er arbeitet fuer die Pruefung.)

Die Mutter hat das Essen fuer die Kinder zubereitet. 엄마가 애들 밥을 준비했다. 마련했다.

(Sie hat das Essen gemacht.)

beschaeftigen(고용하다 몰두시키다 일을 시키다 일거리를 주다 종사하다 돌보다)

Das Unternehmen beschaeftigt 300 Arbeiter. 그 기업은 직원이 300명이다.

(Sie gibt ihnen Arbeit.)

Er beschaeftigt sich viel mit seinen Kindern. 그는 애들에게 아주 열심이다. 헌신한다.

(Er verbringt viel Zeit mit ihnen. 혹은 Er hat viel Interesse fuer sie.)

bessern(개선하다 개량하다 정정하다 호전되다 향상하다 오르다)

Der Zustand des Kranken hat sich gebessert. 환자의 상태가 호전되었다.

(Es geht ihm besser.)

Die Strafe soll den Angeklagten bessern. 형벌이 피고인을 개선할 것이다. 개선해야한다.

(Sie soll ihn zu einem besseren Menschen machen.)

Der Angeklagte versprach, sich zu bessern. 피고인은 개선의 의지를 보였다. 개선을 약속했다.

(Er wollte ein besserer Mensch werden.)

Die Firma hat die Gehaelter aufgebessert. 회사가 월급을 올렸다. 상향조정했다.

(Sie erhoehte sie.)

Die Strasse wurde ausgebessert. 도로가 보수되었다.

(Sie wird repariert.)

Der Lehrer verbessert den Fehler. 교사가 틀린 것을 고친다.

(Er korrigiert ihn.)

Die Firma hat die Qualitaet der Ware verbessert. 회사가 상품의 품질을 개선했다. 개량했다. -생산품Produkt 재화Gueter 상품(유통중의 재화)Ware

(Sie macht sie besser.)

beugen(굴복하다 굽히다 구부리다 휘다 숙이다 굴복시키다 변화시키다)

Er beugt den Arm. 그는 팔을 구부린다.

(Er halte ihn nicht gerade. 혹은 Er winkle ihn an.)

Beugen Sie das Verb! 동사 인칭변화를 하세요! 인칭에 따른 동사 형태를 쓰세요!

(Konjugieren Sie es.)

Er beugt sich dem Befehl. 그는 명령에 따른다.

(Er gibt nach.)

Er beugte sich ueber das Gelaender. 그는 머리를 앞으로 숙였다.

(Er neigte sich nach vorn.)

Der Herr verbeugte sich vor der Dame. 신사가 숙녀에게 인사를 했다.

(Er verneigte sich hoeflich.)

Durch Schutzimpfungen will man Pockenerkrankungen vorbeugen. 예방주사로 천연두를 예방한다. 예방하려고 한다.

(Man will verhindern, dass die Leute diese Krankheit bekommen.)

bilden(형성하다 이루다 구성하다 모양을 이루다 교육시키다 개발하다 생기다 형성되

다 도야하다 쌓다 수양하다)

Das Lesen guter Buecher bildet. 양서의 독서는 교양이 된다. 인격을 도야한다.
(Es formt den Verstand.)

Die Kuenstlerin bildet Figuren aus Lehm. 여자 예술가가 석고로 조각한다.
(Sie formt sie.)

Bilden Sie einen Satz! 문장을 형성하세요! 한 문장을 만드세요!
(Machen Sie einen Satz!)

Vater, Mutter und Kinder bilden die traditionelle Familie. 엄마 아빠 자녀들로
전통적인 가족이 구성된다. −동성 부부가 인정된 나라에는 구성원이 둘 만인 가족이
있다. 이들은 상대를 나의 아내meine Frau 혹은 나의 남편mein Mann이라 부른다.
(Sie sind eine Familie.)

In der Zeitung ist ein Modell des neuen Theaters abgebildet. 신문에 새 극장의
모형이 실렸다.
(In der Zeitung ist ein Bild davon.)

Ich bildete mir ein, dass das Telefon geklingelt haette. 나는 전화가 울렸다고
생각했는데. 착각했다.
(Ich glaubte es fest, hatte mich aber geirrt.)

Der Kanzler bildete sein Kabinett um. 수상이 내각을 개각했다.
(Er aenderte es. 혹은 Andere Minister kamen in die Regierung.)

Der Techniker bildet sich in Abendkursen weiter. 혹은 Der Techniker bildet
sich in Abendkursen fort. 기술자가 야간과정에서 재교육 받고 있다.
(Er lernt dazu.)

blenden(반사되다 비추다 눈부시게 하다 현혹시키다 매혹하다)

Die Sonne blendet den Radfahrer. 태양이 자전거 타는 사람의 눈을 부시게 한다.
(Sie macht ihn fast blind.)

Er liess sich durch den aeusseren Glanz nicht blenden. 그는 외형으로 평가하
지 않는다.
(Er liess sich nicht taeuschen.)

Der Autofahrer blendete nicht ab. 그 자동차 경주자는 전조등을 켠 채 질주했다.
−전조등을 끈 보통의 자동차등은 Abblendlicht이다.
(Er fuhr mit vollem Licht.)

blicken(보다 보이다 시선을 보내다)

Sie blickt aus dem Fenster. 그녀는 창문을 내다본다.

(Sie sieht hinaus.)

Der beruehmte Schauspieler liess sich nicht blicken. 유명한 배우가 나타나지 않았다.

(Er zeigte sich nicht.)

Er blickte die Dame stumm an. 그는 숙녀를 넋을 잃고 바라봤다.

(Er sah sie an.)

Die Kinder blicken zu ihrem Lehrer auf. 애들은 교사를 쳐다본다.

(Sie bewundern ihn.)

Die Fischerfrau blickte nach ihrem Mann aus. 어부 부인은 그녀의 남편을 기다렸다. 남편이 오는가 하고 눈길을 주고 있었다.

(Sie wartete auf sein Kommen.)

Ich erblickte meine Freundin auf der anderen Strassenseite. 나는 도로 건너편에 있는 내 여자친구를 봤다.

(Ich entdeckte sie. 혹은 Ich begann sie zu sehen.)

bluehen(번창하다 번영하다 피다 만개하다 일어나다 닥치다 나타나다)

Das Geschaeft blueht. 사업이 번창한다.

(Es geht sehr gut.)

Die Baeume bluehen. 나무들이 울창하다.

Das kann mir auch noch bluehen. 그것은 나에게도 일어날 수 있는 일이다.

(Das kann mir auch noch passieren. 구어체 표현)

Die Kirschbaeume sind schon abgeblueht. 벚꽃이 이미 졌다.

Die Kirschbluete ist vorbei.)

Diese Knospe wird bald aufbluehen(혹은 erbluehen). 이 꽃봉오리가 곧 피겠다.

(Sie beginnt zu bluehen. 혹은 Die Bluehte oeffnet sich.)

Im warmen Zimmer verbluehen die Blumen sehr schnell. 더운 방에서는 꽃들이 빨리 시든다.

(Sie werden welken.)

bohren(뚫다 파다 꿰뚫다 찌르다 시추하다 시굴하다 후비다 쑤시다 괴롭히다)

Hier wird nach Oel gebohrt. 여기서 원유가 시추된다.

(Man sucht in der Erde danach.)

Die Schlosserin bohrt ein Loch in das Eisen. 금속공이 쇠에 구멍을 뚫는다.

Das moderne U-Boot bohrte den Tanker in den Grund. 최신형 잠수함이 낡은 유조선을 가라앉힌다.

(Es versenkte ihn.)

Er bohrte solange, bis ich ihm alles erzaehlte. 그는 내가 모든 것을 얘기할 때까지 나를 괴롭혔다. 나를 다그쳤다.

(Er fragte wieder und wieder. 구어체 표현)

brauchen(사용하다 쓰다 필요로 하다 걸리다 할 필요가 있다)

Der Baecker braucht Mehl zum Backen. 제과사는 제빵에 밀가루를 필요로 한다.

(Er muss es haben.)

Der Kranke hat Ruhe gebraucht. 환자는 안정이 필요했다.

(Er musste Ruhe haben.)

Ich habe das Buch nicht brauchen koennen. 난 이 책이 필요 없다. 필요 없을 수 있다.

(Es nuetzte mir nichts.)

Ich muss gehen, aber du brauchst noch nicht zu gehen. 난 가야 해, 하지만 넌 아직 안 가도 돼. 갈 필요 없어.

(Es ist nicht noetig, dass du gehst.)

Sie brauchen nur zu rufen! 절 부르시기만 하면 됩니다.

(Mehr ist nicht noetig.)

Diese Geschenk kann ich gut gebrauchen. 이 선물은 두고두고 잘 사용하겠다. ─사용재Gebrauchsgueter를 지속적으로 사용하는 것이 gebrauchen이고 소비재 Verbrauchsgueter를 소모하여 사용/소비하는 것이 verbrauchen이다.

(Ich kann es verwenden, es kommt passend.)

Das Auto verbraucht auf 100 Kilometer sechs Liter Benzin. 이 자동차 100km 주행에 6리터 벤진이 든다. ─독일은 100km 당 몇 리터의 연료량을 말한다.

(Von sechs Liter Benzin bleibt kein Rest.)

Die Sekretaerin hat das Vertrauen ihres Chefs missbraucht. 그 여비서는 사장의 신뢰를 악용했다.

(Sie hat es fuer sich ausgenutzt. 혹은 Sie verdiente sein Vertrauen nicht.)

breiten(넓히다 펴다 덮다 깔다 펼치다 벌리다)

Sie breitet eine Decke ueber den Tisch. 그녀는 식탁위에 식탁보를 깐다. ─식당에는 식탁보Tischdecke가 깔려 있으며, 가정에 손님을 초대해도 식탁보를 깐다. 식탁에서 코를 풀 수는 있지만 대개 소리 나지 않게 살짝 풀고 그리고 냅킨Serviette이 아닌 자기 손수건Taschentuecher이나 휴지로 푼다.

(Sie legt sie auf.)

Der Vater breitet die Zeitung aus. 아빠가 신문을 펼친다.

(Er faltet sie auseinander.)

Die Mutter breitet die Arme aus, um das Kind in die Arme zu schliessen. 엄마가 애를 안으려고 팔을 뻗는다.

(Sie macht die Arme weit auf.)

Die Krankheit breitete sich schnell aus. 이 질병은 빨리 확산되었다.

(Viele Menschen wurden krank.)

Der Ingenieur unterbreitete seinem Chef seine Ideen. 기술자가 사장에게 그의 아이디어를 제시했다.

(Er legte sie ihm vor.)

Der Rundfunk verbreitet die Nachrichten. 방송이 보도를 한다. 방송이 소식을 전한다.

(Er macht sie bekannt.)

buecken(구부리다 굽히다 기울다 절하다 굽실거리다)

Der Torwart bueckt sich nach dem Ball. 골키퍼가 땅 위의 축구공을 잡는다.

(Er hebt ihn vom Boden auf.)

buergen(보증하다 보증서다 책임지다)

Diese Marke buergt fuer Qualitaet. 이 상표는 품질을 보증한다.

(Sie ist eine Garantie fuer gute Ware.)

Koennen Sie sich fuer die Richtigkeit dieser Meldung verbuergen? 이 보도의 정확성을 책임질 수 있습니까?

(Koennen Sie garantieren, dass sie wahr ist?)

danken(감사하다 고맙다 사양하다 사절하다 보답하다 덕택으로 무엇을 가지다)

Ich danke dem Vater fuer seinen Brief. 나는 아빠께 편지 감사한다.

(Ich sage, dass ich mich darueber gefreut habe.)

Der Gastgeber bot dem Gast eine Tasse Kaffee an, aber er dankte. 집주인이 손님한테 커피를 권했지만, 그는 거절했다. 그냥 고맙다고만 했다.

(Er lehnte ab.)

Der Kaiser dankte ab. 황제가 퇴위했다. 물러났다.

(Er verzichtete auf den Thron.)

Der Schueler bedankt sich fuer die Hilfe des Lehrers. 학생이 교사의 도움에 감사한다. 고마워한다.

(Er dankt ihm.)

Fuer diese Arbeit wuerde ich mich bedanken! 이 일 나 같았으면 안했어!

(Die wuerde ich nicht machen! 구어체 표현)

dauern(시간이 걸리다 지속하다 지속되다 오래가다 견디다 존속하다 불변하다 동정심이 일게 하다 불쌍히 여기게 하다 애석히 여기게 하다 애석히 여기다 유감으로 생각하다 아깝게 여기게 하다)

Wie lange dauert es? 시간이 얼마나 걸려?

Wie lange dauert die Sitzung? 회의 얼마나 걸려?

Du dauerst mich. 너 나를 안 좋게 해. 귀찮게 해.

(Du tust mir leid.)

Der Regen dauert an. 비가 그칠 줄 모르네. 계속 오네.

(Es regnet weiter. 혹은 Der Regen hoert nicht auf.)

Ich bedauere diesen Mann wegen seiner grossen Schmerzen. 이 사람의 고통에 내 가슴이 아프다. 그를 애석해한다.

(Er tut mir leid.)

Herr Schmidt bedauert, nicht kommen zu koennen. 슈미트씨는 올 수 없어서 유감을 표한다.

(Er kann leider nicht kommen.)

decken(메우다 덮다 씌우다 엄폐하다 숨기다 감싸주다 엄호하다 비호하다 지키다)

Die Mutter deckt den Tisch. 엄마가 식탁을 준비한다. 차린다.

(Sie bringt Geschirr, Besteck, Servietten usw. auf den Tisch.)

Mein Bedarf ist fuer heute gedeckt. 오늘 양은 채웠다. 오늘 양은 충분히 먹었다.

(Ich habe genug.)

Der Scheck ist gedeckt. 수표는 보증된다.

(Auf dem Konto ist genug Geld.)

Der Dachdecker deckt das Dach mit Ziegeln. 기와공이 기와로 지붕을 잇는다.

(Er legt die Ziegel auf das Dach.)

Diese Farbe deckt nicht. 이 색깔로 안 된다. 밑에 것이 보인다.

(Man sieht die alte Farbe noch.)

Der Minister versucht, seinen Mitarbeiter zu decken. 장관은 그의 직원을 보호하려 한다.

(Er will ihn gegen Angriff schuetzen.)

Der Soldat deckt seinen Kameraden. 군인이 동료를 보호한다.

(Er gibt ihm Feuerschutz.)

Die deutschen Tabakerzeuger koennen leider den Tabakbedarf der

Bundesrepublik nicht decken. 독일의 담배제조업자들이 독일의 담배수요를 유감스럽게도 충당할 수가 없다.

(Sie produzieren nicht genug. 혹은 Man muss impotieren.)

Ich decke den Tisch ab. 난 식탁을 치운다.

(Ich bringe nach dem Essen das Geschirr in die Kueche.)

Der Sturm hat das Dach abgedeckt. 폭풍이 지붕 기와들을 쓸어내려버렸다.

(Er hat die Ziegel heruntergerissen.)

Deck' auf! 식탁 준비해! 식탁 차려!

(Decke den Tisch!)

Die Polizei deckt das Verbrechen auf. 경찰이 범법을 확인한다.

(Sie stellt fest, dass ein Verbrechen geschehen ist.)

Der Schnee bedeckt die Felder. 눈이 들판을 덮는다.

(Der Schnee liegt darauf. 혹은 Man sieht sie darunter nicht.)

Die Wolken verdecken die Sonne. 구름이 해를 가린다.

(Sie ist hinter den Wolken. 혹은 Man sieht sie dahinter nicht.)

dehnen(팽창시키다 늘이다 펴다 넓히다 연장하다 늘어지다 퍼지다 길어지다 오래 지속되다)

Die Schuhe dehnen sich noch. 신발이 아직도 늘어난다.

(Sie werden durch das Tragen laenger und weiter.)

Durch Zug wird das Gummiband gedehnt. 고무밴드가 당겨져서 늘어난다.

(Es wird laenger gemacht.)

Waerme dehnt die Stoffe aus. 열이 물질을 팽창시킨다.

(Sie vergroessert ihr Volumen.)

Die Sitzung dehnte sich aus. 회의가 생각 외로 연장됐다. 길어졌다.

(Sie dauerte laenger als geplant.)

deuten(가리키다 예시하다 지시하다 징후를 나타내다 조짐을 보이다 암시하다 의미하다 해석하다 설명하다 풀이하다 감정하다)

Die Lehrerin deutet auf mich. 여선생님이 나를 가리킨다. 지목한다.

(Sie zeigt auf mich.)

Diese Wolken deuten auf Regen. 이 구름들이 비를 예고한다. 암시한다.

(Sie lassen vermuten, dass es regnen.)

Er deutete an, dass er gerne kaeme. 그는 올 것 같이 암시했다. 그는 올 것처럼 보였다.

(Er sagte es nicht mit klaren Worten, aber man konnte es merken.)

Was soll das bedeuten? 도대체 뭐야? 어떻게 해석해야 해? 그것이 무엇을 의미하는 거야?

(Was soll das heissen? 혹은 Wie soll ich das verstehen?)

dichten(짓다 창작하다 생각해내다 몰두하다 새지 않게 하다 촘촘하게 하다)

Man dichtet das Bierfass mit Teer. 맥주통을 타르로 물샐틈없이 막는다.

(Man macht es dicht, wasserundurchlaessig.)

Ein Dichter dichtet. 시인이 시를 쓴다.

(Er schreibt Gedichte.)

Der Klempner dichtete das schadhafte Rohr ab. 인테리어 업자가 유해물질 구멍을 막았다.

(Er machte es wieder dicht.)

Die ganze Geschichte ist erdichtet. 전체 이야깃거리가 그냥 만들어진 것이다. 지어낸 것이다. 허구이다.

(Sie ist nicht wahr. 혹은 Man hat sie erfunden.)

dienen(섬기다 봉사하다 근무하다 고용되어있다 복무하다 쓸모 있다 돕다)

Die junge Frau dient bei der Luftwaffe. 젊은 여자가 공군에서 복무한다. ─복무가 Dienst인데 퇴역/예비역은 ausser Dienst(a. D.) 예비역 장성은 ausser Dienst General(a. D. General)이다. 육군Heer 해군Marine 육해공군Armee

(Sie macht dort ihren Militaerdienst.)

Der Moench dient Gott, seinem Herrn. 승려가 그의 신에게 봉헌한다.

(Er erkennt ihn als seinen Herrn an und gibt ihm sein ganzes Leben.)

Die oeffentlichen Parks dienen der Erholung aller Buerger. 시립공원은 모든 시민들의 휴양에 봉사한다. ─자본주의 시장경제체제의 독일인데도 상당한 자연 시설물들이 국가 혹은 지방자치단체의 소유다. 국립공원 시립공원 국립오페라 시립콘서트 시립극장 박물관 미술관 동물원 식물원 등이 그렇다. 봉건주의 시대에 왕이나 제후들 그리고 교회가 육성했던 예술문화도 개인화와 기능적 제도화가 특징인 현대독일사회에서는 이들을 대신해서 중앙/지방 정부들이 추진하고 있다. 소득 증가와 더불어 소비 욕구의 최상위 수준인 예술 문화 분야의 입장수입만으로는 요구되는 서비스의 수준을 이룩할 수 없기 때문이다. 보이지 않는 손에 의한 시장기능이 실패한 곳에서 국가의 늘어진 팔이 작동한다.

(Sie sind fuer alle Buerger da.)

Der Kellner bedient die Gaeste. 종업원은 손님들에 봉사한다.

(Er bringt ihnen die Speisen und Grtraeke.)

In diesem Laden bedient man sich selbst. 이 상점은 셀프상점이다. 이 상점에서는 자가봉사이다.

(Man nimmt sich, was man braucht.)

Wieviel verdient ein Arbeiter? 노동자는 얼마 벌어? 노동자는 수입이 얼마냐?

(Wieviel Geld bekommt er fuer seine Arbeit?)

draengen(재촉하다 촉구하다 누르다 밀치다 괴롭히다 박해하다 몰아넣다 급박하다 몰려들다)

Die Menschen draengten sich zum Ausgang. 사람들이 출구로 몰렸다.

(Sie drueckten mit Gewalt nach vorn.)

Die Zeit draengt. 시간이 얼마 없다. 시간이 급박하다.

(Es ist nur wenig Zeit.)

Es draengt mich, dir zu schreiben. 너에게 편지 써야하는데. 편지 써야하는 부담감을 받네.

(Es ist mir ein grosser Wunsch.)

Er hat mir das Geschenk aufgedraengt. 그가 나보고 선물하라고 우겼다. 재촉했다. 밀어붙였다.

(Er hat mich fast gezwungen es zu nehmen, obwohl ich es nicht wollte.)

Er bedraengt micht, ihm zu helfen. 그가 나보고 도와달라고 간청이다.

(Er laesst mich mit seinen Bitten nicht in Ruhe.)

Das Schiff verdraengt 3000 Tonnen Wasser. 그 배는 BRT가 3천 톤이다.

(Es hat 3000 BRT.)

Er draengt sich immer vor. 그는 무조건 첫째라야 해. 자기가 최고라야 해.

(Er will immer der erste sein.)

drehen(돌리다 회전시키다 감다 향하게 하다 방향을 바꾸다 돌다 회전하다 향하다 주저하다 피하다)

Die Schlosserin dreht Schrauben. 금속공이 나사못을 만든다.

(Sie macht Schrauben.)

Sie dreht den Kopf zur Tuer. 그녀는 문 쪽으로 고개를 돌렸다.

(Sie wandte den Kopf.)

Ich drehe die Kaffeemuehle. 난 커피를 간다. 커피콩을 부순다.

(Ich mahle Kaffee.)

Der Regisseur dreht einen Film in Deutschland. 그 영화감독이 독일에서 영화를

제작/촬영한다.

(Er macht ihn dort.)

Die Raeder des Wagens drehen sich. 그 차의 네 바퀴들이 잘 구른다. 움직인다.

(Sie bewegen sich.)

Der Wind dreht sich. 바람방향이 바뀐다.

(Er kommt aus einer anderen Richtung.)

Die Erde dreht sich um die Sonne. 지구가 태양을 돈다.

(Sie umkreist sie.)

Dreh das Wasser ab! 수도꼭지 잠가! 물 잠가!

(Schliesse den Wasserhahn.)

Er dreht das Radio an. 그는 라디오를 튼다.

(Er schaltet es ein.)

Du bist heute aufgedreht! 너 오늘 완전 어떻게 되었어! 너 오늘 돌았어! 정상이 아
니야!

(Du bist aber heute lustig! 구어체 표현)

Er dreht jedes Cent um. 그는 동전마다 뒤집어보기만 한다. 돈을 못 쓴다. 구두쇠
이다.

(Er ist sehr sparsam.)

drohen(위협하다 협박하다 으르다 임박하다)

Die Lehrerin droht dem Kind mit dem Finger. 여교사가 아이를 손가락질하면서
어른다. 겁을 준다.

(Sie hob ihn warnend.)

Ein Gewitter droht. 천둥이 위협한다. 야단이다.

(Man fuerchtet, dass es kommt.)

Das Hochwasser droht die ganze Stadt zu ueberfluten. 홍수가 전체 도시를 삼
킬 듯하다. 범람시킬 것처럼 위협한다.

(Man befuerchtet es.)

Der Polizist drohte mir eine Strafe an. 경찰이 나에게 벌금쪽지 받을 거라고 겁줬
다. 벌금이라고 위협했다.

(Er sagte, ich wuerde eine Strafe bekommen.)

Der Einbrecher bedrohte mich mit einem Revolver. 강도가 권총으로 나를 위협
했다.

(Er wollte mich damit aengstigen.)

drucken(인쇄하다 출력하다 프린트하다 날염하다)

Die Druckerei druckt Buecher. 인쇄소에서 책을 인쇄한다.

Die Zeitung hat die Rede des Praesidenten abgedruckt. 신문이 대통령의 연설 기사를 실었다.

(Sie hat sie veroeffentlicht.)

Die Stoffe wurden bedruckt. 직물에 무늬들이 날염됐다.

(Man druckt ein Muster darauf.)

Der hamburger Hafen beeindruckt die Fremden. 함부르크항구가 관광객들에게 깊은 인상을 남긴다.

(Er hat eine grosse Wirkung auf sie. 혹은 Sie vergessen ihn nicht so schnell.)

druecken(압박하다 누르다 괴롭히다 부담을 주다 억제하다 압박하다)

Mein Schuh drueckt. 신발이 낀다. 꽉 조인다.

(Er ist mir zu eng.)

Der Herr drueckt seinem Freund die Hand. 그 신사가 친구와 악수한다.

(Er gibt ihm fest die Hand.)

Dieser Kaufmann drueckt die Preise. 이 상인이 가격을 낮춘다.

(Er verkauft billiger und zwingt damit die anderen, auch die Preise zu senken. 그가 싸게 판매함으로써 다른 상인들이 가격을 낮추기를 강요한다.)

Ich druecke mich! 난 빠질게! 말없이 사라질게!

(Ich verschwinde, ohne mich zu verabschieden. 구어체 표현)

Ich drueckte ihm zum Tod seines Vaters mein Beileid aus. 나는 그의 아버지의 죽음에 조의를 표했다.

(Ich sagte, dass mir der Tod des Vaters leid taete.)

Meine Schulden bedruecken mich. 난 빚 때문에 걱정이야.

(Sie belasten mich, ich bin deshalb besorgt.)

Er drueckt seinen Willen immer durch. 그는 언제나 마음만 먹으면 해낸다.

(Er erreicht immer, was er will.)

Verdruck' dich! 꺼져! 저리가!

(Geh weg! 구어체 표현)

Der Polizist hat ein Auge zugedrueckt. 경찰이 눈감아줬다. 그냥 보내줬다.

(Er wollte etwas nicht sehen. 구어체 표현)

ehren(존경하다 존중하다 칭찬하다 증정하다)

Ehre Vater und Mutter! 부모를 공경해라!

(Achte sie!)

Bitte beehren Sie mich bald wieder! 또 다시 뵙기를 바랍니다!

(Kommen Sie bald wieder in mein Geschaeft!)

Die Studenten verehren ihren alten Professor. 학생들이 그들의 연로한 교수를 존경한다.

(Sie achten und lieben ihn.)

Sehr verehrte, gnaedige Frau! 경외하는 여사님!(특히 서신에서 아주 공손한 머리글) −서신이나 구어체에서 호칭은 이름을 사용하든지 Frau나 Herr를 성씨 앞에 붙인다. 직위는 일반적으로 사용하지 않는다.

eilen(재촉하다 서두르다 서두르게 하다 몰아대다 급히 가다 급하다 긴급을 요하다)

Der Brief eilt. 편지가 급하다. 급한 편지이다.

(Er muss schnell geschrieben werden.)

Mir waren alle Pakete heruntergefallen, ein freundlicher Herr eilte mir zu Hilfe. 소포들이 바닥에 떨어졌는데, 친절한 신사가 주워줬다.

(Er kam schnell.)

Iss nicht so langsam, beeile dich! 서둘러! 급해! 빨리빨리! 그렇게 천천히 먹으면 어떻게 해!

(Mach schnell!)

Der Tod hat ihn ereilt. 그는 갑자기 죽었다.

(Der Tod hat ihn eingeholt. 혹은 Er ist ploetzlich gestorben.)

einen(통일하다 일치시키다 하나로 하다 하나로 되다 일치하다 결합하다)

Gleiche Sorgen und Gefahren sollten die Menschen einen. 같은 운명이 사람들을 단결시킨다. 같은 처지가 사람들을 하나로 만든다. 하나로 묶는다.

(Gleiches Schicksal sollte es verbinden.)

Das Fest vereinte die Menschen bei Spiel und Tanz. 축제는 노래와 춤으로 사람들을 하나로 묶었다. 하나로 단합시켰다.

(Es brachte sie zusammen.)

In der UNO sind die Voelker der Welt vereint. UN에는 세계의 모든 민족들이 하나로 뭉쳐져 있다. 단합되어 있다.

(Sie sind in dieser Organisation zusammengeschlossen.)

einigen(의견일치하다 합의하다 통일하다 일치하다 통합하다)

Sie koennen sich ueber den Preis einigen. 그들은 가격에서 합의를 볼 수 있다.

(Sie finden einen Preis, mit dem Kaeufer und Verkaeufer zufrieden sind.)

Die beiden Firmen haben sich vereinigt. 두 회사가 합쳐졌다. 하나로 되었다.

(Sie bilden jetzt eine Firma.)

enden(끝내다 끝나다 다하다 그치다 죽다 소멸하다 파멸하다 낙착되다 다되다)

Der Film endet gluecklich. 그 영화는 해피엔드였다.

Der Abend endete mit einem Streit. 저녁에 언쟁이 벌어졌다. 저녁이 언쟁으로 끝났다.

(Am Ende gab es Streit.)

Das Tier ist verendet. 동물들이 소멸한다.

(Es ist gestorben.)

Der Bildhauer starb, bevor er seine Skulptur vollendet hatte. 그 조각가는 조각을 완성하기 전에 죽었다.

(Er konnte sie nicht fertig machen.)

Meine Frau hat ihr 66. Lebensjahr vollendet. 내 아내는 만 66세가 되었다.

(Sie wurde 66.)

erben(상속받다 상속되다 계승하다 유전하다 상속하다 전해지다)

Er hat das Haus von seinem Onkel geerbt. 그는 삼촌 집을 상속받았다. 삼촌으로부터 집을 상속받았다.

(Er bekam es nach seinem Tod.)

Amara hat die schoenen Augen ihrer Mutter geerbt. 아마라의 예쁜 눈은 그녀의 엄마에게서 물려받았다.

(Sie hat die gleichen Augen wie sie.)

Hier ist nichts zu erben! 여긴 아무것도 없어! 콩고물도 없어! 상속받을 게 하나도 없어!

(Hier kann man nichts bekommen! 구어체 표현)

Ich beerbte meinen kinderlosen Onkel. 나는 후손이 없는 삼촌의 유산을 물려받았다.

(Ich bekam sein Vermoegen.)

Er hat sein Vermoegen ererbt. 그는 유산을 받았다.

(Er hat es durch Erbschaft bekommen.)

Sein Vater hat ihm nur Schulden vererbt. 그의 아빠는 빚만 남겼다.

(Er hinterliess nur Schulden, die der Sohn bezahlen muss.)

Es gibt Krankheiten, die sich vererben. 유전되는 질병도 있다.

(Sie kommen in einer Familie immer wieder vor.)

erinnern(상기하다 회상하다 생각해내다 상기시키다 생각나게 하다 주의시키다 독촉하다 생각해내다 기억나다 지적하다 나무라다)

Koennen Sie sich an Frau Meyer erinnern? 당신 마이어부인이 기억납니까? 당신은 마이어부인을 기억합니까?

(Wissen Sie noch, wer das ist?)

falten(접다 주름잡다 주름살지다 깍지 끼다 찌푸리다)

Bitte Falten Sie das Blatt dreimal! 종이를 세 번 접으세요!

(Legen Sie es zusammen!)

Die Nonne faltet die Haende. 수녀는 손을 포개었다. 기도하려고.

(Sie legt sie zum Gebet zusammen.)

Die Tulpen entfaltet sich. 튤립 꽃이 핀다.

(Sie bleuhen auf.)

faerben(채색하다 염색하다 물들이다 윤색하다 색이 빠지다 색이 변하다)

Die Dame laesst sich ihr blondes Haar schwarz faerben. 그 숙녀는 금발을 검은 머리로 염색한다.

(Das Haar hat jetzt eine andere Farbe.)

Im Herbst faerben sich die Blaetter. 가을에는 나뭇잎들이 단풍든다.

(Sie werden bunt.)

Der gruene Waschlappen faerbt ab. 초록색 행주가 물이 빠진다. 바래진다.

(Das Wasser wird gruen. 혹은 Die Farbe ist nicht echt.)

fassen(담다 넣다 채우다 수령하다 보급받다 이해하다 표현하다 붙잡다 체포하다)

Das Kleinkind fasste die Mutter an der Hand. 어린 아이가 엄마 손을 잡았다.

(Es ergriff ihre Hand.)

Man hat den Dieb schon gefasst. 도둑이 이미 체포되었다.

(Man hat ihn gefangen.)

Der Eimer fasst fuenf Liter. 이 양동이는 5리터가 들어간다.

(Fuenf Liter gehen hinein.)

Ich kann es nicht fassen, dass er nicht mehr lebt! 그가 죽었다는 것이 믿기지가 않는다. 그가 더 이상 이 세상에 없다는 것이 이해가 안 간다.

(Ich kann es nicht begreifen.)

Das weinende Maedchen konnte sich gar nicht wieder fassen. 우는 소녀는 어쩔 줄을 몰랐다. 제 정신을 차릴 수가 없었다.

(Sie konnt sich nicht beruhigen.)

Fassen Sie sich in Geduld! 진정하세요! 안정하세요! 참으세요!

(Haben Sie Geduld!)

Ein Baby muss man zart anfassen. 영아/갓난애를 안을 때는 주의해야 한다. 조심해야 한다.

(Man darf es nicht fest in die Hand nehmen.)

Er erfasste das Glas. 그는 잔을 잡았다. 들었다.

(Er nahm es in die Hand.)

Das Medizinstudium umfasst viele Teilgebiete. 의학 학업/의과대학 수업에는 많은 학문 부문/과목들이 있다.

(Viele Gebiete gehoeren dazu.)

Dr. Schmidt hat dieses Buch verfasst. 슈미트박사가 이 책을 썼다. 저작했다.

(Er ist der Autor.)

fehlen(빗맞히다 놓치다 그르치다 잘못하다 실패하다 없다 모자라다 결석하다 병나다)

Mir fehlt mein Fueller. 만년필이 없어 아쉽다.

(Ich habe ihn nicht und vermisse ihn.)

Es fehlt ihr an der noetigen Energie. 그녀는 필요한 에너지가 부족해. 모자라.

(Sie besitzt sie nicht.)

Ihr Sohn hat heute in der Schule gefehlt. 당신 아들이 오늘 학교에 안 왔어요.

(Er war nicht da.)

Weit gefehlt! 헷갈리나 보네! 착각하시나 봐요!

(Da irren Sie sich gruendlich!)

fesseln(속박하다 구속하다 묶다 매료하다 사로잡다 끌다 꽉 죄다)

Der Roman hat mich sehr gefesselt. 나 이 소설에 빠졌어. 이 소설을 중단할 수가 없어.

(Er war so interessant, dass ich nicht aufhoeren konnte zu lesen.)

Die Polizistin fesselt den Verbrecher. 여자 경찰관이 범인을 수갑 채운다.

(Sie bindet ihm die Haende zusammen.)

Der Film entfesselte heftige Diskussionen. 그 영화는 격한 논쟁들을 불러일으켰다. 격한 논쟁으로 내몰렸다.

(Er war der Anlass dazu, er loeste die Diskussionen aus.)

flehen(탄원하다 간청하다 간절히 빌다)

Der Gefangene flehte um Gnade. 감옥수는 사면을 간청했다.

(Er bat in grosser Not darum.)

Der Christ fleht zu Gott. 기독교인은 하나님에게 빈다.

(Er betet und bittet ihn um Hilfe.)

fluechten(달아나다 도주하다 피난하다 피난시키다 도주시키다)

Die Tiere fluechten vor dem Hochwasser. 동물들이 홍수로부터 달아났다.

(Sie fliehen davor.)

Die Katze fluechtet auf den Baum. 고양이가 나무 위로 달아난다.

(Sie flieht dorthin.)

Er fluechtet in eine Luege. 그는 거짓말로 모면하려한다.

(Er log, um sich zu retten, weil er keinen anderen Weg mehr sah.)

folgen(뒤따라오다 뒤를 밟다 수행하다 수반하다 뒤를 잇다 후속하다 귀결되다 따라가다 본뜨다 모방하다 따르다 복종하다 순응하다)

Fortsetzung folgt! 다음회가 계속됩니다! 연작시리즈 다음호!

(In der naechsten Nummer wird der Zeitungsroman fortgesetzt.)

Das Kind folgt dem Vater. 아이는 아빠에 복종한다.

(Es gehorcht ihm.)

Ich konnte der franzoesischen Unterhaltung nicht folgen. 나는 프랑스어로 나누는 대화를 완전히는 이해하질 못했다. 따라갈 수가 없었다.

(Ich verstand sie nicht ganz.)

Folge meinem Rat! 내 조언이 도움이 될 거야! 내 조언에 따라!

(Tue, was ich dir gesagt habe.)

Auf Otto I. folgte Otto II. 오토 1세 다음에 오토 2세였다.

(Otto II. kam nach Otto I.)

Die Polizei verfolgt den Verbrecher. 경찰이 범인을 추적한다.

(Sie will ihn fangen.)

fordern(요구하다 청구하다 필요로 하다 강요하다 호출하다 출두요구하다 도전하다 가격매기다)

Die Arbeit fordert meine ganze Aufmerksamkeit. 나는 이 작업에 완전히 집중한다. 이 일이 내 모든 집중력을 요구한다.

(Ich brauche meine ganze Konzentration fuer diese Arbeit.)

Der Haendler hat einen hohen Preis gefordert. 상인이 높은 가격을 불렀다.

(Er verlangt viel.)

Der Lehrer ueberfordert seine Schueler. 교사가 학생들에게 지나친 요구를 한다.

(Er verlangt zu viel von ihnen.)

foerdern(후원하다 지원하다 장려하다 진흥하다 채굴하다 운송하다 운반하다 서두르다 진행하다 분투하다 진척하다 성공하다)

Der Unternehmer foedert den armen Jungen in seiner Firma. 그 사업가는 회사의 가난한 젊은이를 후원하고 있다.

(Er unterstuetzt ihn.)

In dieser Grube werden jaehrlich viele tausend Tonnen Erz gefoerdert. 이 탄광에서는 연간 수천 톤의 광석이 채광되고 있다.

(Man holt das Erz aus dem Boden.)

Die Untersuchung hat viel Neues zutage gefoerdert. 그 연구는 많은 새로운 사실들을 밝혀냈다.

(Es wurden viele neue Tatsachen entdeckt.)

forschen(연구하다 탐구하다 탐색하다 조사하다 살피다 찾다)

Die Mediziner forschen nach dem Erreger dieser Krankheit. 의학자들은 이 질병의 병원체에 대하여 연구하고 있다.

(Sie suchen die Bakterien, die diese Krankheit hervorrufen.)

Der Biologe erforschte das Leben der Bienen. 생물학자가 벌들의 생태에 대하여 연구하였다.

(Er untersuchte es genau.)

fragen(묻다 질문하다 구하다 청하다 부탁하다 수요가 있다 문의하다)

Sie fragt die Lehrerin. 그녀는 교사에게 질문하고 있다.

Im Winter werden Badeanzuege wenig gefragt. 겨울에는 수영복의 수요가 적다.

(Man verlangt sie nicht oft.)

Ich habe im Reisebuero am Hambuger Flughafen angefragt, ob doch noch ein Platz in der Maschine nach Berlin frei ist. 나는 함부르크 공항의 여행사에 아직도 베를린 가는 비행기의 좌석이 하나 남아 있는지 문의하였다.

(Ich habe mich erkundigt.)

Das Institut fuer Meinungsforschung befragt die Bevoelkerung. 여론조사 기관이 국민들의 의견들을 수집했다. 여론조사 연구소가~

(Man will wissen, was das Volk denkt.)

Ich konnte den genauen Preis erfragen. 나는 정확한 가격을 문의하여 알 수 있었다. 정확한 가격을 조회할 수 있었다.

(Ich konnte ihn durch Fragen erfahren.)

Fragen Sie spaeter wieder nach! 나중에 다시 문의해 보세요!

(Fragen Sie spaeter noch einmal.)

freuen(기뻐하다 반기다 기쁘게 하다 기쁘다)

Ich freue mich, Sie zu sehen! (만났을 때 인사) 만나 뵙게 돼서 반갑습니다!

(Es ist mir ein Vergnuegen!)

Die Verkaeuferin freut sich auf ihre Urlaubsreise. 그 점원은 여행갈 생각에 들떠있다. 휴가여행에 기뻐하고 있다.

(Schon vorher denkt sie mit Freude daran.)

Sie freute sich ueber das schoene Wetter. 그녀는 날씨가 좋아서 아주 기분이 좋았다. 좋은 날씨를 기뻐했다.

(Das Wetter war schoen, und sie war gluecklich darueber.)

Er freute sich an den schoenen Blumen. 그는 예쁜 꽃을 보고 무척 좋아한다. 기뻐한다.

(Er sah die Blumen und fand sie schoen.)

Womit koennte man den Kranken erfreuen? 사람들은 무엇으로 환자들을 위로할 수 있을까?

(Womit koennte man ihm eine Freude machen?)

Wir haben uns an der herrlichen Musik erfreut. 우리는 정말 멋진 그 음악을 즐겼다. 장려한 그 음악을 즐겼다.

(Wir haben sie genossen.)

fuegen(결합하다 짜맞추다 따르다 복종하다 적용하다 적합하다 맞다 일어나다 발생시키다)

Der Fliesenleger fuegt die Kacheln mit Moertel aneinander. 타일공이 타일을 회반죽/모르타르로 접착한다.

(Er verbindet sie, er setzt sie zusammen.)

Fuege dich der Hausordnung! 주택규정을 따르라! 아파트의 질서를 지켜라!– 큰 건물들도 단체 생활하는 규칙 주택규정Hausordnung이 있으며, 아파트에도 일반적인 민법의 하부적인 규정들이 있다. 대개는 밤 10시부터 아침 6시까지는 안면방해죄에 해당하는 규정이 있고 예외인 경우에는 아래 1층 입구에 잘 보이게 고지를 한다. 흔치 않은 일을 가지고 바로 고지하지 않았다고 해서 즉시 항의할 수는 없다. 왜냐하면 이웃 간의 인내의 의무Duldungspflicht가 있기 때문이다.

(Befolge sie! 혹은 Tue, was darin verlangt wird!)

Die Firma fuegt ihrem Angebot eine Preisliste bei. 회사가 세일제품에 가격목록을 첨부했다.

(Sie schickt die Liste mit.)

Dem Vortrag des Professors ist nichts mehr hinzufuegen. 교수의 발표에 첨부할 것이 전혀 없다.

(Man kann nichts mehr ergaenzen, er hat alles gesagt.)

Die Wohnung verfuegt ueber zwei Badezimmer. 그 아파트는 욕실이 두 개다.

(Sie hat zwei Badezimmer.)

Bitte, verfuegen Sie ueber mich! 내가 뭘 할까요! 나에게 뭘 시키세요.

(Sagen Sie, was ich fuer Sie tun kann.)

fuehlen(느끼다 체감하다 만져보다 자각하다 여기다 더듬다 더듬어 찾다)

Der Arzt fuehlt dem Kranken den Puls. 의사가 환자의 맥박을 잰다.

(Er sucht ihn und zaehlt die Schlaege.)

Ich fuehlte, dass ich nicht willkommen war. 내가 불청객이었나 봐. 내가 불청객이었다는 것을 느꼈어.

(Ich merkte es.)

In dieser Narkose fuehlt man den Schmerz nicht. 이 마취제는 고통을 몰라. 고통을 못 느껴.

(Man empfindet ihn nicht.)

Ich fuehle Ihren Schmerz mit. 나의 마음이 무척 아프네요. 당신의 고통을 나눕니다. 함께합니다.

(Ich leide mit Ihnen.)

Ich kann mich in seine Gedanken einfuehlen. 난 그의 생각을 이해할 수 있어.

(Ich kann sie verstehen.)

fuehren(인도하다 안내하다 지도하다 이끌다 통솔하다 경영하다 운전하다 운송하다 휴대하다 지니다 짓다 세우다 건설하다 영위하다 통하다 이어지다)

Viele Wege fuehren nach Rom. (격언) 어떻게 가든 서울만 가면 된다. 모든 길은 로마로 통한다.

(Es gibt zu dem gleichen Ziel mehrere Wege.)

Keine Bruecke fuehrt ueber diesen Fluss. 이 강엔 다리가 없다.

(Es gibt keine Bruecke hinueber.)

Nach der ersten Halbzeit fuehrte der Fussballklub Hamburger SV. 전반전이 끝났을 때 함부르크축구연합(HSV)이 이기고 있었다.

(Er war in der besseren Position.)

Ich fuehre den Gast ins Wohnzimmer. 내가 손님을 방으로 안내했다.

(Ich bringe ihn dorthin und zeige ihm den Weg.)

Nach der Promotion darf man den Doktortitel fuehren. 박사논문 심사 후에는 박사칭호를 달 수 있다. —독일 대학은 동기도 없고 학년도 없고 학기제이고 등록으로 수강하고 졸업도 개별로 하며 마지막 구두시험 끝나면 바로 점수가 나오면서 그 학문적인 칭호를 달 수 있는데 후에라도 큰 범죄를 저지르면 다시 몰수된다. 동기/기수가 없으므로 조직화 할 수 없고 공부만 하고 나온다. 능률지향적인 현대 독일 사회의 특징은 개인화와 기능적 제도화다.

(Man darf sich Doktor nennen lassen.)

Dieser Diskussionsbeitrag fuehrt vom Thema ab. 이 토론발표는 주제에서 벗어난다.

(Wenn wir darauf eingehen, verlassen wir das Thema.)

Dieses Medikament fuehrt ab. 이 약은 설사제이다. 설사를 하게 한다.

(Es beschleunigt den Stuhlgang.)

Der Arbeitgeber muss fuer jeden Arbeitnehmer die Sozialabgaben abfuehren. 경영인/사업주는 모든 직원들의 사회지출/부대비용을 내야 한다.

(Er zahlt sie bei der Versicherung ein.)

Was ich mir vorgenommen habe, fuehre ich auch durch. 나는 마음먹은 것은 또한 역시 실행해.

(Was ich will, das tue ich auch.)

Das Kind wurde von Verbrechern entfuehrt. 아이가 범인에게 유괴 당했다.

(Sie haben es geraubt und mitgenommen.)

fuellen(가득 채우다 채워 넣다 부어넣다 차지하다 점유하다 붓다 넣다 잔뜩 먹다)

Der Wirt fuellt die Glaeser. 술집주인이 유리잔들을 채운다. 술잔을 채운다.

(Er macht sie voll.)

Die Mutter fuellt die Vase mit Blumen. 엄마가 꽃병에 꽃을 꽂는다.

(Sie tat Blumen hinein.)

Lautes Geschrei erfuellte die Luft. 시끄러운 소리가 공기를 갈랐다. 온통 시끄러운 소리이다.

(Die Luft war voller Geschrei. 혹은 Wir hoerten laute Schreie.)

Ich habe meine Pflicht erfuellt. 난 내 책임을 다 했다. 내 의무를 수행했다.

(Ich habe meine Pflicht getan.)

Die U-Bahn war ueberfuellt. 지하철이 만원이었다. 꽈 찼다.

(Sie war zu voll.)

fuerchten(걱정하다 근심하다 염려하다 두려워하다 무서워하다 경외하다)

Sie fuerchtet fuer ihr Leben. 그녀는 죽을까봐 걱정이다. 삶을 걱정한다.

(Sie hat Angst, es zu verlieren.)

Glaeubige Menschen fuerchtet Gott. 신앙인들은 신을 경외한다.

(Sie haben Respekt vor ihm.)

Ich fuerchte, es kommt ein Gewitter. 천둥번개가 올까봐 두렵다.

(Ich glaube es, aber ich wuensche es nicht.)

Der Kaufmann befuerchtet, dass die Steuern erhoeht werden. 상인은 세금이 늘어날까봐 걱정이다. 오를까봐~

(Er erwartet die Steuererhoehung mit Sorge.)

fuettern(먹이를 주다 사료를 주다 음식을 먹여주다 입력하다 안을 대다 안감을 대다 보강하다)

Der Bauer fuettert das Vieh. 농부가 가축에 먹이를 준다. 가축을 먹인다.

(Er gibt den Tieren zu fressen.)

Die Mutter muss das Baby fuettern. 엄마가 아이를 먹인다. 먹여야 한다.

(Sie gibt dem Kind zu essen.)

Der Schneider hat meinen Mantel mit Seide gefuettert. 수선사/재단사가 내 외투를 비단으로 속을 댔다.

(Er hat ein Futter in den Mantel genaeht.)

gelangen(도달하다 다다르다 이르다 도착하다 닿다 만나다)

Sie gelangte schliesslich doch noch ans Ziel. 그녀는 드디어 목적지에 도달했다.

(Sie kam zum Ziel. 혹은 Sie erreichte es.)

Wie sind Sie in den Besitz dieser Information gelangt? 어떻게 이 정보를 취득했습니까? 취득할 수 있었습니까?

(Wie sind Sie dazu gekommen.)

gewoehnen(익숙하게 하다 길들이다 익숙해지다)

Ich habe mich an das hiesige Klima gewoehnt. 난 이곳 기후에 적응했다.

(Ich fuehle mich jetzt hier wohl. 혹은 Der Unterschied faellt mir nicht mehr auf.)

Die Mutter gewoehnt die Kinder an Puenktlichkeit. 엄마가 아이들에게 정확성/엄수를 교육시킨다. -정확성Puenktlichkeit은 독일 교육의 결과물인 독일인(독일에서 태어나서 유치원 초중고 대학을 나온 사람. 의무교육은 9학년까지임)의 특징이다. 서로간의 시간 약속, 재화와 서비스의 거래 등에서의 정확성을 말한다. 시민/국민을 만드는 교육과 사람의 영혼을 책임지는 종교는 거의 국가독점에 가깝다.

(Sie erzieht sie dazu. 혹은 Puenktlichkeit wird ihnen selbstverstaendlich.)

glauben(믿다 신뢰하다 여기다 신용하다 존재를 믿다 추측하다 추정하다)

Der Glaeubige glaubt an Gott. 신앙인은 신을 믿는다.

(Er ist sicher, dass es Gott gibt.)

Ich glaube dem Bettler diese Geschichte nicht. 나는 거지가 한 애기를 못 믿어.

(Ich denke, er luegt.)

Er glaubt an die Ehrlichkeit der Menschen. 그는 인간의 정직/성실을 믿는다.

(Er ist ueberzeugt davon.)

gluecken(잘되다 성공하다 번영하다)

Es ist mir doch noch geglueckt, Opernkarten zu bekommen. 오페라 표 사는 데 성공했네.

(Es ist mir gelungen.)

Der Raketenstart ist missglueckt. 미사일 발사가 실패한다.

(Er ist nicht gelungen.)

goennen(베풀다 기꺼이 주다 허락하다 빌다 인사하다)

Ich goenne ihm diese Niederlage! 그가 그런 꼴이 되는 게 당연해! 전혀 동정이 안 가! 그가 그 꼴이 된 것은 자초한 일이야.

(Das hat er verdient! 혹은 Ich freue mich ueber seinen Misserfolg!)

Er goennt sich endlich einmal Ferien. 그는 드디어 한 번의 휴가를 즐긴다.

(Er leistet sich Ferien.)

gratulieren(축하하다 기쁘하다)

Wir gratulieren ihm zu seinem Geburtstag. 우리는 그의 생일을 축하한다.

(Wir wueschen ihm alles Gute.)

grauen(백발이 되다 회색이 되다 나이 들다 날이 밝다 날이 밝아오다 무섭다 두렵다)

Der Tag graut. 날이 밝다. 밝아온다.

(Es wird hell.)

Mir graut vor dem Flug. 나는 비행기 타는 게 무섭다. 배행이 두렵다.

(Ich habe grosse Angst davor.)

grenzen(경계를 맞대다 인접하다 면해있다)

Deutschland grenzt an Frankreich. 독일은 프랑스와 국경을 접하고 있다.

(Diese Laender sind Nachbarn.)

Sein Benehmen grenzt an Unverschaemtheit. 그는 철면피야. 그는 부끄러운 줄

을 몰라. 그의 행동은 철면피 그자체이다.

(Es ist fast eine Unverschaemtheit.)

gruebeln(골똘히 생각하다 파헤치다 천착하다 심사숙고하다)

Er gruebelt den ganzen Tag. 그는 종일 심사숙고한다. 골똘히 생각한다.

(Er macht sich Gedanken und Sorgen.)

Ich habe lange ueber eine Loesung fuer dieses Problem nachgegruebelt. 나는 이 문제의 해결을 위해 오랫동안 숙고했다.

(Ich habe intensiv darueber nachgedacht.)

gruenden(기초를 닦다 건설하다 창건하다 창립하다 근거로 삼다 설립하다)

Die Saenger wollen einen Verein gruenden. 성악가들은 협회를 설립하려 한다.

(Sie wollen ihn ins Leben rufen. 혹은 Sie machen den ersten Anfang.)

Koennen Sie Ihren Entschluss begruenden? 당신의 결정을 말해줄 수 있습니까?

(Koennen Sie sagen, warum Sie sich so entschieden haben.)

gucken(들여다보다 살피다 응시하다 나타나다 나오다)

Der Kaufmann laesst sich nicht in die Karten gucken. 상인은 그의 계획을 아무에게도 안 보여준다.

(Niemand hat Einblick in seine Plaene.)

Guck mal! 저 봐! 뭐야! 봐! Guck mal zu! Sieh mal zu!

(Sieh!)

Lass mich auch mal durch das Fernglas gucken! 나도 망원경 한번 들여다보자! 들여다 볼 수 있게 해 줘!

(Lass mich hindurchsehen!)

Darf ich zugucken? 봐도 돼? 내가 봐도 괜찮아?

(Darf ich zuschauen?)

haften(달라붙다 밀착하다 부착하다 책임지다 보증하다)

Der Schmutz haftet an den Schuhen. 먼지가 신발에 달라붙는다.

(Er bleibt daran kleben.)

Eltern haften fuer ihre Kinder. 아이들은 부모들이 배상책임을 져야 한다.

(Sie muessen den Schaden bezahlen, den die Kinder angerichtet haben.)

handeln(값을 깎다 싸게 하다 팔다 매각하다 행하다 행동하다 논하다 다루다 담판하다 장사하다 거래하다 상담하다)

1. 하다

Handeln Sie! 움직이세요! 행동을 해 봐요! 좀 능동적이 돼 봐요!

(Seien Sie aktiv!)

2. 얘기하다

Das Buch handelt von den Problemen des modernen Iran. 이 책은 현대 이란의 문제점들에 대하여 논하고 있다. 문제점들을 다루고 있다.

(Die Darstellung der Probleme ist der Inhalt des Buches.)

3. 사고 팔다

Ein Buchhaendler handelt mit Buechern. 책방주인은 책을 팔고 있다. 책을 거래하고 있다.

(Er verkauft sie.)

4. 가격을 하락시키다

Er versucht zu handeln. 그는 에누리하고 있다. 값을 흥정하고 있다.

(Er wollte weniger bezahlen.)

haengen(걸려 있다 매달려 있다 떠있다 집착하다 달라붙어 있다 정지해 있다 정체해 있다)

Ich habe meinen Mantel an die Garderobe gehaengt. 나는 외투를 옷보관소 옷걸이에 걸었다. −옷보관소Garderobe는 오페라 극장 콘서트장 등에 유료 혹은 셀프로 겉옷을 놔두는 장소이다. 이러한 문화소비에도 긴 겉옷을 걸치고 가고 고급식당에도 이런 차림으로 하루의 휴가처럼 보낸다. 문화적인 욕구/필요/소비는 최상위 욕구로서 소득증가와 함께 증가하는 것이 일반적이다.

Das Maedchen hat die Gardinen aufgehaengt. 소녀가 커튼을 친다. −독일 아파트/주택에는 창문에 얇은 커튼Gardine을 치고 또 그 위에 안쪽(방쪽)으로 두꺼운 커튼Vorhang을 친다. 극장의 막도 Vorhang이다. 그러나 새로운 주택 아파트는 밖에서 잘 보이지 않는 유리창이고 더욱 개선된 이중 삼중 유리로 바람을 차단하므로 커튼이 없는 경우가 증가하는 추세다.

hegen(보호하다 돌보다 간호하다 부양하다 가지다 가슴에 품다 포함하다 둘러싸다 두르다)

Der Foerster hegt den Wald. 산림원이 숲을 보호한다.

(Er pflegt ihn.)

Ich hege keinen Verdacht gegen ihn. 나는 그에 대한 의심을 하지 않는다.

(Ich habe keinen Verdacht gegen ihn.)

heilen(낫다 치유하다 고치다 치료되다 치료하다 교정하다 제거하다)

Der Arzt hat den Kranken geheilt. 의사가 환자를 치료했다.

(Er konnte ihn gesund machen.)

Die Wunde ist schnell geheilt. 상처가 빨리 아물었다.

(Sie wird wieder gut.)

Hoffentlich ist er jetzt von seiner Eifersucht geheilt! 이제 그가 질투심에서 벗어났으면 좋겠어! 희망컨대 그가 질투심에서 교정되었으면!

(Hoffentlich ist er nicht mehr einfersuechtig!)

heiraten(결혼하다 협조하다)

Peter hat meine Schwester geheiratet. 페터는 내 누이와 결혼했다.

(Er nahm sie zur Frau.)

Sie hat sich vor einem Jahr verheiratet. 그녀는 일 년 전에 결혼했다.

(Sie ist seit einem Jahr verheiratet.)

herrschen(지배하다 통치하다 다스리다 관리하다 군림하다 굽어보다 우세하다 지배적이다 호통치다)

Im Saal herrschte Stille. 강당에는 적막감이 감돌았다. 조용했다.

(Es war ganz still.)

Alexander der Grosse herrschte ueber viele Laender. 알렉산더 대제는 많은 나라들을 통치했다.

(Er regierte sie autoritaer.)

Die Sekretaerin beherrscht die italienische Sprache. 여비서는 이탈리아어를 할 줄 안다.

(Sie spricht ausgezeichnet Italienisch.)

hindern(방해하다 훼방놓다 저지하다)

Der Laerm hindert mich am Arbeiten. 나는 시끄러워 일을 못하겠다. 시끄러움이 내가 일하는 것을 방해한다.

(Ich kann wegen des Laerms nicht arbeiten.)

Der hohle Zahn hindert mich beim Essen. 내 구멍 난 이빨 때문에 밥 먹는 것이 힘들다. 내 구멍 난 이빨이 밥 먹는 것을 방해한다.

(Er stoert mich.)

Ich kann morgen nicht kommen, ich bin verhindert. 나 내일 못 와. 일이 있어.

(Ich habe etwas anders zu tun.)

hoffen(바라다 희망하다 기대를 걸다 기대하다 믿다)

Die Menschen hoffen auf bessere Zeiten. 사람들은 좋은 날이 오겠지 기대한다.

(Sie wuenschen, dass bessere Zeiten kommen.)

Ich hoffe, Sie bald wiederzusehen. 불원간 다시 뵙기를 바랍니다.

holen(가져오다 꺼내다 데려오다 불러오다 데려가다 잡아가다 한숨 돌리다 얻다 획득
하다)

Hole den Arzt! 의사 와야 해! 의사 데려 와!

(Bitte einen Arzt, dass er kommt!)

Peter holt Bier. 페터가 맥주를 가져온다. 사온다.

(Er geht und kauft Bier.)

Ich muss erst einmal Luft holen. 난 우선 한 숨 돌려야겠어. 숨 좀 쉬자.

(Ich muss mich erst einmal etwas ausruhen.)

Dich soll der Teufel holen. 귀신이 너 잡아갔으면 좋겠다. 너 꼴도 보기 싫어.

(Ich bin wuetend auf dich und moechte dich nicht mehr sehen.)

hoeren(듣다 청취하다 들리다 귀를 기울이다 따르다 순종하다 경청하다)

Hast du den Wecker gehoert? 알람시계소리 들었어? 알람시계소리 못 들었어?

Die alte Frau hoert schwer. 그 노파는 잘 알아듣지 못한다.

kaempfen(싸우다 투쟁하다 논쟁하다 분투하다 노력하다 격투하다)

Der Kranke kaempft mit dem Tod. 환자가 죽음과 싸우고 있다.

(Er wehrt sich. 혹은 Er will nicht sterben.)

Du musst kaempfen! 너 긴장해야 해! 처지면 안 돼! 파이팅!

(Du musst dich anstrengen!)

Der Arzt kaempft gegen die Krankheit. 의사는 질병과 싸운다.

(Er will sie beseitigen.)

kaufen(사다 구입하다 희생을 치르고 얻다)

Dafuer kann ich mir nichts kaufen. 내겐 필요 없어.

(Das nuetzt mir nichts.)

Wer hat das Haus gekauft? 누가 이 집을 샀어?

(Wer ist der Besitzer?)

kehren(쓸다 청소하다 향하게 하다 돌리다 뒤집다 돌다 돌아보다 선회하다 방향을 바
꾸다)

1. 깨끗하게 하다

Die Putzfrau kehrt den Flur. 청소부가 복도를 쓴다.

(Sie fegt den Staub mit dem Besen weg.)

2. 방향을 변경하다

Er kehrt der Stadt den Ruecken. 그는 이 도시를 떠난다. 이 도시에 등을 돌린다.

(Er verliess sie.)

kleiden(옷을 입히다 어울리다 싸다 덮어씌우다)

Der Schauspieler kleidet sich nach der neuesten Mode. 배우가 최신 유행 옷을 입고 있다.

(Er traegt die neuesten Modelle.)

Das Kostuem kleidet Sie gut. 그 의상이 당신에게 잘 어울립니다.

(Es steht Ihnen. 혹은 Sie sehen gut darin aus.)

kochen(요리하다 찌다 끓이다 삶다 익히다 삶아지다 격앙하다)

Die Mutter kocht das Fleisch. 엄마가 고기를 삶는다. 요리한다.

(Sie legt es ins Wasser und laesst es garnen.)

Vorsicht, der Chef kocht! 조심, 사장 뿔났어! 화났어! 열났단 말이야!

(Er ist sehr zornig!)

kosten(값이 얼마이다 필요로 하다 요구하다 맛보다 시식하다 시음하다 경험하다)

Das kostet ihn seine Stellung. 그는 일자리를 잃는다. 그것을 그의 일자리와 맞바꾸었다.

(Er wird seine Arbeit verlieren.)

Die Schuhe haben 98 Euro gekostet. 이 신발 98유로 들었어. 98유로 주었어.

kriegen(얻다 받다 획득하다 손에 넣다 붙잡다)

Er kriegt es mit der Angst. 그는 겁먹고 있다.

(Er bekommt Angst.)

Ich kriege noch Geld von dir. 너는 나한테 돈 줄 게 있어. 나는 네게서 돈을 받아야 한다. 돈 받을 게 있는데.

(Ich bekomme noch Geld.)

lachen(웃다 웃음을 띠다 비웃다 개의치 않다)

Lina lacht gern. 린아는 잘 웃는다.

Der Himmel lachte. 햇볕이 났다.

(Die Sonne schien.)

Das junge Maedchen lachte mich an. 어린 소녀가 나에게 웃음으로 대했다. 나에게 웃음 지었다.

(Es lachte zu mir hin.)

Als ich das hoerte, musste ich auflachen. 내가 그것을 들었을 때 헛웃음이 나왔었어. 나도 모르게 웃음이 터졌어.

(Ich lachte einmal und kurz.)

Lache das Kind nicht aus! 그 애 놀리지 마! 비웃지 마!

(Verspotte es nicht! 혹은 Mache dich nicht lustig ueber es!)

Die ersten modernen Maler wurden verlacht. 초기 현대미술가들은 비웃음을 샀다. 웃음거리였다.

(Man lachte sie aus.)

lagern(누워 쉬다 휴식을 취하다 눕히다 야영하다 저장되어있다 보관되어있다 자리 잡다 쉬다 눕다)

Wir haben im Wald gelagert. 우리는 숲에서 야영했다.

(Wir haben im Wald gerastet und uns ausgeruht.)

Die Ware lagert in einem Schuppen. 상품은 창고에 있다. 쌓여 있다.

(Sie liegt dort.)

lauten(~라는 내용이다 ~라고 쓰여 있다 소리 나다 울리다 울다)

So lautet der Satz schon besser. 그렇게 표현하는 것이 더 낫다.

(So klingt er besser.)

Wie lautet die Anschrift? 주소가 어떻게 됩니까?

(Wie ist die Adresse?)

leben(살아있다 생존하다 살다 거부하다 서식하다 생활하다)

Der alte Mann lebt noch. 그 노인 아직도 살아있어.

(Er ist noch nicht gestorben.)

Er lebt in Hamburg. 그는 함부르크에 살고 있어. −살다, 거주하다가 국가면 leben 동사를 쓰고 소도시면 wohnen을 쓴다. Hamburg처럼 큰 도시면 leben과 wohnen 둘 다 쓸 수 있다.

(Er wohnt dort.)

Der weiss zu leben. 그는 처세에 능한 사람이야. 그는 삶의 지혜를 깨우친 사람이야. 사는 것을 아는 사람이야.

(Er ist ein Lebenskuenstler.)

Er lebt von Luft und Liebe. 그는 물질적으로 부족한 것이 없어.

(Er hat keine Materiellen Beduerfnisse.)

legen(두다 놓다 눕히다 저장하다 넣어두다 심다)

1. 무엇을 놓다 무엇을 두다

Das Huhn legt jeden Tag ein Ei. 암탉이 매일 달걀을 낳는다. 하루같이 알을 낳는다. −Huhn은 암탉, Hahn은 장닭, 애칭인 Haehnchen은 통닭이다.

Die Elektriker legen die Lichtleitung. 전기공들이 전등선을 설치한다.

(Sie installieren sie.)

2. 누구에게 무엇을 말하다

Der Wahrsager legte der Dame die Karten. 점쟁이가 카드로 그 부인의 점을 봤다. 점을 쳤다.

(Er las aus den Karten die Zukunft.)

3. 무엇을 어떠한 장소에 두다

Der Vater legt das Kleinkind ins Bett. 아빠가 어린애를 침대위에 눕힌다.

Ich habe den Brief auf den Tisch gelegt. 난 편지를 탁자위에 놓았다.

4. 추상적인 의미로는

Der Gegner legt ihm viele Steine in den Weg. 상대방이 그에게 어려움을 안겨준다. 상대방이 그를 어렵게 한다.

(Er macht ihm grosse Schwierigkeiten.)

Ich lege die Entscheidung in Ihre Haende. 당신이 결정하시지요. 결정은 당신 손에 달렸습니다.

(Sie sollen entscheiden.)

Lehren(가르치다 강의하다 교시하다 기계로 측정하다)

Das muss die Zukunft lehren. 세월이 지나야 알아. 미래가 가르쳐 줄 거야.

(Sie wird es zeigen.)

Der Vater lehrt das Kind zaehlen. 아빠가 아이에게 숫자를 가르친다. 셈을~

(Er bringt es ihm bei.)

Die Erfahrung lehrt das Kind Vorsicht. 경험이 아이에게 조심을 가르친다. 아이가 경험으로 조심하게 된다.

(Das Kind lernt durch Erfahrung, vorsichtig zu sein.)

Der Bankbeamte belehrte mich ueber die Moeglichkeiten, Geld nach Korea zu schicken. 은행직원이 나에게 한국에 돈을 보내는 가능성에 대해 설명하였다.

(Er erklaerte mich auf.)

Er laesst sich nicht belehren. 그는 가르침을 듣지 않는다. 그는 고집이 세 못 배운다. 그는 배우려고 하지 않는다.

(Er hoert auf nichts.)

leisten(해내다 수행하다 행하다 즐기다 누리다)

Dieser Arbeit leistet viel. 이 일은 능률이 아주 높다.

(Er arbeitet gut.)

Der Motor leistet 80 PS. 그 자동차엔진/기계모터는 80마력이다. 독일에서는 자동차를 포함한 모든 Motor를 모터라고 한다.

(Er gibt soviel Kraft ab.)

leiten(이끌다 안내하다 이끌리다 보내다 유도하다 주재하다 지배하다 관리하다 경영하다 열전도하다)

Der Sohn leitet jetzt die Firma. 그 아들이 이제 회사를 경영한다.

(Er fuehrt sie. 혹은 Er ist Direktor.)

Holz leitet die Waerme schlecht. 나무는 열전도를 잘 하지 못한다.

(Es laesst die Waerme nicht durch.)

lenken(조종하다 몰다 유도하다 주도하다 향하다)

Der Autofahrer lenkt den Wagen. 자동차운전자가 차를 몬다. 차를 조종한다.

(Er steuert ihn.)

Die junge Dame lenkte alle Blicke auf sich. 젊은 숙녀가 주위의 모든 시선들을 한 몸에 받았다. 자기에게 쏠리게 했다.

(Alle Leute sahen zu ihr hin.)

lernen(배우다 습득하다 익히다 익숙해지다)

Seine Tochter hat fliegen gelernt. 그의 딸은 비행을 배웠다. 비행하는 것을~

(Jetzt kann sie es.)

Aus Erfahrungen lernt der Mensch. 사람은 경험으로 배운다. 경험에서~

Lernen Sie die Woerter. 단어들을 외우세요. 암기하세요.

leugnen(부정하다 부인하다 취소하다)

Sie leugnete, das Auto gestohlen zu haben. 그녀는 자동차 훔친 것을 부인했다.

(Sie sagte, sie habe es nicht gestohlen.)

Man kann es nicht leugnen; er ist ein guter Mensch. 그는 부인할 수 없는 좋은 사람이다. 그가 좋은 사람이라는 것을 부인할 수 없다. 천하가 아는 호인이다.

(Er ist wirklich ein guter Mensch, man muss es zugeben.)

lieben(사랑하다 사모하다 좋아하다 즐기다)

Lina liebt Musik. 린아는 음악을 좋아한다.

(Lina mag Musik.)

Ich liebe es nicht, warten zu muessen. 난 기다리는 것은 질색이야. 기다려야만 하는 것은 좋아하지 않아.

(Aergerlich; Ich warte gar nicht gern.)

liefern(공급하다 판매하다 납품하다 인도하다 배달하다 교부하다 제공하다 제시하다 내다 산출하다 생산하다 초래하다)

Er kann erst in vier Wochen liefern. 그것은 4주 후면 배달할 수 있다.

(Man kann die bestellte Ware erst dann bekommen.)

Liefern Sie mir bitte die Ware ins Haus! 물품을 집으로 보내주세요!

(Schicken Sie sie mir!)

- Der Zeuge lieferte dem Staatsanwalt die letzten Beweise. 증인이 검사에게 마
지막 증거를 제시했다. -검사는 Staatsanwalt 변호사는 Rechtsanwalt 판사는
Richter이다

(Er brachte sie ihm.)

loben(칭찬하다 찬양하다 추천하다 장려하다 평가하다 값을 매기다)

Er lobt das Essen. 그는 만찬에 대한 칭찬이 자자하다.

(Er sagt, dass es gut ist.)

Das lob' ich mir! 그것 내 마음에 들어! 딱이야! 칭찬해야겠어.

(Das ist gut! 혹은 Das gefaellt mir!)

locken(유인하다 불러 모으다 꾀다 유혹하다 부추기다)

Das schoene Wetter lockt die Menschen ins Freie. 날씨가 사람들을 밖으로 나가
게 한다. 날씨가 좋아 사람들이 밖으로 나간다.

(Es zieht sie ins Freie. 혹은 Sie bekommen grosse Lust spazierenzugehen.)

Die junge Dame liess sich die Haare locken. 젊은 여자가 머리를 파마한다.

(Der Frieseur sollte ihr Locken machen.)

lohnen(유용하다 가치가있다 만하다 보수를 지급하다)

Die schwere Arbeit hat sich belohnt. 힘든 일은 그만큼 보수를 받을 가치가 있다.
어려운 일에는 상응하는 보수가 주어진다.

(Sie macht sich bezahlt.)

Sie lohnte mir meine Hilfe nicht. 그녀는 나의 도움을 망각했다. 배은망덕하다.

(Sie dankte mir nicht.)

loeschen(지우다 없애다 말살하다 끄다 풀다 가라앉히다 진정시키다 삭제하다)

Der Wanderer loescht seinen Durst mit kaltem Bier. 그 등산객은 갈증을 차가운
맥주로 가라앉힌다.

(Jetzt ist er nicht mehr durstig.)

Die Feuerwehr hat den Brand geloescht. 소방서가 화재를 진압했다.

(Sie kaempften gegen den Brand, bis das Feuer erloschen war.)

Ich habe mein Konto bei der Bank geloescht. 난 은행계좌를 해지했다. -계좌
Konto에는 저축계좌Sparkonto와 계산계좌Girokonto가 있는데 저축계좌는 저금통
장이고 계산계좌는 신용카드와 연계된 번호만 있는 계좌로서 개인과 법인의 이체를

포함한 모든 금전거래가 이 계좌로 이루어진다. 일상 생활용어에서도 상당한 정도의 외래어들은 그 나라의 발음대로 말한다. Giro는 지로라고 발음한다.

(Ich loeschte es auf, jetzt habe ich dort kein Konto mehr.)

loesen(분리하다 풀다 끄르다 나누다 그만두다 파기하다 취소하다 해결하다 용해하다)

Der Wissenschaftler hat das Problem geloest. 그 학자가 이 문제를 해결했다.

(Er fand die richtige Antwort. 혹은 Er beseitigte das Problem.)

Das Maedchen loest den Knoten. 소녀가 매듭을 푼다.

(Es macht ihn auf.)

machen(조립하다 만들다 작성하다 제조하다 제작하다 창조하다 행하다 하다 연출하다 생기게 하다)

1. 자동사로는

Mach' doch! 어서 해봐! 서둘러!

(Beeile dich!)

Machen Sie, dass Sie wegkommen! 빨리 저리 가세요! 비키세요!

(Gehen Sie so schnell weg, wie Sie koennen.)

2. 타동사로서 산출하다 생산하다

Die Schuelerin macht viele Fehler. 여학생이 숙제에 틀린 게 많다.

Diese Arbeit macht Durst! 이 일을 하면 갈증이 난다! 이 일 갈증 나게 만들어!

(Man wird dabei durstig.)

Aus Butter macht man Kaese. 버터는 치즈로 만든다. 버터에서 치즈를 만든다.

Die Mutter hat das Essen gemacht. 엄마가 음식을 준비했다.

Bitte machen Sie Licht! 불 좀 켜세요!

(Schalten Sie die Lampe an!)

Uebung macht den Meister. 연습은 장인을 만든다. 노력하면 안 되는 일이 없다. - 독일인들이 제일 많이 쓰는 격언으로서 인생의 성패가 연습Uebung뿐이라는 말이다.

3. 타동사로서 하다

Was kann man gegen Kopfschmerzen machen? 두통에는 뭘 해야 해? 두통에 대한 약은 뭐야?

(Was kann man dagegen tun?)

Was machst du heute? 너 오늘 뭐 해?

Entschuldigen Sie, dass ich zu spaet gekommen bin! Das macht nichts! 너무 늦게 와서 죄송합니다! 괜찮아요!(죄송하다는 말에 대한 정중한 대답)

Ich will sehen, ob sich das machen laesst. 난 이게 되는지 해볼 거야. 가능한지.

(Ich will versuchen, ob es moeglich ist.)

4. 타동사로서 정리하다 정돈하다

Das Zimmermaedchen macht die Betten. 객실청소담당 여자가 침구류를 정돈한다.(호텔 등에서)

Das Maedchen macht sich die Haare. 소녀가 머리를 빗는다.

(Sie kaemmt sich.)

Koennen Sie meine Schuhe bis morgen machen? 내 신발을 내일까지 끝낼 수 있어요? 수선을 끝낼 수 있어요?

(Koennen Sie sie bis morgen reparieren?)

5. 타동사로서 누구에게 무엇을 일깨우다 갖다주다

Diese Schuelerin macht ihrer Schule Ehre. 이 여학생이 그녀의 학교에 명예를 안겨줬다. 명예를 가져다주었다.

(Sie kann stolz auf sie sein.)

Gesunde Kinder machen den Eltern Freude. 건강한 아이들은 부모에겐 기쁨이다. 부모에게 기쁨을 가져다준다.

(Sie machen die Eltern gluecklich.)

6. 타동사로서 이루어지다 되다

Drei mal drei macht neun. 삼 곱하기 삼은 구이다.

Was macht das? 얼마 됩니까? 얼마예요? 얼마 지불하면 되지요?(물건을 산 뒤)

(Wieviel muss ich bezahlen?)

7. 타동사로서 (형용사와 합하여) 어떠한 상태를 만들어내다

Sie macht mich auf meinen Fehler aufmerksam. 그녀는 나의 실수를 지적했다.

(Jetzt sehe ich ihn.)

Der junge Mann machte das kleine Maedchen ungluecklich. 젊은이가 어린 소녀를 불행하게 했다.

(Sie wurde ungluecklich durch ihn.)

Das Kind machte sich das Kleid schmutzig. 애가 자기 옷을 더럽혔다.

Er moechte sich wichtig machen. 그는 잘난 척했다. 시건방 떨었다.

(Er spielt sich auf.)

8. 타동사로서 machen은 동사 대신에 동사에서 형성된 명사와 함께 쓰인다.

Wir machen in den Ferien eine schoene Reise. 우린 방학 때 멋있는 여행을 한다.

(Wir verreisen.)

Wir machen einen Spaziergang. 우린 산보를 한다.

(Wir gehen spazieren.)

Frau Schmidt macht Einkaeufe. 슈미트부인은 시장을 본다. −사다 kaufen 팔다 verkaufen 구매하다ankaufen 시장보다einkaufen

(Sie kauft ein.)

Machen Sie doch noch einen Versuch! 한 번 더 시도해 보세요!

Der Beamte kann keine Ausnahme machen. 공무원은 일처리에 예외가 있을 수 없다. 예외가 없다. −정확성Puenktlichkeit은 특히 공무원과 군인에게 해당된다.

Der Student macht sich Notizen. 학생이 노트에 적는다.

(Er notiert etwas. 혹은 Er schreibt sich etwas kurz auf.)

Ich mache dem Kind ein schoenes Geschenk. 난 그 아이에게 예쁜 선물을 준다.

(Ich schenke ihm etwas.)

9. 재귀동사로서는

Machen wir uns an die Arbeit! 일 시작하자! 자 시작하자!

(Beginnen wir.)

Das Wetter macht sich. 날씨가 생각보단 낫네. 날씨가 풀리네.

(Es wird besser als erwartet.)

Das Bild macht sich gut an der Wand. 그림이 벽에 있으니 근사하네. 어울리네.

(Es sieht gut aus.)

mangeln(모자라다 부족하다 결핍되다 없다)

Es mangelt ihm an der noetigen Geduld. 그는 인내성이 모자란다. 필요한 인내가 부족해.

(Er hat zu wenig Geduld.)

Die Waesche wird gemangelt. 세탁물이 기계로 다려진다.

(Sie wird maschinell gebuegelt.)

meinen(생각하다 믿다 상상하다 ~라고 여겨지다 마음먹다)

Meinen Sie mich? 나 말입니까? 나보고 얘기하는 거예요?

(Haben Sie mit mir gesprochen?)

Er hat es sicher nicht so gemeint. 그가 확실히 의도하지는 않은 것 같아.

(Seine Worte klangen, als er nicht wollte.)

Ich meine, wir sollten jetzt gehen. 내 생각으로는 우린 이제 가야 해.

(Das ist meine Absicht.)

Er vermeinte mich zu kennen. 그가 나를 다른 사람으로 착각했나 봐. 아는 사람으로 잘못 생각했나 봐.

(Er glaubte es, aber er hatte sich geirrt.)

melden(알리다 보고하다 통지하다 고시하다 신고하다 말하다 진술하다 언급하다 신고하다 신청하다 제출하다 출두하다 짖다 소리를 지르다)

Wen darf ich melden? 누구라고 적지요? 뭐라고 적지요? 성함이 어떻게 되세요?

(Wie ist Ihr Name? 혹은 Ich muss sagen, wer da ist.)

Sie muessen den Diebstahl bei der Polizei melden. 당신은 절도를 경찰에 신고해야 합니다.

(Sie muessen ihn anzeigen, der Polizei den Diebstahl mitzuteilen.)

Der Wetterbericht meldet Schneefaelle. 일기예보에 폭설이 나와있다. 폭설이 예보되었다.

(Laut Wetterbericht wird es schneien.)

Melden Sie mich dem Direktor! 사장에게 알려주세요! 사장님 만날 건데요!

(Sagen Sie, dass ich da bin.)

Das Telefon klingelt, aber niemand meldet sich. 전화가 울리는데 아무도 안 받는다.

(Niemand geht ans Telefon.)

merken(알아채다 인지하다 지각하다 명심하다 기억하다 기입하다)

Sie hat nichts von der Krankheit gemerkt. 그녀는 아픈 줄도 몰랐다. 병이 있는 것도 못 느꼈다.

(Sie spuerte keine Schmerzen. 혹은 Sie wusste nicht, dass sie krank war.)

Ich kann mir meine Telefonnummer nicht merken. 내 전화번호를 모르겠네. 기억할 수가 없네.

(Ich vergesse sie immer wieder.)

neigen(경향이 있다 버릇이 있다 굽히다 기울이다 숙이다 구부리다 기울다)

Die alte Frau neigt den Kopf. 노파가 머리를 숙인다. 늙어서 머리를 구부린다.

(Sie senkt ihn etwas.)

Der Tag neigt sich. 날이 저문다.

(Er geht zu Ende. 혹은 Es wird Abend. 시적인 표현)

Die Baeume neigten sich im Wind. 나무들이 바람에 휘었다.

(Sie beugten sich.)

Mein Freund neigt sich zum Dickwerden. 내 친구는 툭하면 살이 찐다.

(Er wird leicht dick. 혹은 Er hat die Anlage dazu.)

nuetzen 혹은 nutzen(이용하다 사용하다 활용하다 유익하다 도움이 되다 쓸모 있다)

Das nuetzt mir nichts. 그건 나한테 아무 도움이 안 돼.

(Es hat keinen Sinn. 혹은 Es hilft mir nicht.)

Der Student nuetzt seine Zeit. 학생이 시간을 활용한다.

(Er verwendet sie gut. 혹은 Er macht etwas daraus.)

Was hat mein Reden genuetzt? 내 말이 무슨 도움이 돼?

(Was habe ich damit erreicht?)

oeffnen(열다 개봉하다 벗기다 풀다 펴다 공개하다 해부하다 절개하다)

Oeffne die Tuer! 문 열어!

(Mache sie auf!)

Die Tuer oeffnet sich. 문이 열린다.

(Sie ging auf.)

Die Geschaefte oeffnen um acht. 이 상점들은 여덟시에 문을 연다.

opfern(바치다 희생하다 봉헌하다 투매하다 전력을 다하다 빠지다)

Die Helden opferten ihren Goettern Tiere. 영웅들은 그들의 신들에게 제물을 바쳤다. 동물을 제물로 바쳤다.

(Sie toeteten Tiere, um den Goettern zu gefallen.)

Der Arzt opferte sich fuer die Wissenschaft. 그 의사는 학문을 위해서 자신을 희생했다. 죽었다.

(Er starb im Dienst der Wissenschaft.)

Ich opfere der alten Frau meine Zeit. 나는 그 노파에게 시간을 할애한다.

(Ich gebe ihr etwas von meiner knappen Zeit.)

ordnen(정리하다 정돈하다 배열하다 정렬시키다)

Die Gesetze ordnen das Leben der Buerger. 법률이 시민들의 삶을 규정한다.

(Sie regeln es.)

Ich ordne meine Schulmappe. 난 학교 노트/숙제들을 정리한다.

(Ich bringe sie in Ordnung.)

packen(싸다 꾸리다 포장하다 넣다 붙잡다 움켜쥐다 덮치다 사로잡다)

Er hat seinen Koffer gepackt. 그는 짐을 쌌다.

(Er hat alles in den Koffer getan.)

Er packte mich am Arm. 그는 내 팔을 꽉 붙잡았다.

(Er fasste mich fest an. 혹은 Er hielt mich fest.)

Die Begeisterung packte mich. 난 열광에 휩쓸렸다. 난 열광했다.

(Ploetzlich war ich begeistert.)

Packt euch! 꺼져! 저리가!

(Macht, dass ihr fortkommt! 혹은 Verschwindet! 구어체 표현)

Die Packer verpacken die Buecher in Kisten. 소포 포장원들이 책들을 상자에 넣는다.

(Sie machen die Buecher zum Versand fertig.)

Alle packten zu, und schnell war die Arbeit gemacht. 모두 힘을 합하여 일을 빨리 끝냈다.

(Alle halfen kraeftig mit.)

Packt eure Badesachen zusammen! 너희들 목욕 도구들 챙겨라!- 독일에서는 만 3세가 되면 유치원Kindergarten에서 환경적응 인간관계 질서 사회화 등 사회생활을 배우는데, 이때는 또한 학원을 다니는 시기이기도 하다. 학원에서는 음악(악기) 미술 수영 체육 등을 가르친다.(음향감각 그림표현 운동신경)

(Sucht sie zusammen und packt sie ein!)

Ich weiss nicht, wie ich das Problem anpacken soll. 그 문제를 어떻게 맞혀야 될지(풀어야 할지) 모르겠다.

(Ich weiss nicht, welchen Weg ich gehen soll, um das Problem zu loesen.

Na, pack aus! 그래 뭐가 그리 화 나! 털어버려!

(Erzaehle, was dich aergert! 혹은 Sage, was dich traurig macht!)

Na, da kannst du einpacken! 너 그건 안 되는 거야! 그냥 잊어버려!

(Damit wirst du keinen Erfolg haben!)

passen(알맞다 어울리다 적합하다 발맞추어 뛰다 좋다 편리하다)

Der Hut meines Vaters passt mir nicht. 아빠 모자가 나한테는 안 맞다.

(Er hat nicht die richtige Weite. 혹은 Er siztzt nicht. Er ist zu weit oder zu eng.)

Passt es Ihnen, wenn ich am Freitag komme? 금요일 시간이 됩니까? 내가 금요일에 온다면 시간이 됩니까?

(Ist Ihnen dieser Termin recht?)

Lina passt auf diesen Posten. 린아는 딱 이 자리야. 린아에게 맞는 자리야. 린아 적성에 맞아.

(Sie ist dafuer geeignet.)

passieren(일어나다 생기다 발생하다 통과하다 통행하다 지나가다 거르다)

Das Auto hat die Grenze passiert. 자동차가 국경선을 통과했다.

(Es ist ueber die Grenze gefahren.)

Was ist passiert? 무슨 일이야? 어떻게 됐어? 무슨 일이 벌어진 거야?

(Was ist geschehen? 혹은 Was ist Schlimmes geschehen?)

Mir kann nichts passieren. 난 괜찮아. 난 아무 일 없어.

(Mir kann nichts geschehen. 혹은 Ich habe sicher Glueck.)

Was passiert, wenn du deinen Schluessel verlierst? 너 열쇠 잃어버리면 어떻게 돼? 무슨 일이 일어나는지 알아?

(Welche Folgen hat das?)

pflegen(돌보다 양육하다 부양하다 손질하다 간호하다 육성하다 가꾸다 몸을 돌보다)

Der Krankenpfleger pflegt den Kranken. 남자 간호사가 환자를 돌본다.

(Er sorgt fuer ihn.)

Die junge Frau pflegt ihr Haar. 젊은 여자가 머리를 손질한다.

(Sie tut alles, damit es schoen bleibt.)

proben(예행하다 연습하다 해보다 시험하다 음미하다 리허설을 하다)

Die Schauspieler proben das Theaterstueck. 배우들이 연극을 리허설 한다.

(Sie ueben.)

Die Aerzte haben das neue Medikament gruendlich erprobt. 의사들이 신약을 근본적으로 시험해 봤다.

(Sie haben viele Versuche damit gemacht.)

probieren(시음하다 시식하다 맛보다 시험하다 검사하다 연습공연하다 예행연습하다)

Probieren Sie den Rotwein! 이 적포도주 시음해 보세요!

(Kosten Sie ihn! 혹은 Versuchen Sie, ob er Ihnen schmeckt.)

Haben Sie schon einmal probiert, auf den Haenden zu laufen? 당신은 이 일 실제로 직접 해본 적 있어요?

(Haben Sie es versucht?)

raechen(복수하다 보복하다 원수를 갚다 응징하다 벌주다)

Faulheit raecht sich. 게으름은 스스로 응징된다.

(Sie hat schlimme Folgen. 혹은 Sie wird bestraft.)

Hamlet wollte seinen Vater raechen. 햄릿은 아버지의 복수를 하려고 했다.

(Er wollte die Moerder seines Vaters bestrafen.)

ragen(우뚝 솟다 높이 솟다 돌출하다 빼어나다 뛰어나다)

Das Hochhaus ragt dort aus dem Haeusermeer. 저기 저 고층건물이 단연 제일 높네. 다른 모든 집들 위에 우뚝 솟아 있네.

(Es ist hoeher als die anderen Haeuser.)

Dieser Mann ragt unter seinen Kollegen hervor. 이 남자는 동료들 중에서 단연 두각을 나타낸다.

rauben(약탈하다 강탈하다 먹이를 잡다 빼앗다 훼손하다 유괴하다)

Diese Arbeit hat mir jede freie Minute geraubt. 이 일이 나를 꽉 잡아매네. 이 일 때문에 시간이 전혀 안 나네.

(Sie hat mir meine ganze Freizeit genommen.)

Der Verbrecher raubte der jungen Frau die Schultertasche. 소매치기가 젊은 여자의 어깨가방을 약탈했다. −가방은 Tasche 손가방은 Handtasche 어깨가방은 Schultertasche 배낭은 Rucksack이다.

(Er nahm sie ihr mit Gewalt weg.)

raeumen(치우다 제거하다 옮기다 비우다 청소하다 명도하다 정리하다 피하다)

Mein Bruder hat mir alle Schwierigkeiten aus dem Weg geraeumt. 내 오빠/형 /남동생이 나의 모든 어려움을 정리해 주었다.

(Er hat sie beseitigt.)

Es hat geschneit. Die Strasse muss geraeumt werden. 눈이 왔었다. 도로제설 작업이 되어야 한다.

(Sie muss frei gemacht werden. 혹은 Der Schnee muss beseitigt werden.)

Wenn Sie keine Miete bezahlen, muessen Sie die Wohnung raeumen. 임대료 를 못 내면 방을 비워줘야 합니다. −전세는 없고 월임대 뿐인데 연말소득정산에 근거 한 가구소득에 비해 임대료가 높으면 동사무소에 주택보조금을 신청한다.

(Sie muessen ausziehen, die Wohnung frei zu machen.)

rechnen(어림잡다 고려하다 평가하다 셈하다 계산하다 포함시키다 계산에 넣다 의지 하다)

Die Schueler rechnen. 학생들은 셈을 하고 있다. 수학을 하고 있다.

(Sie machen Mathematikaufgaben.)

Mit Wieviel Gaesten rechnen Sie? 손님들이 얼마나 될 걸로 봅니까?

(Wieviel erwarten Sie?)

Ich rechne mit Regen. 비가 올 것 같은데.

(Ich denke, es wird regnen.)

reden(말하다 이야기하다 잡담하다 담화하다 연설하다 강연하다 담판하다)

Die Studentin hat lange mit dem Professor geredet. 여학생이 교수와 오랫동안 얘기했다.

(Sie haben sich unterhalten.)

Die Politikerin redet gut. 그 여성 정치가는 말을 잘 한다.

(Sie spricht gut.)

Lassen Sie die Leute reden! 남이 뭐래든 내 버려두세요! 남의 말 듣지 마세요!

(Kuemmern Sie sich nicht darum, was die Leute sagen.)

Du hast gut geredet. 너 말 하나는 잘 하네. 그래 너일 아니지. 자기일이 아니니까.

(Du hast meine Sorge nicht. 혹은 Du kannst leicht sagen.)

Der Mann macht von sich reden. 사람들이 그 남자 말을 해. 그 남자 사람들의 입에 오르내린다.

(Man spricht ueber ihn.)

Er redet wie ein Wasserfall. 그는 폭포수같이 말해. 말이 많아.

(Er spricht zu schnell und zu viel.)

reichen(내밀다 내주다 건네다 제공하다 주다 다다르다 미치다 닿다 넉넉하다 충분하다 손을 뻗치다 손을 내밀다 겨누다)

1. 충분하다

Mein Geld wird nicht reichen(혹은 ausreichen). 내 돈이 아마 모자랄 거야. 충분하지 않을 거야.

(Es wird nicht genug sein.)

2. 스스로 뻗치다

Ihr Einfluss reicht weit. 그녀의 영향력이 커. 상당해. 관계가 좋아.

(Sie hat grossen Einfluss, gute Beziehungen.)

Die Frau reicht ihrem Mann nur bis an die Schulter. 여자는 남자의 어깨까지 겨우 자라. 잘해야 어깨 정도.

(Sie ist viel zu kleiner als er.)

3. 주다

Sie reichte mir die Hand. 그녀는 나에게 손을 내밀었다.

(Sie gab mir die Hand.)

reizen(자극하다 도발하다 흥분시키다 감정을 해치다 화가 나있다 부르다 꾀다)

Diese Aufgabe reizt mich. 이 문제가 나에게 자극을 준다. 끌리는 문제네.

(Ich moechte sie gern machen. 혹은 Sie interessierte mich sehr.)

Das Licht reizt meine Augen. 불빛이 내 눈을 자극한다.

(Meine Augen beginnen zu schmerzen.)

richten(정렬하다 똑바르게 하다 곧게 하다 바로잡다 가지런히 하다 맞추다 조정하다 조절하다 향하게 하다 방향을 정하다 재판하다 판결하다 심판하다 향하다 몸을 돌리다)

1. 정돈하다 정리하다

Ich muss meine Uhr richten. 내 시계 맞춰야 돼.

(Ich muss sie richtig stellen.)

Die Frau richtet sich die Haare. 그녀는 머리를 다듬는다.

(Sie kaemmt sich.)

Hast du die Zimmer fuer die Gaeste gerichtet(혹은 hergerichtet)? 너 손님들 방 정리했어? 준비했어?

(Hast du sie vorbereitet.)

Kann man den Schaden richten? 손상을 보상할 수 있나? 고칠 수 있나?

(Kann man ihn reparieren?)

2. 결정하다

Der Richter richtet unabhaengig. 판사는 재판에 독립적이다. 판사는 독립적으로 재판한다.

(Er entscheidet frei.)

3. 어떠한 방향으로 가져가다

Er richtete seine Schritte ins Wirtshaus. 그는 발걸음을 술집으로 향했다.

(Er ging dorthin.)

Er richtete seine ganze Aufmerksamkeit auf die Arbeit. 그는 이 일에 전심전력 했다. 온 힘을 쏟아부었다.

(Er konzentrierte sich darauf.)

Seine Hoffnung richtete sich auf die juengste Tochter. 그의 희망이 막내딸이었 다. 막내가 희망이었다.

(Sie war seine ganze Hoffnung. 혹은 Er erwartete viel von ihr.)

4. 스스로 행동하다

Wir muessen uns nach dem Wetter richten. 우리 날씨도 고려해야 해. 날씨가 어 떨지. 날씨에 맞추지 않으면 안 돼.

(Wir muessen darauf Ruecksicht nehmen.)

Willst du lieber im Gasthaus essen oder zu Hause? Ich richte mich nach dir. 넌 식당 혹은 집 어디서 먹을래? 난 너 하는 대로 할게. 너를 따를게.

(Ich tue, was du willst.)

ruecken(밀치다 밀다 움직이다 옮기다 이동하다 도망치다)

Er rueckt den Stuhl an das Fenster. 그는 의자를 창으로 밀쳤다.

(Er schiebt ihn dorthin.)

Bitte, ruecken Sie etwas nach rechts! 미안하지만, 오른쪽으로 조금 비켜주세요!
(Setzen Sie sich etwas weiter nach rechts. 혹은 Gehen Sie etwas weiter nach rechts.)

ruhen(쉬다 휴식하다 멈추다 정지하다 중단하다 중지하다 영면하다 머무르다 깃들다 쉬게 하다)

Am Wochenende ruht die Arbeit in der Fabrik. 주말에는 공장 일이 멈춘다. 공장에서 작업을 쉰다.
(Es wird nicht gearbeitet.)
Sie koennen den Arzt nicht sprechen. Er ruht. 의사를 면담할 수 없습니다. 휴식 시간이예요.
(Er schlaeft.)
Die Waffen ruhen. 휴전중이다.
(Es wird nicht gekaempft.)

ruehren(움직이다 치다 타다 휘젓다 휘저어 섞다 치다 부딪다 접촉하다 대다 닿다 감동시키다 마음을 뒤흔들다 유래하다 기인하다)

Die Koechin ruehrt den Kuchenteig. 여자 요리사가 생과자반죽을 버무린다.
(Sie bewegt ihn mit dem Loeffel, damit er glatt wird.)
Sie ruehrt zu Hause keinen Finger. 그녀는 집에서 꼼짝달싹 안한다. 손가락 하나 움직이지 않는다.
(Sie tut gar nichts.)
Nichts ruehrte sich. 미동도 없었다.
(Alles war ruhig. 혹은 Nichts bewegte sich.)

sagen(말하다 알리다 발설하다 입을 열다 지껄이다 드러내다 표현하다 뜻하다 의미하다 주장하다 반박하다 응수하다 부르다 칭하다 쓰다 사용하다)

Er sagte: "Hi". 그는 말했다: "안녕."
Ich sage die Wahrheit. 난 사실을 말해.
Das hat nichts zu sagen. 그건 말할 필요가 없어. 당연한 거야.
(Das ist nicht wichtig.)
Herr Meyer hat mir nichts zu sagen. 마이어씨는 나를 이래라저래라 할 수 없어. 그가 뭔데.
(Er kann mir keine Befehle geben.)
Der Junge will sich nichts sagen lassen. 그 젊은이는 막무가내야. 말해 봐야 소용 없어. 말을 안 들어.

(Er will leben, wie er will.)

sammeln(모으다 거둬들이다 수집하다 쌓다 모집하다 축재하다)

Der Herr sammelt Briefmarken. 그 신사는 우표를 모은다.

(Er hebt sie auf.)

Ich habe im Wald Pilze gesammelt. 나는 숲에서 버섯을 땄다. 모았다.

(Ich habe sie gesucht und mitgenommen.)

Heute wird fuer das Rotes Kreuz gesammelt. 오늘 적십자 자선모금일이야.

(Man bittet um eine Gabe fuer einen sozialen Zweck.)

Die Gaeste sammelten sich in der Halle. 내빈들이 강당에 모였다.

(Sie kamen dort zusammen und warteten.)

schaffen(창조하다 창출하다 설립하다 창작하다 만들다 형성하다 행하다 하다 일하다 노동하다 성취하다 달성하다 이루다 옮기다 나르다)

Er konnte das Essen nicht schaffen. 그는 식탁을 끝낼 수 없었다. 음식준비를 끝낼 수 없었다.

(Er wurde damit nicht fertig.)

Die arme Frau hat ihr ganzes Leben lang geschafft. 그 불쌍한 노파는 그녀의 평생을 일했다.

(Sie hat schwer gearbeitet.)

schaetzen(평가하다 어림잡다 라고생각하다 여기다 소중히 여기다 존중하다 존경하다 가치를 인정하다)

1. 대충 정하다

Ich schaetze den Fingerring auf 500 Euro. 이 반지 500유로 정도야. 그 정도 할 걸. 대충 그 정도로 평가해.

(Ich glaube, er hat so viel gekostet.)

Beim Fotografieren muss man die Entfernung schaetzen. 사진촬영 때는 거리를 재야한다.

(Man misst sie mit den Augen.)

2. 기꺼이 취하다 좋아하다

Alle Studenten schaetzen diesen Professor. 모든 학생들이 이 교수를 높이 평가한다.

(Sie moegen ihn. 혹은 Sie finden ihn sympathisch.)

Frau Scholz schaetzt Puenktlichkeit. 숄츠 부인은 시간엄수/정확성을 아주 중요시 한다. -정확성Puenktlichkeit은 교육으로 형성되는 독일인의 특성이라고 이미 언급했다.

(Sie liebt es, wenn man puenktlich ist.)

schauen(보다 바라보다 중시하다 돌보다 보살피다 조언하다 확인하다)

Schau! 뭐야 이 일! 이것 봐!

(Ach nein, da bin ich aber erstaunt!)

Der Vater schaut auf Ordnung. 아빠는 질서를 중히 여긴다. −질서Ordnung도 유
치원Kindergarten부터의 교육으로 형성되는 독일인의 주요 가치이다. 질서보호자
Ordnungshueter가 경찰이다.

(Er achtet darauf. 혹은 Ordnung ist ihm wichtig.)

schenken(선물하다 주다 주목하다 찬성하다 따르다 붓다)

Ich schenke ihm zu Weihnachten ein Buch. 난 그에게 성탄절 선물로 책을 준다.

(Er bekommt es von mir.)

Bitte, schenken Sie mir Ihre Aufmerksamkeit! 여기요, 제 말 잘들으세요! 자, 집
중하세요!

(Hoeren Sie gut zu!)

schicken(보내다 부치다 어울리다 알맞다 들어맞다 준비하다 착수하다)

Die Mutter schickt ihrer Tochter ein Paket. 엄마가 딸에게 소포를 부친다.

(Sie sendet es ihr.)

Wir schicken nach dem Arzt. 우린 의사 부르러 보낸다.

(Wir lassen den Arzt holen.)

schleppen(끌고 가다 끌다 유인하다 고르다 써레질하다 힘들게 나아가다 질질 끌다 끌
리다 스치다 오래 끌다 느릿느릿 움직이다)

Vorsicht, der Mantel schleppt! 조심, 외투 질질 끌려! 내려왔어! 땅에 닿아!

(Er beruehrt beim Tragen den Boden.)

Der Kranke schleppt sich muehsam ins Badezimmer. 환자가 다리를 질질 끌면
서 겨우 목욕실로 간다.

(Er war so krank, dass er kaum gehen konnte.)

schleudern(던지다 내던지다 탈수하다 원심분리기로가공하다 미끄러지다 추출하다)

Das Maedchen schleudert den Stein ins Wasser. 소녀가 돌을 물위로 미끄러지듯
던진다. 스치듯 던진다.

(Es wirft ihn mit viel Schwung.)

Der Hausmann schleudert die Waesche. 가정남편Hausmann이 세탁물을 건조
기에 건조시킨다. −가정남편Hausmann은 가정주부Hausfrau에 대한 대칭으로 사

회발전과 자녀의 중요성이 높아지면서 비중이 증가추세이다. 건조기는 세탁기와 더불어 독일 가정의 (백색)가전제품이다. 세탁기 건조기를 포함한 부엌의 대형 가전제품들은 전통적으로는 백색으로 높이와 벽에서부터 앞쪽까지의 길이인 깊이가 일정하다.

(Er hat die Waesche gewaschen.)

schluepfen(미끄러지듯 빠져나가다 빠져 달아나다 훌훌 벗다 부화하다)

Der Junge schluepft durch den Zaun. 소년이 울타리 사이를 빠져나간다.

(Er drueckt sich an einer engen Stelle durch.)

Heute sind fuenf Kueken aus den Eiern geschluepft. 오늘 병아리 다섯 마리가 부화하였다.

(Sie kamen aus den Eiern heraus.)

Die Frau ist in ein Kleid geschluepft. 여인이 잽싸게 옷을 입었다. 눈 깜짝할 사이에 입었다.

(Sie hat es schnell ueberzogen.)

Der Betrueger ist durch die Maschen des Gesetzes durchgeschluepft. 사기꾼이 법망을 용케도 빠져나갔다.

(Er konnte nicht bestraft werden, weil die Beweise nicht ausreichten.)

Ich hatte den Fisch in der Hand, aber er ist mir entschluepft. 물고기를 쥐고 있었는데, 그만 손에서 미끄러져 빠져나갔다.

(Er ist mir aus der Hand geglitten, ich konnte ihn nicht festhalten.)

Das wollte ich nicht sagen, es ist mir nur so entschluepft. 그걸 말하려고 하지 않았는데, 그만 내 입에서 빠져나가버렸어. 흘러나왔다. 새어나왔다.

(Es ist mir herausgerutscht, ich sagte es nicht mit Absicht.)

schmeicheln(아양 떨다 아첨하다 아부하다 북돋다 고무하다 비벼대다 쓰다듬다 자처하다 과대망상하다)

Diese Fotographie schmeichelt ihm. 이 사진은 실물보다 더 잘 나왔어.

(Sie zeigt ihn schoener, als er ist.)

Er schmeichelt allen einflussreichen Leuten. 그는 있어 보이는 사람들이라면 아양 떨어. 영향력 있는 사람이면 누구에게나 아첨해.

(Er sagt allen nur Angenehmes, nur das, was sie gern hoeren wollen.)

Die Sekretaerin will sich bei dem neuen Chef einschmeicheln. 여비서가 새 사장에게 아양 떤다.

(Sie bemueht sich, ihm zu gefallen.)

schmerzen(아프게 하다 고통을 주다 괴롭히다 애태우다)

Mir schmerzen die Fuesse. 발이 아파.

(Sie tun mir weh.)

Mein Kopf schmerzt. 머리가 아파.

(Er tut weh. 혹은 Ich habe Kopfschmerzen.)

schmieden(단련하다 불리다 생각해내다 고민하다)

Frueher wurde das Eisen in Handarbeit geschmiedet. 옛날에는 쇠가 수공업으로 주조되었다. −쇠Eisen 금속Metall 주철Gusseisen

(Man formte das heisse Eisen mit dem Hammer.)

Wir haben schon viel Plaene geschmiedet, wie man auf eine einsame Insel kommen koennte. 외딴 섬에 어떻게 갈 수 있는지를 우리는 이미 여러모로 궁리해 보았다.

(Wir haben uns schon viel ausgedacht.)

schmieren(바르다 문지르다 치다 갈겨쓰다 날림으로 써내다 변조하다)

Die Sache laeuft wie geschmiert. (구어체 표현) 일이 잘 되어 간다. 매끄럽게 잘 풀린다. (기름칠한 것처럼) 부드럽게 잘 풀린다.

(Sie geht sehr leicht, sehr gut.)

Die Mutter schmiert Butter auf das Brot. 엄마가 빵에 버터를 바른다.

(Sie streicht Butter darauf.)

Schmier nicht so! (구어체 표현) 그렇게 갈겨쓰지 마! 글씨가 엉망이야!

(Schreibe schoener, leserlicher!)

schnappen(덥석 물다 날쌔게 붙잡다 와락 덤비다 튀다 잠기다 닫히다 절뚝거리다 찰각거리다)

Die Haustuer schnappt ins Schloss. 방문이 자동으로 잠긴다.

(Sie schliesst sich automatisch.)

Die Polizei hat den Dieb geschnappt. 경찰이 도둑을 잡았다.

(Sie hat ihn gefasst.)

schoepfen(푸다 긷다 뜨다 퍼내다 마시다 만들어내다 창작하다)

Wir mussten das Wasser aus dem Boot schoepfen. 우리는 보트에서 물을 퍼내야 했다.

(Wir holten es mit einem Eimer heraus.)

Hast du alle Moeglichkeiten ausgeschoepft? 전부 다 해봤어? 안 해 본 게 없어? 모든 가능성을 다 시험해 봤어?

(Hast du alles getan.)

Die Arbeit hat mich sehr erschoepft. 이 일이 나를 떡을 만들었어. 이 일 생각하기도 싫어. 이 일로 힘이 다 빠졌어.

(Ich bin sehr muede.)

schrecken(놀라다 깨지다 놀라게 하다 겁주다 깨뜨리다 금이 가게 하다 식히다)

Arbeit schreckt mich nicht. 나는 일이 겁이 안나.

(Ich habe keine Angst davor.)

Er wollte mich mit Drohungen schrecken. 그는 나를 위협하면서 겁줬어. 위협하면서 놀래키려고 했어.

(Er wollte mir Angst machen.)

schulden(빚지다 과실을 범하다)

Du schuldest mir noch 300 Euro. 너 나한테 아직 300유로 줄 게 있어.

(Ich bekomme noch Geld von dir, du bist es mir schuldig.)

Ich schulde Ihnen Dank. 제가 신세를 졌네요. 은혜를 입었습니다. 고맙습니다.

(Ich muss Ihnen dankbar sein.)

schuetteln(흔들다 털어내다 몸을 떨다 이리저리 움직이다 몸을 뒤흔들다)

Sie schuettelte sich, weil der Salat so sauer war. 샐러드가 시어서 그녀는 몸을 떨었다. −신sauer 대신 새콤한saeuerlich를 더 많이 사용한다.

(Sie zitterte.)

Der Kaufmann schuettelte den Kopf. 상인은 머리를 가로저었다. 안 된다고 했다. 안 판다고 했다.

(Er verneinte durch diese Kopfbewegung.)

Der Mann schuettelt die Birnen von den Baum. 그 남자는 배가 떨어지게 배나무를 흔들었다.

(Er bewegt die Baeume, damit die Birnen herunterfallen.)

Das Fieber schuettelt den Kranken. 환자가 열로 몸을 떨었다. 덜덜 떨었다.

(Er zittiert vor Fieber.)

schuetzen(막다 보호하다 방어하다 지키다 담보로 하다)

Die Polizei schuetzt uns vor den Verbrechern (혹은 gegen Verbrechern). 경찰은 우리를 범죄로부터 보호한다.

(Sie passt auf.)

Gott schuetze dich! 신이 너와 함께하길! 보호하길! 무사하길!

(Gott behuete dich! 혹은 Er sorge, dass dir nichts passiert.)

schwaermen(떼를 짓다 우글거리다 도취하다 열광하다 열중하다 빠지다)

Die junge Frau schwaermt fuer den Schauspieler. 젊은 여인이 그 배우에 빠졌다. 그 배우에 열광했다.

(Sie ist von ihm begeistert.)

Die Bienen schwaermen. 벌들이 떼를 짓는다. 떼거리로 윙윙거린다.

(Sie fliegen aus, um ein neues Volk zu bilden.)

schweben(떠돌다 떠있다 부유하다 날고 있다 계류 중이다 불안정하게 존재한다)

Er schwebt in Lebensgefahr. 그는 사경을 헤매고 있다. 생명이 위독하다.

(Er befindet sich in Lebensgefahr.)

Das Gerichtsverfahren schwebt sich. 그 판결은 계류 중이다. 아직 미해결이다.

(Es ist noch nicht abgeschlossen.)

Ein Vogel schwebt am Himmel. 새가 공중에서 날고 있다. 같은 장소에서 날고 있다. 부유하고 있다.

(Er fliegt ohne Bewegung.)

schwindeln(어지럽다 현기증이 나다 사기치다 속이다)

Mir schwindelt. 난 어지럽다. 현기증이 난다. Es schwindelt mir.

(Mir ist schwindlig. 혹은 Alles dreht sich vor meinen Augen.)

Du warst gar nicht im Buero, du hast Karten gespielt. Du sollst nicht schwindeln. 너 사무실에 없었어. 너 화투쳤어. 너 속여버릇하면 안 돼.

(Du sollst nicht luegen. 대부분의 경우 작은 일에 대한 표현)

sehnen(동경하다 그리워하다 갈망하다 열망하다)

Der Auslaender sehnt sich nach seinen alten Freunden. 그 외국인이 그의 옛날 친구들을 그리워한다. 고향친구가 그립다.

(Er wuenscht sich sehr, bei ihnen zu sein. 혹은 Sie fehlen ihm sehr.)

Wir haben die Sonne ersehnt. 해가 나오길 학수고대했다.

(Wir haben sie mit Ungeduld erwartet.)

senden(보내다 파견하다 부치다 발송하다 방송하다 발신하다 송신하다)

Im TV wird Musik gesendet. TV에서 음악이 방영되고 있다.

(Sie wird uebertragen.)

senken(내리다 낮추다 숙이다 가라앉히다 떨어뜨리다 감소시키다 내려앉다 가라앉다 드리우다)

Der Mann senkte den Blick. 그 남자는 아래로 보았다. 내려다보았다.

(Er sah nach unter.)

Der Preis fuer Fleisch wurde gesenkt. 육류 가격이 하락했다. 내렸다.

(Fleisch wurde billiger.)

Der Boden hat sich gesenkt. 바닥이 내려앉았다.

(Er ist tiefer geworden.)

setzen(앉히다 놓다 두다 얹다 가라앉다 침전하다)

1. 자동사

Der Hund ist ueber den Graben gesetzt. 개가 구덩이 위를 뛰어넘었다.

(Er sprang hinueber.)

Die Truppen setzten ueber den Fluss. 군부대가 강을 건넜다.

(Sie ueberschreiten ihn.)

2. 무엇을 …

Der Ofensetzer hat den Ofen gesetzt. 오븐 기술자가 오븐을 설치했다. -독일의 부엌은 모두 전기 오븐이므로 설치는 전문가Fachmann인 오븐 기술자가 해야 한다. 전기의 강도가 높기 때문이다. 그래야 사후 만약의 사고 시 보험처리가 될 수 있다.

(Er hat ihn gebaut.)

Der Gaertner setzt Tomaten. 정원사가 정원에 토마토를 심는다.

(Er pflanzt sie.)

3. 누구에게 무엇을 …

Der Hausbesitzer hat dem Mieter eine Frist von drei Tagen gesetzt. 주택소유 자가 임차인에게 삼일간의 임대료 후불 지불 기간을 줬다. -주택Haus이 아니면 아파 트Wohnung이다. 즉 Wohnung은 아파트로 번역되어야 한다. 각종 기숙사에는 독일 어로는 역시 무슨 Wohnung 혹은 Wohnheim이다.

(Er muss bis dahin bezahlt haben.)

4. 무엇을(혹은 누구를) 한 방향으로 가져가다

Der Mann setzt den Becher an den Mund. 그 남자가 술잔을 입에 갖다 댄다. -Becher는 주로 술잔이고, 유리로 된 주스 잔은 Glas이고, 병에 든 식품도 Glas라고 하며, 차나 커피 잔은 Tasse이고 받침잔은 Untertasse이다.

(Er brachte ihn an die Lippen.)

Die Mutter setzt das Kind auf den Stuhl. 엄마가 아이를 의자에 앉힌다.

Beim Gehen setzt man einen Fuss vor den anderen. 걸어갈 때는 번갈아 계속 한 발을 다른 발 앞에 둔다.

5. 누구를 (혹은 무엇을) 한 위치로 가져가다

Sie will mich unbedingt ins Unrecht setzen. 그녀는 나를 무조건/어떻게 하든 나 쁘게 소문나게 하려고 한다.

(Sie will, dass alle glauben, ich haette Unrecht.)

Wie wird diese Maschine in Berieb gesetzt? 이 기계는 어떻게 작동시키지?
—Betrieb는 경영이란 뜻이다. 기업(경영)경제는 Betriebswirtschaft이고 국민경제
는 Volkswirtschaft이다. 사회주의 체제의 구 동독 공장은 인민 공동소유의 VEB
(Volkseigener Betrieb)였다.

(Wie schaltet man sie ein?)

Der Brandstifter hat das Haus in Brand gesetzt. 그 방화자가 집에 불을 질렀다.

(Er hat es angezuendet.)

Versuchen Sie nicht, mich unter Druck zu setzen! 나 강요할 생각 말아요! 억압
할 생각 말아요!

(Versuchen Sie nicht, mich zwingen zu wollen!)

Das Gesetz wurde ausser Kraft gesetzt. 법률이 효력을 잃었다.

(Es gilt jetzt nicht mehr.)

6. 무엇을 auf (목적어 명사) 무엇에 ...

Der Kaufmann hat alles auf eine Karte gesetzt. 그 상인은 한 판에 끝내려고 했
다. 일확천금을 꿈꿨다.

(Er riskiert alles.)

Ich setze auf dieses Pferd. 나는 저 말에 내기를 걸어. 저 말이 경주에서 이겨.

(Ich wette, es wird gewinnen.)

Um das Kind zu retten, hat der Feuerwehrmann sein Leben aufs Spiel
gesetzt. 아이를 구하기 위하여 소방관은 그의 목숨도 두려워하지 않았다.

(Er hat es gewagt, 혹은 Er brachte sich selbst in Gefahr.)

7. sich...

Der Zug setzt sich in Bewegung. 기차가 움직이기 시작했다.

(Er begann zu fahren.)

Er hat es sich in den Kopf gesetzt, Gesang zu studieren. 그는 성악을 전공한다
는 생각이 확고했다.

(Es ist sein fester Plan. 혹은 Er will es unbedingt.)

Der Rauch seztzt sich in die Kleider. 담배연기가 옷에 배어든다.

(Er haengt sich in die Kleider. 혹은 Die Kleider riechen danach.)

Der alte Mann setzte sich zur Ruhe. 그 노인은 정년퇴직했다. —독일의 정년퇴직
은 점점 늘어나서 만 67세이다.

(Er wollte nicht mehr arbeiten. 혹은 Er ging in Pension.)

Die Teeblaetter setzen sich. 찻잎이 아래로 내려앉는다. 가라앉는다.

(Sie sinken nach unten.)

8. 비인칭적으로

Warte nur, gleich setzt es etwas! 기다려, 곧 무슨 일이 벌어질 거야! 그래, 혼 좀 나봐라!

(Gleich gibt es Pruegel!)

siegen(이기다 승리하다 극복하다)

Wer hat in der Weltmeisterschaft gesiegt? 누가 세계선수권대회에서 이겼어?

(Wer hat gewonnen?)

Die Quelle ist versiegt. 이 샘터는 말랐다.

(Es kommt kein Wasser mehr.)

sollen(마땅히 해야 한다 그래야만 한다 의무이다)

Er soll Brot holen. 그가 빵을 가져와야 해. 당연해.

(Jemand hat ihn geschickt. 혹은 Jemand hat ihm den Auftrag gegeben.)

Was soll das? 어찌 된 거야? 영문을 모르겠네? 도대체 뭐야?

(Was denkst du dabei?)

Die Kinder haben ihr Zimmer aufraeumen sollen. 애들은 자기 방을 치워야 했다. ―독일에서는 사회 질서 속에서 정상적인 시민으로 참여하기 위해 어려서부터 자기 삶은 자기가 가꾸어나가게 공적 사적 노력을 한다.

(Die Mutter hat es gesagt.)

Die Theater Auffuehrung soll sehr gut gewesen sein. 연극 상연은 아주 좋았을 것 같아.

(Ich habe gehoert, dass sie gut war. 혹은 Die Leute sagen es.)

sorgen(근심하다 염려하다 걱정하다 보살피다 돌보다 애쓰다 배려하다 준비하다)

Die Polizei sorgt fuer Ordnung. 경찰은 질서를 유지하는 데 전념한다. ―안전에 대한 욕구충족에서 내적 안전은 경찰이고 외적 안전은 국방이다.

(Sie schaft und erhaelt die Ordnung.)

Dieser Wirt sorgt gut fuer seine Gaeste. 이 식당은 손님들에게 무척 신경을 쓴다.

(Er gibt Acht, dass es ihnen gut geht.)

Die Tochter sorgt fuer ihren alten Vater. 딸이 나이 많은 아빠를 보살핀다.

(Sie gibt ihm Geld und was er sonst braucht.)

spannen(팽팽히 하다 잡아 펴다 넓히다 늘이다 팽팽해지다 뻗다 알아채다 재미있다 흥미롭다)

Das Kleid spannt. 옷이 꽉 낀다.
(Es ist zu eng.)
Der Schuetze spannt den Bogen. 포수가 활시위를 당긴다. -활Bogen 화살Pfeil
(Er zieht an der Sehne, um den Pfeil abschliessen zu koennen.)
Spanne deine Erwartungen nicht zu hoch! 기대 너무 하지 마! 큰 기대 하지 마.
(Erwarte nicht zu viel. 혹은 Mache dir nicht zu grosse Hoffnung!)
Der Kutscher spannt die Pferde an den Wagen. 마부가 말을 마차에 묶어 맨다.
(Sie sollen den Wagen ziehen. 혹은 Er macht sie daran fest.)
Der Himmel spannt sich ueber der Erde. 땅 위를 하늘이 뒤덮고 있다.
(Er woelbt sich darueber.)
Ich bin gespannt darueber, wie die Bilder geworden sind. 사진이 어떻게 되어 나올지 기대된다. 긴장된다.

sparen(절약하다 아끼다 저축하다 남기다 제쳐두다 연기하다)

Spare dir deine Worte! 말을 좀 아껴! 좀 조용히 해!
(Rede nicht! 혹은 Lass mich in Frieden!)
Wir haben Geld fuer einen Wagen gespart. 우린 차 사려고 저축해 뒀지. -Wagen은 곧 자동차Auto(승용차)를 의미한다. 유모차:Kinderwagen 카트: Einkaufswagen
(Wir haben das Geld nicht verbraucht, sondern zurueckgelegt.)

spenden(증여하다 기부하다 희사하다 제공하다 주다 베풀다 보내다)

Die Studentin hat Blut gespendet. 여학생이 헌혈을 했다.
(Sie gab Kranken von ihrem Blut.)
Der Baum spendet Schatten. 나무가 그늘을 만든다.
(Er gibt uns Schatten.)
Bitte spenden Sie etwas fuer das Rote Kreuz! 적십자에 기부하세요! -기부Spende는 프랑스 혁명과 영국 산업혁명을 아우르는 북대서양 기독교문화권의 강점이다. 필요한 것을 떼어주면서 기억조차 하지 않는다. 독일 동화 『별돈Sterntaler』 참조. 달러는 Taler에서 파생했다.
(Geben Sie freiwillig etwas fuer einen guten Zweck.)

sperren(차단하다 저지하다 폐쇄하다 봉쇄하다 정지하다 금지하다 멈추다 닫다)

Die Polizei sperrte den Verhafteten in eine Zelle. 경찰이 감옥수를 감방에 가두었다.
(Man schloss ihn ein.)

Die Tuer sperrt. 문이 잘 안 잠긴다.

(Sie geht nicht richtig zu oder auf.)

Die Strassen wurden wegen des Hochwassers gesperrt. 그 거리들이 홍수 때문에 폐쇄되었다.

(Man durfte diese Strasse nicht befahren.)

Man kann einen gestohlenen Scheck sperren lassen. 도난당한 수표는 정지시켜야만 한다.

(Er kann dann bei der Bank nicht eingeloest werden.)

Die alte Dame sperrte sich gegen den Verkauf des Hauses. 노파가 이 집 매각을 적극적으로 반대하고 나섰다.

(Sie wehrte sich mit allen Mitteln dagegen.)

spiegeln(빛나다 반들거리다 반사하다 반영하다 보이다 거울에 비추다 거울을 달다 설탕을 입히다)

Die Baeume spiegeln sich in dem See. 나무들이 호수에 투영된다. –See가 남성일 때는 호수고 여성일 때는 바다다.

(Man sieht ihr Bild auf dem Wasser.)

Der Fussboden spiegelt. 바닥이 반들거린다. 거울처럼 비친다.

(Er ist sehr sauber.)

In seiner Musik spiegelt sich die Seele dieses Volkes. 그의 음악엔 이 민족의 정신이 반영된다. 반추한다. 내재해 있다.

(Die Musik zeigt seine Seele.)

spielen(놀이하다 시합하다 연주하다 상연하다 연기하다 놀다 놀이하다 희롱하다 장난하다 전개되다 펼쳐지다 치다 이르다 빛나다 변하다)

Das spielt keine Rolle. 아무 일도 아니야. 중요한 일 아니야. 아무 역할도 못해.

(Es ist nicht wichtig.)

Die Musik spielt. 음악이 연주된다.

Herr Schmidt spielt Tennis. 슈미트씨가 테니스를 친다.

(Er treibt diesen Sport.)

Der Schauspieler spielt seine Rolle gut. 그 배우는 연기를 잘 한다.

(Er stellt sie gur dar.)

Er spielt den grossen Mann. 그는 거드름을 피운다. 건방 떤다.

(Er tut, als ob er ein bedeutender Mann waere.)

Die Kinder spielen mit der Eisenbahn. 애들이 모형기차로 논다. 모형기차를 가지

고 놀이한다.

(Die Eisenbahn ist ihr Spielzeug.)

Der Roman spielt in Finnland. 그 소설은 배경이 핀란드이다.

(Dort ist der Ort der Handlung.)

Die junge Frau hat mit dem Mann nur gespielt. 이 젊은 여자는 그 남자를 단지 갖고 놀기만 했다. 희롱만 했다. 이용만 했다.

(Ihre Liebe war nicht echt.)

Bitte, spiele mit offenen Karten! 이봐, 속이면 안 돼! 솔직히 해!

(Sei ehrlich!)

sprengen(폭파하다 돌파하다 파열하다 파괴하다 분쇄하다 튀기다 빨리 달아나게 하다 뿌리다 뿜다)

Die Versammlung wurde gesprengt. 그 집회가 분쇄되었다. 조기에 끝났다. 중단 되었다.

(Sie musste vorzeitig beendet werden, weil Gegener stoerten.)

Der Felsen wurde mit Dynamit gesprengt. 바위가 다이너마이트로 파괴 되었다.

(Er wurde durch eine Explosion zerstoert.)

Der Reiter sprengt ueber das Feld. 승마기수가 말을 타고 들판을 건너간다.

(Er reitet im Galopp ueber das Feld.)

spruehen(튀다 튀어나가다 번득이다 날리다 튀기다 뿌리다 반짝거리다)

Die Gaertnerin sprueht das Insektenmittel auf die Blumen. 여자 정원사가 살 충제를 꽃나무에 뿌린다.

(Sie bespritzt die Pflanzen damit.)

Es sprueht. 이슬비가 온다. 비가 부슬부슬 온다. 가량비가 온다. 비가 흩날린다.

(Es regnet sehr leicht.)

spueren(뒤밟다 추적하다 감지하다 느끼다 알아채다)

Sie spuerte, dass sie nicht willkommen war. 그녀는 자신이 불청객인 것을 알아 챘다.

(Sie merkte es.)

Ich spuere die Waerme. 온기를 느낀다. 온기가 있다.

(Ich fuehle sie.)

stammen(유래하다 계통을 이어받다 ~출신이다)

Das Gedicht stammt von Friedrich Schiller. 이 시는 쉴러 작품이다.

Diese Familie stammt aus Finnland. 이 가족은 핀란드 출신이다.

Das Wort Kaiser stammt von dem Wort Caesar ab. Kaiser(황제)라는 단어는 Caesar(시저)에서 유래한다.

(Es kommt daher.)

staerken(강하게 하다 지원하다 힘을 돋우다 원기를 돋우다 강해지다 기운을 얻다)

Wollen Sie sich vor der Abreise nicht etwas staerken? 출발 전에 원기를 북돋우지 않겠어요?

(Wollen Sie etwas essen oder trinken?)

Die Medizin soll den Kranken staerken. 이 약이 환자를 기운 차리게 한다.

(Sie soll ihn kraeftigen.)

starren(굳어지다 뻣뻣해지다 응시하다 뚫어지게 보다 노려보다 잔뜩 묻어있다)

Das Kind starrte auf den Teller mit Kuchen. 아이가 케이크 쟁반을 응시하고 있었다. 케이크만 뚫어지게 보고 있었다.

(Es schaute unbeweglich dorthin.)

Der alte Mann starrte vor sich hin. 노인이 앞만 응시했다. 멍하니 봤다.

(Er schaute unbeweglich geradeaus.)

Der Aufzug starrt vor Schmutz. 승강기에 먼지가 잔뜩 묻어있다. 먼지로 뒤덮였다. 먼지로 굳어진 것 같다.

(Er ist so schmutzig, dass er ganz steif ist.)

Das Land starrt in Waffen. 나라 전체가 무장한다. 온 나라가 무장한다.

(Es hat sehr viel Soldaten.)

staunen(놀라다 깜짝 놀라다 경악하다 경탄하다)

Das Kind staunt ueber das schoene Geschenk. 아이가 예쁜 선물에 할 말을 잃는다. 말 할 바를 모른다.

(Es bewundert das Geschenk.)

Ich staune ueber seine Frechheit. 난 그가 너무나도 시건방져서 말문이 막혔다. 멍했다.

(Ich bewundere mich darueber. 혹은 Ich verstehe nicht, wie das moeglich ist.)

stecken(꽂혀있다 박혀있다 찔려있다 꽂다 끼다 끼워 넣다 집어넣다 막히다)

1. 자동사로서 무엇이 한 장소에 빠져 있다

Der Junge steckt voller Dummheiten. 그 젊은이는 완전히 멍청해.

(Er ist voll von Dummheiten. 혹은 Er hat nur Dummheiten im Kopf.)

Der Schluessel steckt in Schloss. 열쇠가 자물쇠에 꽂혀있다.

Der Ring steckt am Finger. 반지가 손가락에 끼어있다.

Wo hast du den ganzen Tag gesteckt? 너 종일 어디 처박혀 있었어? 어디 있었어?
(Wo bist du gewesen?)

Ich moechte wissen, was hinter dieser Sache steckt. 난 이 물건이 무엇인지 알
았으면 해(자세히). 이 물건 이면에 무엇이 있는지 궁금해.
(Ich moechte wissen, was diese Sache wirklich bedeutet.)

2. 타동사로서 누가 무엇을 한 장소에 꽂다

Du darfst den Kopf nicht in den Sand stecken. 넌 그 일에 혼을 뺄 필요 없어.
(Du kannst mit Problemen nicht dadurch fertig werden, dass du sie
ignorierst.)

Ich stecke den Schluessel ins Schloss. 나는 열쇠를 자물쇠에 꽂아놓는다.

Der Braeutigam steckt der Braut den Ring an den Finger. 신랑이 신부 손에 반
지를 끼워 준다.

Das Kind soll den Finger nicht in den Mund stecken. 애들은 손가락을 입에 넣
지/물지 말아야 한다.

Lisa hat die Brosche an den Pullover gesteckt. 리자는 브로치/장식 핀을 스웨터
에 찔러달았다.
(Sie hat das Schmuckstueck mit einer Nadel befestigt.)

steigern(올리다 높이다 증대시키다 강화시키다 오르다 높아지다 증대되다 강화되다)

Die Computerproduktion konnte gesteigert werden. 컴퓨터 생산이 증가될 수
있었다.
(Es wurden mehr Computer produziert.)

Der Hausbesitzer hat die Miete gesteigert. 집주인이 임대료를 올렸다.
(Er hat sie erhoeht.)

Ihre Wut steigerte sich. 그녀의 분노가 상승했다. 점점 더 화를 냈다.
(Sie wurde wuetender.)

Die Sportler steigerten ihre Leistungen. 운동선수들은 그들의 능률을 증가시켰
다. 제고했다.
(Sie leisten jetzt mehr.)

stellen(세우다 놓다 배치하다 정지시키다 내다 제출하다 조정하다 조절하다 작성하다)

Die Firma stellt ihrem Chef einen Wagen. 이 회사는 사장에게 업무용 전용차를
제공했다.
(Sie gibt ihm einen Wagen zum Gebrauch. 혹은 Er hat einen Dienstwagen.)

Der Lehrer stellt dem Schueler eine Frage. 교사가 학생에게 문제를 낸다.
(Er fragt ihn.)

Julia stellt ihrer Schwester ein Bein. 율리아는 동생에게 다리를 건다.(넘어지게)
(Die Schwester soll hinfallen.)

Ich habe einen Wecker auf sechs Uhr gestellt. 나는 알람시계를 6시에 맞춰 놨
다. −독일의 출근 시간은 대체로 아침 6~8시인데 아침 9시부터 오후 3시까지만 의무
이고 출퇴근이 자유로운 공무원도 많다.
(Er soll mich um sechs Uhr wecken.)

Die Studentin hat einen Antrag auf ein Stipendium gestellt. 여학생이 장학금
신청을 했다.
(Sie hat es beantragt.)

Ich habe die Buecher in das Regal gestellt. 나는 책들을 책꽂이에 꽂았다. −책꽂
이는 Buecherregal이고 책장은 Buecherschrank이다.

Lisa stellt sich ans Fenster. 리자는 창문가에 서 있다.

Diese Taenzerin stellt alle anderen in den Schatten. 이 무용수는 다른 무용수들
을 압도한다.
(Sie uebertrifft alle.)

Die Firma stellt mir die Verpackung in Rechnung. 회사가 포장비용을 계산에 포
함시켰다.
(Ich muss die Kosten fuer die Verpackung bezahlen.)

Sie muessen in Rechnung stellen, dass Lisa noch ein Kind ist. 리자가 아직은
애라는 것을 생각하세요.
(Sie muessen das bedenken, beruecksichtigen.)

Durch diese Entwicklung wird der Erfolg der Konferenz in Frage gestellt. 일
이 이렇게 되면 학술회의의 결과가 문제이겠다. 문제가 되겠다.
(Der Erfolg ist zweifelhaft. 혹은 Es ist unwahrscheinlich, dass sie ein Erfolg
wird.)

Darf ich Ihnen meinen Stuhl zur Verfuegung stellen? 내 의자 드릴까요? 여기
앉으실래요?
(Darf ich ihn Ihnen ueberlassen? 혹은 Sie koennen ihn jetzt gerne
benutzen!)

Man hat mir eine groessere Wohnung in Aussicht gestellt. 더 큰 아파트를 언
급했어. 보여준다고 했어.

(Man hat sie mir versprochen.)

Sie stellt sich taub. 그녀는 벙어리처럼 행세한다.

(Sie tut so, als ob sie taub waere.)

Wie stellen Sie sich zu meinem Vorschlag? 내 제안이 어떠세요? 마음에 들어요? 어떻게 생각해요?

(Was halten Sie davon? 혹은 Was denken Sie darueber?)

Ich habe eine Flasche Wein kalt gestellt. 난 백포도주 한 병을 냉장고에 넣었다. ―백포도주는 차게 마시고 적포도주는 방안 온도로 마신다. 또 백포도주는 리셉션 등에서 마시면 긴장되고 적포도주는 저녁 친목 때 마시면 긴장이 풀린다. 백포도주는 흰색 생선과 마시고 적포도주는 육류나 연어와 같은 붉은 색 생선과 마신다. 올리브나 치즈도 잘 어울린다. 포도주와 시가는 천천히 온 입으로 음미하면서 즐긴다. 백포도주는 Weisswein이고 적포도주는 Rotwein이다.

(Der Wein steht im Kuehlschrank.)

steuern(조종하다 운전하다 조작하다 조절하다 제어하다 향하다 나아가다 제지하다 추구하다 지향하다 납세하다 기부하다 헌금하다)

Der Bundeskanzler steuert die Politik. 독일수상은 국가정책을 결정한다.

(Er bestimmt die Richtung.)

Das Schiff steuert nach Westen. 배가 서쪽으로 향한다.

(Es hat Westkurs.)

stiften(기부하다 증정하다 선물하다 창설하다 설립하다 수리하다 실현시키다 성사시키다)

Die Firma stiftet einen Preis fuer den besten Lehrling. 그 회사는 최고의 도제/실습생에게 상금을 정했다. ―독일사회는 대학체제와 수공업제도의 이중 체제다. 수공업제도는 장인이 최고의 위치에서 도제를 직인으로 길러낸다. 즉 이러한 직업교육의 제제는 도세-직인(전문노동자)-장인으로 이루어져 있다. 또한 산업 및 금융에서도 직업교육을 통해 대학과는 별도로 이론과 실습을 겸비한 직원들을 길러낸다.

(Sie setzt einen Preis aus. 혹은 Man kann ihn gewinnen.)

Der Praesident konnte zwischen Parteien Frieden stiften. 대통령이 정당들 사이의 갈등을 봉합했다. 봉합할 수 있었다.

(er konnte sie versoehnen.)

stillen(젖을 먹이다 달래다 정지시키다 멈추게 하다 진정시키다 만족시키다 채우다)

Hast du endlich deine Neugier gestillt? 너 이제 만족해? 충분해? 호기심 채웠어?

(Weisst du jetzt genug? 혹은 Bist du jetzt zufrieden?)

Er hat seinen Hunger gestillt. 그는 허기를 진정시켰다. 가라앉혔다.
(Er ass, bis er satt war.)
Die Mutter stillt das Baby. 엄마가 아기에게 젖을 먹인다. −수유기간에는 젊은 엄마들이 지방자치단체에서 정기적으로 무료로 시행하는 조언Stillberatung을 받는다.
(Sie ernaehrt es mit Muttermilch.)
stimmen(투표하다 느낌을 가지게 하다 조율하다 일치하다 맞다 옳다 어울리다 조화를 이루다)
Die Musiker stimmen ihre Instrumente. 기악 연주자들이 그들의 악기들을 조율한다.
(Sie bringen sie auf die richtige Tonhoehe.)
Das stimmt nicht. 그건 말도 아니야. 틀렸어. 옳지 않아.
(Das ist nicht richtig. 혹은 Das ist nicht wahr.)
Dreihundert Abgeordnete stimmten fuer das Gesetz, hundert stimmen dagegen. 삼백명의 의원들이 그 법안에 찬성했고, 백명이 반대했다.
Das Parlament stimmte ueber das neue Gesetz ab. 의회가 법안을 표결했다.
(Man entschied durch Stimmabgabe ueber das Gesetz.)
Das Brautpaar bestimmte den Hochzeitstag. 신랑신부가 결혼 날짜를 결정했다.
(Es setzte den Termin fest.)
Die Farbe der Vorhaenge stimmt mit der der Sessel ueberein. 바깥커튼 Vorhang의 색깔이 소파의 색깔과 일치한다. −하나짜리 소파가 Sessel이고 두 개짜리 Zweiersitzer 세 개짜리 Dreiersitzer가 원래 거실 소파의 한 쌍이다.
(Es ist die gleiche Farbe.)
Das Klavier ist verstimmt. 피아노 조율이 안 맞다. 음이 틀리다. 어긋난다.
(Die Toene stimmen nicht.)
strahlen(빛을 발하다 환하게 빛나다 번쩍이다 반짝이다 환한 표정을 짓다 방송하다 방영하다 방사하다 방뇨하다)
Das Kind strahlt ueber das ganze Gesicht. 애가 만면에 웃음이다. 온 얼굴에 웃음이다. 얼굴 전체가 화사하다.
(Es freut sich sehr. 혹은 Es lacht.)
Die Sonne strahlte vom Himmel. 태양이 쫙 비친다. 햇볕이 내리쬔다. 쏟아진다.
(Es war herrlicher Sonnenschein.)
streben(노력하다 추구하다 나아가다 지향하다 애쓰다 매진하다)
Er strebt nach Ruhm. 그는 명성에 매진한다. 유명해 지는 게 소원이다.

(Er will beruehmt werden. 혹은 Er will nach oben kommen.)

Die Regierung strebt bessere Beziehungen zu den Nachbarlaendern an. 정부
는 인접국들과의 관계개선을 위하여 노력한다.

(Sie bemueht sich darum.)

Dieser Ort strebt auf. 이 곳/이 지역은 발전을 위해 노력하고 있다.

(Er entwickelt sich gut.)

strecken(뻗다 내밀다 펴다 기지개를 켜다 아껴 쓰다 두드려 펴다 길고 얇게 만들다 때
려눕히다 쓰러뜨리다 성장하다 자라다 늘어나다)

Das Kind streckt sich, um besser sehen zu koennen. 아이가 더 잘 볼 수 있도록
몸을 편다. (목과 허리를 세우거나 발꿈치를 드는 동작)

(Es macht sich moeglichst gross.)

Sie streckte die Arme nach oben. 그녀는 팔을 위로 쫙 폈다.

(Sie hob die Arme. 혹은 Sie machte sie so lang wie moeglich.)

streifen(가볍게 스치다 닿다 찰과상을 입히다 순찰하다 정찰하다 배회하다 유랑하다
힐끗보다 피상적으로 다루다 빼다 까다 벗다 선을 긋다)

Der Wagen hat den Fussgaenger nur gestreift. 그 자동차는 보행자에게 단지 찰
과상을 입혔다.

(Er hat ihn leicht angefahren.)

Die Kinder streifen durch den Wald. 아이들이 숲속을 돌아다닌다.

(Sie liefen ohne festes Ziel durch den wald.)

streuen(뿌리다 살포하다 뿌려지다 흩뜨려지다 번지다 분산하다)

Der Baecker streut Zucker auf den Kuchen. 제과사가 케이크 위에 설탕을 뿌린
다. 바른다.

(Er gibt Zucker darauf.)

Der Hausbesitzer streut im Winter die Strasse. 집주인이 겨울 눈길 위에 모래를
뿌린다. -자기 집 앞을 제설작업 하는 것은 주인의 의무이다.

(Er verteilt Sand auf der vereisten Strasse.)

Der Verkaeufer wollte mir Sand in die Augen streuen. 판매원이 나를 속이려 했
다. 헷갈리게 했다.

(Er wollte mich taeuschen.)

stuerzen(밀어 떨어뜨리다 던져 떨어뜨리다 돌진하다 급히 달려가다 씌우다 덮다 입히
다 추락하다 전복하다 전도하다 붕괴하다 멸망하다 뒤집다 거꾸로 하다)

Der Ritter ist vom Pferd gestuerzt. 승마기사가 말에서 떨어졌다.

(Er ist vom Pferd gefallen.)

Wolfgang hat sich in Schulden gestuerzt. 볼프강은 빚지고 말았다. 빚쟁이로 전락했다.

(Er hat Schulden gemacht.)

Man hat die Regierung gestuerzt. 사람들이 정부를 전복했다.

(Man hat sie zu Fall gebracht.)

stuetzen(떠받치다 버팀목을 대다 지지하다 부축하다 강화하다 돕다 안정시키다 유지하다 버티다)

Diese Theorie stuetzt sich auf folgende Beweise. 이 이론은 아래의 증명을 바탕으로 하고 있다.

(Sie ruht darauf.)

Er stuetzt sich auf den Tisch. 그는 탁자에 기대고 있다.

(Er lehnt sich darauf.)

Die Zeitung stuetzt diese Partei. 그 신문은 이 정당을 지지한다.

(Sie berichtet positiv ueber die Partei.)

Der Pfeiler stuetzt die Bruecke. 그 교각이 다리/교량을 받치고 있다.

(Er traegt ihr Gewicht.)

suchen(찾다 뒤지다 수색하다 탐색하다 힘쓰다 해보다 검색하다)

Julia sucht ihre Freundin. 율리아는 그녀의 친구를 찾고 있다.

(Sie weiss nicht, wo sie ist.)

Ich habe mir eine Stellung gesucht. 나는 일자리를 찾고 있었다.

(Ich habe mich bemueht, bis ich eine Stellung gefunden hatte.)

Die Frauen suchen Pilze. 여자들이 버섯을 찾고 있다. 채집하고 있다.

(Sie sammeln Pilze.)

taugen(쓸모 있다 유용하다 적합하다)

Der Junge taugt nicht zum Ingenieur. 그 젊은이는 엔지니어가 적성이 아니다.

(Er ist fuer diesen Beruf nicht geeignet.)

Dieser Schreiber taugt nichts. 이 필기구는 잘 안 써진다. ―볼펜Kugelschreiber 연필Bleistift 만년필Fueller

(Er ist nicht gut.)

tauschen(교환하다 바꾸다 무역하다 교역하다)

Wir tauschen unsere Plaetze. 우린 서로 자리를 바꾼다.

(Du nimmst meinen, und ich deinen Platz.)

Mit diesem Mann moechte ich nicht tauschen. 난 그와 자리 안 바꿀 거야.
(Ich moechte nicht an seiner Stelle sein.)

Die Menschen tauschen Gruesse aus. 사람들이 서로 인사를 한다. 나눈다.
(Sie gruessen einander.)

taeuschen(속이다 기만하다 사취하다 편취하다 오해하다 착각하다)

Ich hatte mich in diesem Mann getaeuscht. 나 이 남자에 실망했었어.
(Ich hatte eine falsche Meinung von ihm.)

Der erste Eindruck taeuscht oft. 첫 인상이 종종 안 맞을 수 있어. − oft와 비슷한
확률을 나타내는 단어들로는 haeufig, manchmal등이 있다.
(Er ist oft nicht richtig.)

teilen(나누다 구분하다 분배하다 공유하다 분열하다 제하다)

Der Kuchen wurde geteilt. 케이크가 더 작게 나누어졌다. −작은 사각형 삼각형의
케이크가 Kuchen, 둥근 큰 케이크는 Torte, 생일케이크는 Geburtstagstorte이다.
(Er wurde in Stuecke zerlegt.)

Hier teilen sich die Meinungen. 여기에서 견해들이 갈린다. 서로 다른 견해이다.
(Es gibt verschiede Meinungen zu dieser Frage.)

9 geteilt durch 3 gibt 3. 9 나누기 3 은 3 이다.

12 geteilt durch 3 gibt 4. 12 나누기 3 은 4 이다.

tippen(가볍게 치다 툭 건드리다 조심히 언급하다 타자치다)

Er hat den Brief getippt. 그는 편지를 타자기로 쳤다.
(Er schrieb ihn mit der Maschine.)

Sie tippte mir auf die Schulter. 그녀가 내 어깨를 살며시 건드렸다. 쳤다.
(Sie beruehrte meine Schulter leicht.)

toenen(울리다 소리나다 허풍떨다 떠벌이다 울리다 소리내다 자랑하다 조색하다)

Lina hat ihre Haare getoent. 린아는 머리를 연하게 물들였다. 염색했다.
(Sie hat es leicht gefaerbt.)

Die Kirchenglocken toenen hell. 교회 종들이 경쾌하게(맑게) 울린다.
(Sie klingen hell.)

trachten(지향하다 뜻을 두다 의도하다 노력하다)

Mein Kollege trachtet nach meiner Stellung. 내 동료가 내 자리에 뜻을 둔다. 생
각이 있다.
(Er moechte sie gern haben.)

Ich betrachte das Bild. 난 이 그림을 관찰한다. 보고 있다.

(Ich sehe es mir genau an.)

trauen(신뢰하다 믿다 신용하다 감히 하다 결혼시키다)

Ich traue der Sache nicht. 그 일이 안 믿어지는데.

(Ich glaube nicht, dass sie in Ordnung ist.)

Du traust dich nicht, in das Wasser zu spingen. 너 물에 뛰어 들어가는 것 할 수 없지. 못 하지.

(Du hast Angst.)

Traue keinem Luegner! 사기꾼은 믿지 마!

(Glaube ihm nicht!)

Der Pfarrer traute das Paar. 목사가 신혼부부에게 성혼을 선포했다.

(Er verheiratete sie.)

trauern(슬퍼하다 애도하다 탄식하다 상중이다)

Er trauert um seine Frau. 그는 그의 아내의 죽음을 애도 한다.

(Er ist traurig, dass sie gestorben ist.)

Das Volk betrauert die Gefallenen. 국민이 전사자들을 추모한다.

(Es vergisst die Toten nicht.)

trennen(나누다 분할하다 떼어놓다 갈라놓다 분리하다 분철하다 구분하다 헤어지다 이혼하다)

Das Meer trennt die Kontinente. 바다가 대륙들을 가른다.

(Das Meer ist zwischen ihnen.)

Das Ehepaar hat sich getrennt. 그 부부가 갈라섰다. 이혼했다.

(Sie leben nicht mehr zusammen.)

trueben(불투명하게 하다 흐리게 하다 우울하게 하다 슬프게 하다 흐려지다 몽롱해지다 부옇게 하다 깨다 교란하다)

Der Geist des alten Mannes hat sich getruebt. 그 노인의 정신이 흐려졌다. 흐릿해졌다.

(Er kann nicht mehr klar denken.)

Schmutz truebt das Wasser. 먼지가 물을 혼탁하게 한다.

(Er macht das Wasser undurchsichtig.)

ueben(연습하다 훈련하다 행하다 실행하다 나타내다 표명하다)

Du musst dich in Geduld ueben. 넌 인내심을 배워야 해. 연습해야 해.

(Du musst lernen, geduldig zu sein.)

Im Unterricht ueben wir die Grammatik. 수업 중에 우리는 문법을 연습한다.

(Wir lernen sie durch wiederholung.)

verlaengern(연장하다 늘이다 길게 하다 갱신하다 길어지다 연장되다)

Die Autobahn wurde um neunzig Kilometer verlaengert. 고속도로가 90 킬로
미터나 연장되었다.

(Sie ist jetzt um neun Kilometer laenger.)

Der Auslaender laesst seinen Pass verlaengern. 외국인이 여권을 연장하려 한
다. 체류기간을 연장하려 한다.

(Er soll laenger gelten.)

Sie will ihre Kur verlaengern. 그녀는 요양기간을 연장하려 한다. ; 요양Kur은 의
사의 처방에 따라 건강보험회사에 신청한다.

(Sie will laenger bleiben.)

verletzen.(해치다 상하게 하다 상처를 입히다 침해하다 감정을 해치다 훼손하다 위반
하다 범하다)

Der Autofahrer hat die Strassenverkehrsordnung verletzt. 그 운전자가 도로
교통규칙을 위반했다. —규칙은 Regel이고 질서는 Ordnung이다. 제일 우선시 되는
것이 교통경찰관Verkehrspolizist이고 다음이 교통신호등Verkehrsampeln, 교통
표지판Verkehrszeichen이며, 아무 것도 없으면 내 오른쪽이 우선rechts vor links
이다.

(Er hat ein Gesetz uebertreten. 혹은 Er hat gegen die Regel gehandelt.)

Ich wollte Sie nicht verletzen! 내가 당신을 다치게 할 생각은 아니었습니다.

(Ich wollte Sie nicht kraenken!)

verpfichten(의무를 지우다 약속하게하다 고용하다 채용하다 약속하다 확약하다)

Das aerztliche Geheimnis verpflichtet den Arzt, ueber seine Patienten zu
schweigen. 의사의 비밀엄수는 환자에 대하여 침묵하는 것이다.

(Er darf nicht ueber seine Patienten sprechen. 혹은 Das ist seine Pflicht.)

Der Schauspieler wurde nach Berlin verpflichtet. 그 배우는 베를린으로 초빙되
었다.

(Ein Berliner Theater hat ihn engagiert.)

verschwenden(낭비하다 허비하다 탕진하다 헛수고하다)

Sie verschwendet ihr Geld. 그녀는 돈을 낭비한다. 돈을 물 쓰듯 한다.

(Sie gibt es fuer nutzlose Dinge aus.)

Ich werde kein Wort mehr an ihn verschwenden. 난 더 이상 그와 말을 안 할래!
말 할 가치조차 없어!

(Ich werde nicht mehr mit ihm sprechen, weil es keinen Sinn hat.)

wachen(깨어있다 지키다 경계하다 감시하다 감독하다)

Der Nachtwaecher wacht. 그는 밤 근무를 한다. 야간순찰 돈다.

(Er passt auf.)

Ich wache. 난 그냥 누워 있어. 안 자. 깨어 있는 거야.

(Ich schlafe nicht. 혹은 Ich liege wach.)

Die Krankenschwester wacht darueber, dass der Kranke die Tabletten einnimmt. 간호사는 환자가 약을 먹는지 감시한다.

(Sie achtet darauf.)

Das Baby ist aufgewacht. 애기가 깼다.

(Es hoert auf zu schlafen.)

Ich erwachte durch den Laerm. 난 시끄러워서 깼다.

(Ich wurde wach.)

Die Natur ist erwacht. 만물이 소생한다.

(Der Winter ist vorbei.)

Der Arbeiter ueberwacht die Messinstrumente. 근무자가 측량기기를 감시한다.

(Er kontrolliert sie.)

wagen(감행하다 시도하다 과감히 나아가다 한판 걸다)

Wolfgang wagt sich mit dem schlechten Zeugnis nicht nach Hause. 볼프강은 나쁜 학교성적표를 가지고 집에 갈 자신이 없다.

(Er traut sich nicht nach Hause.)

Er wagt den Sprung nicht. 그는 겁이 나서 뛰어 내리질 못한다.

(Er hat Angst.)

waehlen(고르다 선택하다 숙고하다 신중히 생각하다 선거하다 투표하다 선임하다 전화번호 누르다)

Er waehlt die Nummer. 그는 다이얼을 돌린다. 전화 건다. 전화번호를 누른다.

(Er moechte telefonieren.)

Haben Sie schon gewaehlt? 메뉴 골랐어요? 뭐 주문하실래요?

(Haben Sie sich schon etwas auf der Speisekarte ausgesucht? 혹은 Was wollen Sie bestellen?)

wahren(지키다 보호하다 유지하다 주의하다 조심하다 보존하다 보관하다)

Er hat das Gesicht gewahrt. 그는 체면을 지켰다.

(Er behielt seinen guten Namen.)

Der Verteidiger soll die Interessen des Angeklagten wahren. 변호인은 피고인의 이익을 지켜야 한다.

(Er soll seine Interessen schuetzen.)

Gott bewahre! 하늘에 맹세코 아니야! 절대 아니야!

(Ganz bestimmt nicht!)

Bewahren Sie die Ruhe! 진정하세요! 참으세요!

(Bleiben Sie ruhig! 혹은 Verlieren Sie nicht die Nerven!)

Verwahren Sie diese Dokumente gut! 이 서류들 잘 보관하세요!

(Heben Sie sie an einem sicheren Ort auf!)

wandeln(거닐다 산책하다 천천히 걷다 변경시키다 바꾸다 변경하다 살아가다 생활하다 변화시키다)

In Deutschland hat sich nach der Wiedervereinigung vieles gewandelt. 독일에서는 통일 이후에 많은 것들이 변하였다. —Wiedervereinigung은 재통일이라는 의미이다. 통일부도 내독관계부Ministerium fuer Innerdeutsche Beziehungen이다. 현실적으로 독일의 통일은 서독의 기본법Grundgesetz에 의한 동독 5개 주의 합병이다. 1950년대 초에 Saarland주가 프랑스에서 분리 합병된 것과 같은 경우이다.

(Vieles ist anders geworden.)

Die Zuschauer wandeln in der Pause im Foyer auf und ab. 관중들은 휴식 시간에 휴게실에서 걸어 다닌다. —특히 오페라에서 전반부와 후반부 사이의 쉬는 시간에는 입장한 사람들이 큰 휴게실Foyer을 걸어 다닌다. 또한 한 쪽에서 파는 포도주 샴페인 등을 마시기도 한다.

(Sie gehen dort langsam spazieren.)

Die Hexe hat den Prinzen in einen Frosch verwandelt. 마녀가 왕자를 개구리로 마법을 걸었다.

(Sie machte einen Frosch aus ihm.)

Die junge Frau hat die haessliche Wohnung voellig verwandelt. 젊은 여자가 추했던 아파트를 완전히 바꿔 놨다. 새 단장해 놨다.

(Sie hat die Wohnung ganz anders, sehr schoen, gemacht.)

Der Fabrikbesitzer wandelte seine Firma in eine Aktiengesellschaft um. 공장 소유자는 그의 회사를 주식회사로 등재하였다.

(Er aenderte sie und machte eine Aktiengeseschaft daraus.)

wandern(도보여행하다 걷다 방랑하다 떠돌다 옮겨다니다 이동하다 이주하다)

Meine Gedanke wandern. 난 생각이 멍하네. 생각을 할 수가 없다. 내 생각이 방황

하고 있다.

(Ich kann mich nicht konzentrieren.)

Er wanderte unruhig durch das Haus. 그는 불안하게 집안을 싸돌았다. 서성거렸다. 왔다 갔다 했다.

(Er lief unruhig herum.)

Er wandert durch das Land. 그는 온 천지를 떠돌아 나닌다. 전국을 다닌다.

(Er ging eine groessere Strecke zu Fuss.)

Aus diesem Beruf wandern viele Leute ab. 많은 사람들이 이 직업을 떠나간다. 그만둔다. 이직한다.

(Viele geben diesen Beruf auf.)

Diese Familie ist vor vierzig Jahren in Deutschland eingewandert. 이 가족은 사십년 전에 독일로 이주하였다. (들어왔다)

(Sie kamen nach Deutschland und blieben dort.)

Im 19. Jahrhundert sind viele Europaeer nach Amerika ausgewandert. 19세기에는 많은 유럽인들이 미국으로 이주하였다. (나갔다)

(Sie verliessen Europa und suchten in Amerika eine neue Heimat.

Emigrieren - auswandern aus politischen Gruenden.)

waermen(데우다 따뜻하게 하다 데워지다 따뜻해지다 보온이 되다)

Der Gasofen waermt das Zimmer. 가스난로가 방을 데운다.

(Er macht es warm.)

Der Mantel waermt. 외투가 몸을 따뜻하게 한다.

(Er schuetzt gegen die Kaelte.)

warnen(주의하다 경고하다 조심시키다 훈계하다)

Dieses Verkehrsschild soll die Autofahrer warnen. 이 교통표시판이 운전자들을 경고해야 한다.

(Es soll sie aufmerksam machen.)

Der Schutzmann hat mich nur verwarnt. 순경이 나에게 경고만 했다. 벌금 없이 봐 줬다.

(Er hat mir keine Strafe gegeben, aber er hat mir ins Gewissen geredet.)

warten(기다리다 대기하다 머무르다 돌보다 보살피다 간호하다)

1. 가꾸다

Die Saeuglingsschwester wartet die Babys. 산과간호사가 갓난아기들을 보살핀다. 영아들을 돌본다.

(Sie pflegt sie.)

2. 기간적인 의미에서는

Der kann lange warten, bis er sein Geld kriegt. 돈 받을 때까지 기다리게 내버려 둬. 내나 봐라.

(Ich denke nicht daran, zu zahlen.)

Warte nur, wenn ich dich erwische! 기다려, 잡기만 해봐라. 잡히면 혼난다!

(Wenn ich dich fange, geht es schlecht!)

wechseln(환전하다 변하다 바뀌다 바꾸다 고치다 변경하다 대체하다 갈다 변화하다 옮기다)

Wir haben kein Wort miteinander gewechselt. 우린 서로 말을 안 섞었어. 말 안 했어. 아무 말도 안했어.

(Wir sprachen nicht miteinander.)

Hier wechselt das Wild. 여기 동물들 조심. 도로 위로 지나갈 수 있다.

(Hier ueberquert es die Strasse.)

Das Wetter wechselt. 날씨가 변덕이다. 바뀐다.

(Es aendert sich.)

wecken(깨우다 일으키다 불러일으키다 자극하다 환기시키다)

Die Not weckte ungeahnte Kraefte in ihm. 궁하면 통한다. 위기가 그를 강하게 만든다. 위기에서 강해진다. 위기는 그에게 상상하지 못할 힘을 일깨워준다.

(In der Not wurde er stark.)

Wecken Sie mich um sechs Uhr! 여섯 시에 깨워 주세요!

(Holen Sie mich aus dem Schlaf.)

wehren(방어하다 버티다 거부하다 저항하다 막다 금지하다 제지하다)

Ich wehre mich dagegen, dass man meine Briefe liest. 누가 내 편지 읽으면 가만 안 둘 거야. 내 편지 읽는 것을 막을 거야.

(Ich protestiere. 혹은 Ich tue etwas dagegen.)

Der Angeklagte wehrte sich gegen den Verdacht. 피고인은 혐의를 부인했다.

(Er verteidigte sich.)

weigern(거부하다 거절하다)

Er hat sich geweigert, diese Rechnung zu bezahlen. 그는 이 계산서를 지불하는 것을 단호히 거절했다. −거래가 이루어지면 계산서Rechnung가 나오고 금액이 지불 되면 영수증Quittung이 주어진다.

(Er lehnte es entschieden ab.)

Die Zeuge verweigerte die Aussage. 증인이 진술을 거부했다.

(Er weigerte sich auszusagen. 혹은 Er will nicht aussagen.)

weihen(봉헌하다 축성하다 신성하게하다 봉납하다 임명하다 바치다 넘겨주다)

Der Pfarrer weihte die neue Glocke. 목사가 교회의 새 종을 봉헌했다.

(Er segnete sie.)

Er wurde zum Priester geweiht. 그는 성직자로 봉헌되었다.

(Er bekam die Weihen. 혹은 Er wurde kathischer Pfarrer.)

weilen(머무르다 체재하다 체류하다연기하다 지연시키다 지체하다)

Der Dichter weilt nicht mehr unter den Lebenden. 그 시인은 더 이상 이 세상 사
람이 아니다. 영면했다. 죽었다.

(Er ist tod.)

Der Bundespraesident weilt zur Zeit in Hamburg. 연방대통령은 현재 함부르크
에 머물고 있다.

(Er haelt sich dort auf.)

weiten(넓히다 확장하다 넓어지다 확장되다 트이다)

Die Schuhe weiten sich beim Tragen. 신발은 신으면 늘어난다.

(Sie werden weiter.)

Der Schuster hat meine Schuhe geweitet. 구두수선공이 내 신발을 넓혔다.

(Er hat sie weiter gemacht.)

Reisen weitet den Horizont. 여행은 지평을 넓힌다. 여행을 하면 안목이 넓어진다.

(Man lernt dabie viel. 혹은 Man gewinnt Erfahrung.)

Das Tal weitet sich, wenn man nach Norden kommt. 이 골짜기는 북쪽으로 갈
수록 넓어진다.

(Es wird breiter.)

wenden, wendete, gewendet / wenden, wandte, gewandt(뒤집다 회전시
키다 방향을 바꾸다 절교하다 외면하다 피하다 회피하다 멀리하다 방지하다 돌다 변하
다 돌아서다 청하다)

1. 돌리다 변화하다의 의미로는 wenden, wendete, gewendet의 약변화동사

Er wendete den Wagen. 그는 차를 돌렸다.

(Er drehte um.)

Das Wetter hat sich gewendet. 날씨가 갑자기 바뀌었다.

(Es ist anders geworden.)

2. 여타의 의미로는 약변화동사 혹은 강변화동사

Der junge Mann wendete/wandte kein Auge von dem Maedchen. 젊은이가 소녀에게서 눈을 떼지 않았다.

(Er sah es immer zu.)

Der Direktor wendete/wandte sich an seine Sekretaerin. 사장이 여비서를 향해 물었다.

(Er fragte sie.)

werten(평가하다 판정하다 가치가 있다고 인정하다)

Dieses Tor wird nicht gewertet. 이 골은 인정되지 않는다.(축구경기에서)

(Dieses Fussballtor wird nicht gerechnet, nicht gezaehlt.)

Wie hat die Presse das Zusammentreffen der beiden Praesidenten gewertet? 언론이 이 두 대통령의 회합을 어떻게 평가했어?

(Welchen Wert hat man der Koferenz gegeben?)

Das Geld wird abgewertet. 화폐가 평가절하 되었다. 화폐가치가 하락했다.

(Es wird weniger wert.)

Wie bewerten Sie die Lage? 이걸 어떻게 평가합니까?

(Was ist ihr Unteil ueber die Lage.)

wetten(내기하다 걸다 장담하다)

So haben wir nicht gewettet! 그렇게 하기로 한 게 아니었잖아! 말이 다르잖아!

(So war es nicht ausgemacht!)

Wetten, dass er nicht kommt? 그는 안 올 거야, 내기할래?

(Er kommt bestimmt nicht.)

wickeln(말다 갈다 감싸다 싸다 풀다 매질하다 감기다)

Ich wickelte das Kind in eine Decke. 난 애를 담요에 쌌다.

(Ich packte es warm ein.)

Die Frau wickelte die Wolle. 그 여자가 (양모의) 뜨개실을 감았다.

(Sie macht ein Knaeuel.)

Die Mutter wickelt das Baby. 엄마가 애기 기저귀를 간다.

(Sie gibt ihm frische Windeln.)

winken

(윙크하다 끄덕이다 신호하다 몸짓으로 알리다 신호를 보내다)

Meine Freundin stand am Bahnhof und winkte. 내 여자 친구가 역 홈에 서서 손짓했다. 손을 흔들었다.

(Sie bewegte ihre Hand oder ein Tuch zum Gruss auf und ab.)

Ich winkte dem Kellner. 난 종업원에게 손짓했다. 계산서 가져오라고 했다. 주문
한다고 했다.

(Ich gab ihm ein Zeichen zu kommen.)

wirken(일하다 활동하다 작용하다 영향을 미치다 효력이 있다 행하다 미치다 일으키다
수행하다 성취하다 들어가다 침투하다 침투시키다 만들다 인상을 주다 느낌을 주다)

1. 일하다

Herr Meyer wirkte viele Jahre lang als Prokurist bei Siemens. 마이어씨는 오
랫동안 지멘스에서 지배인으로 일했다.

(Er arbeitete dort.)

2. 산출하다

Auf dieser Maschine werden Struempfe gewirkt. 이 기계에서는 스타킹이 짜인
다. 생산된다.

(Diese Maschine strikt Struempfe.)

3. 영향을 주다

Dein Kleid wirkt teuer, als es ist. 너의 옷이 실제보다는 비싸게 보인다.

(Man glaubt, dass es teurer ist.)

Ja, das wirkt! 그래, 작동해! 인상적이야!

(Das inponiert. 혹은 Das macht Eindruck.)

Diese Tabletten wirken schnell. 이 알약들이 잘 듣는다. 효력이 빠르다.

(Die Schmerzen hoeren damit schnell auf.)

wischen(닦다 씻다 훔치다 지우다)

Die Frau wischte mit dem Lappen ueber den Tisch. 여자가 행주로 식탁 위를 훔
쳤다. 닦았다.

(Sie fuhr mit dem Lappen darueber.)

Die Mutter wischt den Tisch ab. 엄마가 식탁을 닦는다. 닦아낸다.

(Sie macht ihn mit einem Lappen sauber.)

Die Putzfrau hat die Kueche aufgewischt. 청소부가 부엌을 깨끗이 청소했다. 닦
았다.

(Sie hat den Fussboden mit Lappen und Wasser gereinigt.)

Der Lehrer hat das Wort an der Tafel ausgewischt. 교사가 칠판 위의 그 단어를
지워버렸다.

(Man kann es nicht mehr lesen.)

Er hat das nur getan, weil er mir eins auswischen wollte. 그는 나를 애먹이려

고 그렇게 했다. 의도적으로 그렇게 했다.

(Er wollte mir schaden. 혹은 Er wollte mich aergern.)

Jetzt habe ich den Schmetterling erwischt. 난 이제 나비를 잡았다.

(Jetzt habe ich ihn gefangen.)

Der Verbrecher hat alle Spuren verwischt. 범인이 모든 흔적들을 지워 버렸다.

(Er beseitigte sie.)

wollen(원하다 하고자하다 바라다 열망하다 필요로 하다)

Er will Jura studieren. 그는 법학을 공부하려고 한다. 법대를 가려고 한다.

(Er hat die Absicht.)

Das habe ich nicht gewollt. 나에게 그 일이 의도치 않게 벌어졌어. 나의 본뜻은 아니야. 그렇게 하려고 하지 않았어.

(Das war nicht meine Absicht.)

Wir wollen unser Recht. 우리는 우리의 권리를 찾을 거야.

(Wir verlangen es.)

Das Kind hat die Tasse nicht umwerfen wollen. 아이가 찻잔을 던지려고 한 것은 아니었어.

(Es tat das nicht mit Absicht.)

Der Autofahrer will das Verkehrszeichen nicht gesehen haben. 그 자동차운전자는 교통표시판을 못 본 것처럼 하려고 한다.

(Er sagt das, aber niemand glaubt ihm.)

Mein Anwalt sagte, dass da nicht zu wollen ist. 내 변호사가 그건 어떻게 할 수 없는 것이라고 말했다.

(Man kann es nicht aendern. 구어체 표현)

wundern(이상한 생각이 들게 하다 놀라게 하다 기적을 행하다 놀라다 호기심을 자극하다 이상하게 생각하다 경탄하다)

Die Besucher wunderten sich ueber die Groesse der Fabrik. 방문객들은 공장의 크기에 감탄했다. 놀랐다.

(Sie waren erstaunt. 혹은 Sie hatten nicht geglaubt, dass sie so gross sei.)

Es wunderte uns, dass die Rechnung so niedrig war. 계산서가 너무 적게 나와서 우린 놀랐다. 의아해 했다.

(Wir hatten eine hoehere Rechnung erwartet.)

Ich bewundere deine Geduld. 난 너의 인내에 감탄할 따름이야. 놀랄 따름이야.

(Ich finde sie grossartig.)

Seine Unhoeflichkeit verwundert mich nicht. 그의 뻔뻔함은 놀랄 일이 아니야. 항상 그랬어.

(Sie erstaunt mich nicht.)

wuenschen(기원하다 욕망하다 소망하다 원하다 바라다 동경하다)

Der Sportfreund wuenscht sich, dass sein Verein gewinnt. 시합의 팬들은 그들의 협회가 이기길 바란다. 자기 팀이 이기길 바란다.

(Er moechte das.)

Ich wuensche dir zum Geburtstag alles Gute. 생일을 맞아 모든 일이 잘되길. 만사형통하길.(생일축하 인사)

Was wuenschen Sie? 뭘 원하세요? 무엇을 도와 드릴까요?

(Was moechten Sie?)

wuerdigen(진가를 인정하다 평가하다 가치가 있다고 생각하다 인정하다)

Die junge Dame wuerdigte mich keines Blickes. 그 젊은 여인은 나에게 눈길조차 주지 않았다. 한 번도 보지 않았다.

(Sie sah mich nicht an.)

Der Redner wuerdigte das Leben des Verstorbenen. 그 연사는 죽은 이의 삶을 평가했다. 사자의 일생을 칭송했다.

(Er sprach anerkennend darueber.)

Zu seinen Lebzeiten hat man das Werk dieses Kuenstlers nicht gewuerdigt. 생전에는 그 예술가의 작품이 인정되지 않았다. 평가되지 않았다.

(Man hat seinen Wert nicht erkannt.)

zahlen(치르다 지급하다 납부하다 내다 갚다 보복하다)

Peter zahlt seine Schulden in Raten ab. 페터는 그의 빚을 월부로 갚는다.

(Er bezahlt immer nur einen kleinen Betrag.)

Sie zahlte mit einem Scheck. 그녀는 수표로 지불했다.

Herr Ober, zahlen! 여기요, 계산이요! 여기 얼마예요! 계산할게요! 계산서요!

(Meine Rechnung bitte!)

Ich bezahle die Rechnung. 나는 계산서를 지불했다. 계산했다. -계산서의 금액을 지불하면 계산서에 사인을 해주거나 새로 영수증Quittung을 주거나 한다.

Ich habe 5000 Euro auf den Wagen angezahlt. 나는 자동차 선금으로 5000유로를 주고 계약했다.

(Ich habe erst einen Teil bezahlt.)

Humor und Optimismus sind nicht zu bezahlen. 유머와 낙천성은 돈 주고도 살

수 없다. 타고나야 한다.

(Das sind Eigenschaften, die mehr wert sind als Geld.)

zaehlen(가치가 있다 값이 나가다 유효하다 효력이 있다 세다 헤아리다 계산하다 치르다 수에 달하다 계산에 넣다 포함시키다 의지하다 믿다 기대하다)

Das Kind zaehlt seine Finger. 아이가 손가락을 센다. 자기 손가락을 센다.

Er zaehlt zu den bekanntesten Physiker der Gegewart. 그는 현대의 최고의 물리학자에 속한다. 그 중 한 사람이다.

(Er ist einer der bekanntesten.)

Berlin zaehlt fast vier Millionen Einwohner. 베를린은 주민이 약 4백만 명이다.

(Er hat so viele Einwohner.)

Kann ich auf dich zaehlen? 너 포함시켜도 돼? 너 오냐?

(Kann ich mit dir rechnen? 혹은 Kommst du bestimmt?)

zaubern(마법을 쓰다 요술부리다 마술부리다 마법으로 만들어내다)

Der Magier zaubert. 마술사가 마술을 한다.

(Er macht scheinbar Unmoegliches.)

Ich kann doch nicht zaubern! 내가 마술을 할 수는 없잖아! 내가 신이 아니잖아!

(Unmoegliches kann ich nicht! 혹은 Ich kann nicht so schnell!)

Diese Frau bezaubert mit ihrem Charme alle Leute. 그녀는 모든 사람들을 그녀의 매력에 빠지도록 했다. 모든 사람들이 그녀의 매력에 빠졌다.

(Alle sind von ihr begeistert.)

Als ich die Wahrheit erfuhr, war ich entzaubert. 난 사실을 알았을 때 실망했어. 사실을 알고 나서 꿈이 깨졌어.

(Alle Illusionen gingen verloren. 혹은 Der Traum war zu Ende.)

Der Onkel zauberte aus seiner Tasche ein Geschenk hervor. 삼촌이 마술을 부려 호주머니에서 선물을 꺼냈다. 마술처럼~

(Er holte es unerwartet heraus.)

Die boese Hexe verzauberte die Kinder in Voegel. 마녀가 애들을 새들로 마법 걸었다.

(Sie liess die Kinder zu Voegeln werden.)

zehren(먹고 살아가다 먹다 미식하다 다시금 음미하다 추가로 즐기다 쇠약하게 하다 해를 끼치다)

Der Baer zehrt im Winter von seinem Fett. 곰은 겨울에는 몸속 지방으로 살아간다. 몸속 지방을 분해하면서 동면한다.

(Er lebt davon.)

Die scharfe Luft an der See zehrt. 바다의 매서운 공기가 허기를 가져온다. 바다 바람에 허기진다. ―독일의 「북해」인 북대서양은 「동해」인 발틱해보다도 염도 및 요드 함량이 높고 바람이 무척 세차서 쉽게 허기진다.(독일에는 「북해」와 「동해」만 있다.)

(Sie macht hungrig. 혹은 Sie verbraucht viele Kraefte.)

Wir haben unsere Vorraete aufgezehrt. 우리는 저장해둔 양식을 먹어치워 버렸다. 비축물을 다 먹었다.

(Wir haben sie aufgegessen. 혹은 Wir haben sie verbraucht.)

Was haben Sie in diesem Gasthaus verzehrt? 이 식당에서 뭘 드셨어요?

(Was haben Sie gegessen?)

Der Ehrgeiz verzehrt ihn. 그는 명예욕에 불탄다. 야심에 가득 차 있다.

(Er ist sehr ehrgeizig.)

zeichnen(그림을 그리다 묘사하다 표시하다 그리다 기호를 하다 표를 넣다)

Wir haben fuer 900 Euro Aktien gezeichnet. 우리는 900유로의 주식을 양도받아 서명했다. 샀다.

(Wir haben die Aktien gekauft.)

Wer zeichnet fuer diesen Verkauf verantwortlich? 이것을 판매하는 주인이 누구야? 누가 주인이야? 물주가 누구야? 판매 책임자가 누구야?

Picasso hat dieses Bild gezeichnet. 피카소가 이 그림을 그렸다.

(Er machte mit Bleistift, Feder oder Kohle dlese Zeichnung.)

zeigen(가리키다 알리다 나타내다 표현하다 나타나다 분명해지다 보여주다 가르쳐주다 알게 하다 모습을 모이다 입증하다 증명하다)

Wir zeigen unseren Freunden die Stadt. 우린 친구들에게 이 도시를 안내한다.

(Wir fuehren sie.)

Der Lehrer zeigt auf das Buch. 교사가 책을 가리킨다.

(Er deutet mit dem Finger darauf.)

Die Lehrerin zeigt den Schuelern das Buch. 여교사가 학생들에게 책을 보여준다.

(Sie haelt es so, dass es alle sehen koennen.)

zerren(잡아당기다 잡아끌다 비방하다 중상하다)

Der Hund zerrt an der Kette. 개가 사슬(목줄)을 당긴다.

(Er zieht mit aller Kraft daran.)

Die Presse zerrt ihn durch den Schmutz. 신문이 그를 혹평한다. 나쁘게 기사를 싣는다.

(Sie macht ihn schlecht.)

zeugen(증언하다 증명하다 증거를 대다 아이를 낳다 산출하다 창조하다 열매를 맺다 생육시키다 짓다 만들다)

Wer hat dieses Kind gezeugt? 누구 자식이야? 애비가 누구야? ―비속어적 표현이다. 정상적 표현은 아래와 같이 Wer ist der Vater?

(Wer ist der Vater?)

Er zeugte fuer mich. 그는 나를 지목했다.

(Er sagte fuer mich aus. 혹은 Er sprach fuer mich.)

Ich kann bezeugen, dass er nicht luegt. 난 그가 거짓말을 하지 않는 것을 증명할 수 있다.

(Ich kann es veweisen.)

In diesem Land wird viel Wein erzeugt. 이 나라에서는 포도주가 많이 생산된다.

(Es wird Wein produziert.)

Hass erzeugt Hass! 증오는 증오를 낳는다. 미움은 미움으로 되갚는다.

(Hass schafft neuen Hass!)

Seine Argumente ueberzeugen mich nicht. 그의 논증은 나를 확신시키지 못한다.

(Ich fand seine Argumente nicht gut.)

Bitte, ueberzeugen Sie sich selbst! 자, 스스로 확신 하세요! 스스로 보세요!

(Sehen Sie selbst! 혹은 Pruefen Sie!)

zielen(지향하다 겨누다 목표로 삼다 암시하다 가리키다 목표하다 뜻하다 달성하다)

Der Foerster zielt auf das Reh. 산림관리원은 노루를 겨눈다.

(Er richtet das Gewehr auf das Reh.)

Ich glaube, das war auf mich gezielt. 그건 나를 겨냥한 것이었는데. 내가 표적이었다고 믿어.

(Das ging gegen mich.)

Diese Massnahme der Polizei zielt auf eine bessere Verkehrsregelung ab. 경찰의 이 대책은 개선된 교통규칙이 목표이다.

(Mit dieser Massnahme will die Polizei eine bessere Regelung erreichen.)

zoegern(주저하다 망설이다 지체하다 미루다)

Sie zoegerte zu kommen. 그녀는 오기를 망설였다.

(Sie wusste nicht, ob sie kommen sollte.)

Der Student hat mit der Antwort gezoegert. 학생은 대답하기를 망설였다.
(Er hat nicht gleich geantwortet. 혹은 Er war nicht sicher.)
Der Streik verzoegerte die Lieferung. 파업이 납품인도를 지연시켰다. 배달을 지
체시켰다.
(Die Lieferung verspaetete sich wegen des Streiks.)

zumuten(요구하다 기대하다 믿다)
Ich kann dir nicht zumuten, so lange auf mich zu warten. 네가 나를 그렇게 오
랫동안 기다리는 것을 나는 보증할 수가 없어. 나도 몰라. 확신 못해.
(Das kann ich nicht von dir verlangen.)

zuenden(점화하다 불을 붙이다 방화하다 비추다 격동시키다 불이 붙다)
Das Streichholz zuendet. 성냥에 불이 붙는다. −성냥은 생일 때(특히 겨울철) 근사
한 식탁의 촛불에 필요하다. 시가를 위한 길이가 긴 성냥도 있다. Feuerzeug:라이터
(Es beginnt zu brennen.)
Die Rede hat gezuendet. 연설이 관중을 격동시켰다.
(Sie hat die Leute begeistert.)
Zuende die Kerze an! 촛불 켜!− 11월로 접어들면 독일 가정에서는 촛불을 자주 켠
다. 성탄절 4주전 일요일인 첫 강림절은 대개 11월 말 혹은 12월 초인데 그때는 촛불
하나, 둘째 일요일은 두 개, 셋째 일요일은 세 개, 넷째 강림절은 네 개의 촛불을 켜고
일요일이 오지 않고 성탄절이 온다. 또한 13월의 월급이라고 할 수 있는 보너스가 11
월 봉급일에 나온다. 공무원은 월중인 15일 경이고 기타 경제 산업에서는 월 말이다.
구매력이 있는 만큼 겨울휴가도 유행이니 핵심 관계자와의 국제적인 협의는 힘든 시
기이다.
(Mache sie an!)
Die Wunde hat sich entzuendet. 상처에 염증이 생겼다. 아물지 않는다.
(Sie heilt nicht. 혹은 Es kommt eine Infektion dazu.)

zweifeln(의심하다 믿지 않다 망설이다 수상히 여기다 의아하게 여기다)
Sie zweifelt an seiner Treue. 그녀는 그의 성실/신의를 의심한다.
(Sie glaubt nicht, dass er treu ist.)
Ich zweifele daran, ob ich richtig gehandelt habe. 내가 옳게 행동했는지 모르겠
어. 옳게 행동했는지 의심이 간다.
(Ich bin unsicher. 혹은 Vielleicht habe ich nicht richtig gehandelt?)
Ich zweifele die Echtheit der Unterschrift an. 나는 이 서명이 진짜인지 의심스
러워. 서명의 확실성/진위를 의심해

(Ich glaube nicht, dass sie echt ist.)

Die Schiffsbruechigen verzweifelten an der Rettung. 난파선의 사람들은 구조를 믿지 않았다. 포기했다.

(Sie glaubten, dass keine Rettung mehr kommen wuerde. 혹은 Sie verloren die Hoffnung.)

Verzweifeln Sie nicht! 포기하지 마세요! 희망을 잃지 마세요!

(Verlieren Sie nicht den Mut! 혹은 Geben Sie nicht auf.)

Ich bezweifle, dass er kommt. 그가 안 올 것 같아. 올 것 같지 않아.

(Ich glaube es nicht.)